実務者が教える
鉄骨構造設計
のポイント

宮里直也:監修

建築技術

まえがき

鉄骨構造とは

　産業革命から数えると約200年の鉄の歴史は，2000年以上の建築の歴史の中では，ほんの僅かな期間である。その僅か200年の歴史の中でも，ここ半世紀足らずの期間において新しい素材・材料が次々に開発され，驚愕のスピードで鉄骨構造は発展している。具体的には，高強度材料の登場により超高層建築や大スパン架構が実現し，さらに低降伏点鋼などの素材や製品の開発とともに，構造システムも発展・進化しており，新しい技術の登場とその普及が，従来までのスタンダードを次々に更新している。このため，鉄骨構造に関わる実務者は，これらの新しい技術は，まだ検証途中であることを忘れてはならず，安全性やリスクに対して，常に謙虚な姿勢で取り組むことが大切である。

鉄骨構造の設計

　鉄骨構造の設計の実務の現状をみると，その多くの部分にパーソナルコンピュータ（PC）を利用した解析プログラムが活用されている。1990年代のPCの機能の高度化と汎用化が一気に進み，構造設計を取り巻く環境は急激に変化している。構造計算プログラムと高機能PCの組合せが計算コストの大幅な低減，すなわち構造設計業務の効率化を推し進めている。ただ，構造設計の本質を正しく理解したうえで，ツールとして各種プログラムを用いることが大切だと大多数の人が認識しているが，PCが登場する前にアナログで時間をかけて構造設計を行い，建物の細部に至るまで理解ができている世代と，構造設計を始めたときにはPCが身近にある世代では，やはり大きな差があるのではないだろうか。さらに，いわゆる経済性を追求する現代においては，限られた時間の中ですべてのことを正しく理解することは正直，難しいのかもしれない。ただ，構造設計とは，答えが幾通りも存在するクリエイティブな分野であり，かつ個々の建物も唯一無二の存在のため，PCや構造計算プログラム，AIがどんなに進化しても，構造設計者がアナログで判断する必要がある要素は決してなくならないだろう。

　また，建築物は実際に形があるものであり，工場での製作や，現場での施工など，

実際の「もの」をみて，その素材感や製作方法，施工方法に対する知見を深めることも，構造設計においては非常に大切な要素である。

本書によせて

　本書は，建築技術2015年11月号特集「うっかり間違える鉄骨構造設計の落とし穴」および建築技術2017年4号「うっかり間違える鉄骨構造設計の落とし穴Part2」を中心にまとめたものである。特集号と同じく若手の構造設計者の方を，主なターゲットとしている。

　若手の構造設計者の中には，構造設計を行う際に，過去の設計例や経験，もしくはフルスペックの標準仕様に基づき，ディテール設計を標準化（パターン化）して，標準化された設計条件などの背景を正しく認識しないまま，利用しているケースも少なからずあるのではないだろうか。架構全体の構造性能や安全性は，さまざまな要素が複層的に絡んでいる。標準化されたものの集積が，全体としてレベルを高めない場合もあろう。個々の理解を深め，柔軟に対応することで，全体としてよりよい方向へと設計を導くことが重要である。

　本書の執筆にご協力いただいた実務者の方々には，鉄骨構造の構造設計の際に，若手の構造設計者が間違えやすいことに対する注意点や，その解決に向けた工夫などを「実務者が教える鉄骨構造設計のポイント」として記載していただいた。鉄骨構造設計の際に，避けては通れない具体的な課題についてポイントを絞って，かつ実際の事例を交えながら，実務者の視点から記載することにより，規・基準や各種指針と比べ，より実務的で実践的な内容としてまとまっている。

　本書が，鉄骨構造設計の実務において有用に活用され，構造設計者の一助となることを心より期待したい。

2018年11月吉日
宮里直也
日本大学理工学部建築学科教授

Contents

まえがき 002
執筆者一覧 009

Ⅰ 鉄骨構造設計の基本 010

1 部材の選定, 鋼材の選定の基本的な考え方と注意点 012
2 溶接接合, 高力ボルト摩擦接合, 普通ボルト接合 017
3 溶接に関する基本的な留意点 020
4 溶接のよい外観の事例(溶接姿勢ごと)と各種欠陥の事例 026
5 部材継手の考え方の基本と注意点 028

Ⅱ 梁の設計 030

1 大梁に生じる二次応力(弱軸曲げ・軸力・ねじれ)に対する設計 ... 032
2 重量の大きい外装材が偏心して取り付く梁の設計と注意点 034
3 片持ち梁の固定端モーメントの取扱い 036
4 梁の横補剛材の設計と注意点 038

5	梁の保有耐力横補剛	040
6	H形鋼接合部の設計	042
7	部材（小梁，跳出し梁，間柱）端部の境界条件の設定と実際の挙動	044
8	小梁が取り付くガセットプレートの設計	046
9	梁貫通の設計（補強が必要な場合と，補強が不要な場合）	048
10	事務所用途としてのロングスパン梁の設計	050
11	片持ちスラブや外装材が取り付く場合の設計と注意点	052
12	片持ち梁先端に外装材が取り付く場合の設計と注意点	054
13	外壁側の吹抜に面する梁の設計	056

III 柱梁接合部の設計 ……058

1	ダイアフラム形式の違い（適用箇所と長短所）と設計上の注意点	060
2	スカラップの基本と設計上の課題	062
3	角形鋼管柱とH形鋼梁の接合部の設計	064
4	梁端部拡幅プレート・梁端部ハンチの設計の実際（拡幅方法，製作方法，設計上の扱い）	066
5	梁せいの異なる柱梁仕口部の設計上の注意点と工夫	068

6	複数の部材が集まる接合部の設計上の注意点と工夫	070
7	部材が多数集まる接合部の設計	072
8	柱・梁接合部に耐震ブレースが接合される場合のディテール	074
9	ブレースが取り付く柱梁接合部の設計上の注意点と工夫	076
10	上下階の柱サイズが異なる場合，上下の柱が○と□の場合の仕口部の設計	078
11	丸柱と角柱の切り替え	080

Ⅳ ブレースの設計 ……082

1	耐震ブレースの設計	084
2	K型ブレースの設計	086
3	屋根面の水平ブレースの設計	088
4	水平ブレースの設計と注意点	090

Ⅴ 柱脚の設計 ……092

1	柱脚の設計（露出，根巻き，埋込み）	094
2	アンカーボルト（転造ねじと切削ねじ）	097

3 柱脚の設計と施工上の注意点，ブレースが取り付く柱脚部の設計 ……… 100

Ⅵ 各種部材の設計 …… 104

1 曲げを受ける板材の設計と注意点 ……… 106
2 CFT柱のディテール設計と施工上の注意点 ……… 110
3 合成梁の設計と施工に関する注意点 ……… 112
4 外部露出部材の設計上の注意点 ……… 114

Ⅶ その他 …… 116

1 温度応力に対する設計と注意点 ……… 118
2 温度応力に関する設計上の留意点 ……… 120
3 異種金属材料の接合時の設計（防食） ……… 122
4 溶融亜鉛めっきに関する設計上の注意点 ……… 124
5 溶融亜鉛めっき部材の設計と注意点 ……… 128
6 丸鋼・角鋼など，無垢材の利用 ……… 131
7 耐火被覆・耐火塗装・錆止め塗装などの鉄骨仕上げに関する注意点 ……… 134

8 非構造部材の注意点 ……………………………………………………………… 136

Ⅷ 鉄骨構造設計の製作と施工, 監理, 検査 …………… 140

1 工場での組立手順と溶接方法 …………………………………………………… 142
2 製品検査でのチェックポイント ………………………………………………… 146
3 建方検査でのチェックポイント ………………………………………………… 152
4 HTBに関する検査 ………………………………………………………………… 156
5 大架構のキャンバーと設計上の留意点 ………………………………………… 158
6 溶接に関する検査 ………………………………………………………………… 160
7 溶接基準図に追加した方がよい溶接継手, 鉄骨製作作業性を考慮した改善事例 … 162
8 現場溶接で欠陥が生じやすい例と対策(現場溶接の基本と鋼管同士の現場溶接) ……… 165
9 梁端現場溶接の柱梁接合部の設計・施工上の注意点 ………………………… 168
10 施工精度の考え方と設計上の配慮 ……………………………………………… 171

索引 ………………………………………………………………………………… 174

執筆者一覧（五十音順）

有山伸之 大成建設（株）設計本部…Ⅱ-5
家澤 徹 （株）巴技研…Ⅶ-4
猪飼富雄 （株）大林組 設計本部本部長室…Ⅶ-8
犬伏 昭 清水建設（株）生産技術本部…Ⅷ-3，Ⅷ-4，Ⅷ-10
内田 衛 （株）日建設計 エンジニアリング部門構造設計グループ…Ⅶ-5
梅山俊行 （株）巴コーポレーション…Ⅷ-7，Ⅷ-8
遠藤和明 （株）日本設計 構造設計群…Ⅱ-13
大山翔也 （株）日建設計 エンジニアリング部門構造設計グループ…Ⅶ-7
小倉史崇 （株）竹中工務店 設計部…Ⅱ-1
長田宗平 （株）竹中工務店 設計部…Ⅱ-12
小野潤一郎 （株）日建設計 エンジニアリング部門構造設計グループ…Ⅱ-8，Ⅲ-2，Ⅲ-7，Ⅲ-8，Ⅳ-1，Ⅵ-4，Ⅶ-5，Ⅶ-7，Ⅷ-5
神谷綾耶 清水建設（株）生産技術本部…Ⅷ-3，Ⅷ-4，Ⅷ-10
萱嶋 誠 大成建設（株）設計本部…Ⅶ-1
菅野光寿 清水建設（株）生産技術本部…Ⅵ-2
岸本直也 （株）NTTファシリティーズ…Ⅲ-6
木村征也 （株）日建設計 エンジニアリング部門構造設計グループ…Ⅱ-8，Ⅲ-7，Ⅲ-8，Ⅳ-1，Ⅷ-5
小岩和彦 （株）三菱地所設計 構造設計部…Ⅲ-4，Ⅲ-5
後関孝啓 （株）日本設計 構造設計群…Ⅱ-4
近藤潤一 元・（株）日本設計 構造設計群…Ⅱ-13
佐々木直幸 鹿島建設（株）建築設計本部…Ⅱ-3，Ⅳ-4
志村保美 新日鐵住金ステンレス（株）商品開発部…Ⅶ-3
調 浩朗 大成建設（株）設計本部…Ⅱ-6，Ⅱ-10

鈴木裕美 大成建設（株）設計本部…Ⅱ-2
関 栄一 鹿島建設（株）建築設計本部…Ⅶ-2
竹内篤史 Arup…Ⅵ-1
辰己佳裕 清水建設（株）設計本部…Ⅳ-3
長島英介 （株）NTTファシリティーズ…Ⅱ-11
永田 敦 （株）三菱地所設計 構造設計部…Ⅴ-3
中平和人 （株）竹中工務店 設計部…Ⅶ-6
新田隆雄 大成建設（株）設計本部…Ⅱ-10，Ⅲ-3
平井健一 （株）日建設計 エンジニアリング部門構造設計グループ…Ⅱ-8，Ⅲ-7，Ⅲ-8，Ⅳ-1，Ⅵ-4，Ⅷ-5
藤田哲也 （株）日本設計 監理群…Ⅰ-1，Ⅰ-2，Ⅰ-3，Ⅰ-4，Ⅷ-1，Ⅷ-6，Ⅷ-9
細川慎也 （株）久米設計 構造設計部…Ⅲ-11
松本修一 大成建設（株）設計本部…Ⅰ-5，Ⅴ-2
間室健一 （株）日本設計 構造設計群…Ⅱ-4
三村麻里 （株）竹中工務店 技術部…Ⅷ-2
武藤 肇 （株）竹中工務店 設計部…Ⅲ-10
森田泰治 大成建設（株）設計本部…Ⅴ-1
森山卓也 （株）竹中工務店 設計部…Ⅵ-3
安田 聡 大成建設（株）技術センター…Ⅱ-5
谷田貝 健 大成建設（株）設計本部…Ⅱ-6
山我信秀 （株）NTTファシリティーズ…Ⅳ-2
山口貴之 （株）日建設計 エンジニアリング部門構造設計グループ…Ⅲ-2
大和伸行 大成建設（株）設計本部…Ⅲ-3
吉田崇秀 （株）竹中工務店 設計部…Ⅱ-7
吉原 正 （株）三菱地所設計 構造設計部…Ⅱ-9，Ⅲ-1，Ⅲ-9

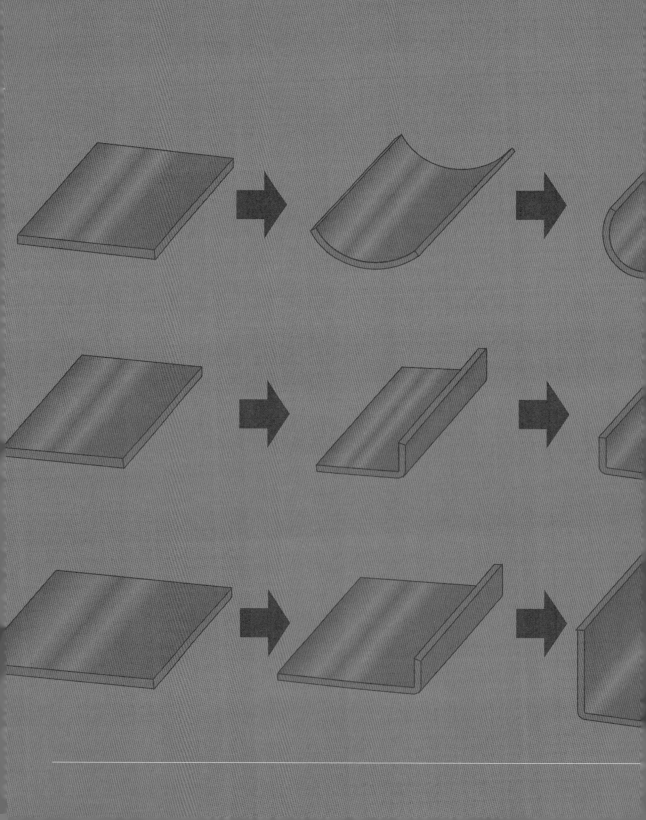

I
鉄骨構造設計の基本

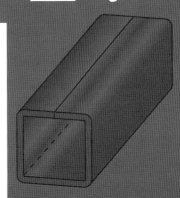

鉄骨構造においては，H形鋼や角形鋼管をはじめとして，鋼材の形，さらに強度などの材質の異なるものなど，多数の選択肢が存在する。実際の設計では，力学的な視点からの選択のみならず，市場での流通量や施工性なども踏まえた多角的な視点から部材を選択する必要がある。

また，鋼材メーカーから素材を購入して，工場で柱や梁の部材レベルで加工，製品化してから現場へ輸送し，最後に組み立てるのも鉄骨構造の大きな特徴である。組み立てるために必要な接合部をどう設計するのか，すなわち溶接接合と高力ボルト摩擦接合は，鉄骨構造の最重要ポイントの一つであろう。

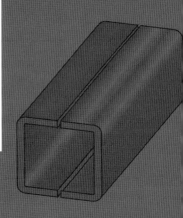

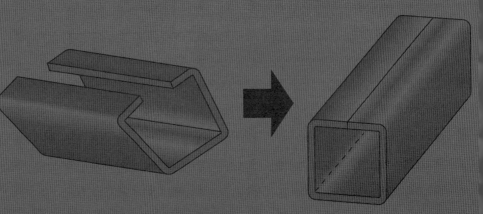

I. 鉄骨構造設計の基本

I-1 部材の選定，鋼材の選定の基本的な考え方と注意点

建築鉄骨では，さまざまな外乱に対して設計している。外乱には，①常時発生する，部材自重を含む固定荷重や積載荷重による鉛直力，②稀に発生する，積雪による鉛直力や，風圧力および地震力による水平力，③特殊な条件で発生する，土圧，水圧，歩行振動，機械振動，交通振動，環境の温度変化，火災などの種類がある。構造計画では，これらの外乱で発生する応力に対して耐え得る部材や鋼材を選定することが重要となる。本稿では，建築鉄骨の構造計画で部材や鋼材を選定するうえで知っておくべきことを言及する。

設計で考慮する部材形状

建築鉄骨の部材選定で考慮する主な外力は，鉛直方向力や水平方向力で，これにより躯体架構に曲げモーメントが図1に示すとおり生じる。常時荷重や建物の耐用年限で数回遭遇する地震や風で発生する曲げモーメントに対しては，弾性範囲で部材断面を選定し，建物の供用年限で遭遇するかしないような極めて稀に発生する地震や風に対しては，図2に示すように架構に塑性ヒンジを許容し，人命が失われないために倒壊や層崩壊を起こさないように，部材断面を有効に選定する。この塑性ヒンジとは部材が図3に示す降伏点から引張強度の応力状態に，柱梁接合部近傍（図4に示す斜線部）がなっている状態である。このような部材の使い方は，建築鉄骨独特の設計方法で，他の鋼構造では弾性範囲内で設計する。これは居住空間を有効活用するために部材断面を小さくすることが目的であるが，この設計方法により，部材やその接合部への力学的な要求性能は塑性状態を考慮するような高度な技術が要求される。

建築鉄骨の架構として，純ラーメン構造では床スラブ，小梁，大梁，柱で構成される。床スラブは鉄筋コンクリート構造であるが，図5に示すとおり，小梁，大梁は鉄骨で，その形状はH形鋼，柱は鉄骨で，その形状は箱形断面鋼とされることがほとんどである。これは，小梁や大梁の部材は鉛直方向に発生する曲げモーメントに対しての抵抗力が必要であるため，鉛直方向の断面係数が大きくなるH形断面とした形状を使用する。それに対し，柱は水平方向のあらゆる方向に発生する曲げモーメントに対しての抵抗力が必要であるため，断面係数に方向性があまり変化のない円形断面や箱形断面が好まれて使用されているが，円形断面の方が鉄鋼メーカーからの単価高や製作ハンドリングが悪い，仕上げが難しい関係から円形断面よりも箱形断面の方が多く使用されている。

また，鉄骨部材は表1に示すとおり，F_c21の鉄筋コンクリートに対し，SN490の鉄骨は，強度で23.3倍，ヤング係数で8.7倍，比重で3.3倍の性能差があり，なおかつコスト的にも高価であることから，鉄骨の断面形状は曲げ耐力に関係する断面係数や，変形性能に関係する断面2次モーメントが大きくなるようにH形断面や箱形断面で使用されている。

鋼材の選定

建築鉄骨で使用する鋼材は，建築基準法により，JIS規格品か大臣認定品である必要がある。なお，JIS規格品には，図6に示す3種類のいずれかのJISマークが付けられている。

JIS規格品および大臣認定品で建築物に使用される主な鋼材を，表2および表3に示す。JIS規格品には，橋，船舶，鉄塔，車両，圧力容器，石油貯蔵，建築に使用される一般的な鋼材規格と建築構造用に特化された鋼材規格がある。

これは一般的な構造物は弾性範囲で設計するため，規定強度以上が要求される規格である。しかし，建築鉄骨はある想定部分のみ塑性化を許容した設計とするため，規定よりも強度が高過ぎると設計どおりの塑性化を実現できなくなることや，塑性化時に引張強度に達する前に破断しないような靭性性能が必要となる。このことから，建築構造用のSN鋼材は表4に示すように，上限値と下

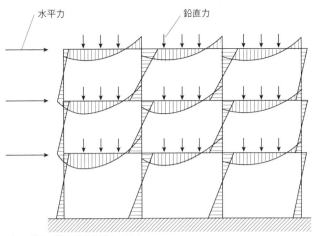

図1 外力で発生する曲げモーメント

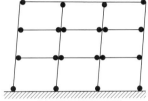

(a) 梁崩壊型(全層崩壊)　(b) 柱崩壊型(部分崩壊)

図2 架構の崩壊機構

(1) 鉱工業品用　(2) 加工技術用

(3) 特定側面用

図6 JISマーク

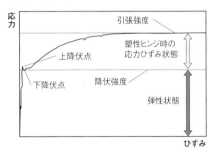

図3 部材の塑性ヒンジの状態

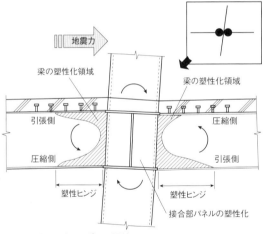

図4 部材の応力とひずみの関係

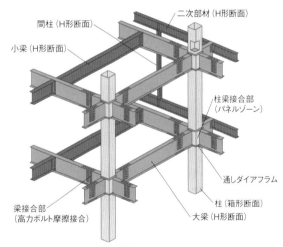

図5 建築鉄骨の純ラーメン架構

表1 鉄骨と鉄筋コンクリートの材料性能

部材	比重 (kN/m³)	ヤング係数 (N/mm²)	強度 (N/mm²)
鉄骨 (SN400)	78.5	2.05×10^5	400
鉄骨 (SN490)	78.5	2.05×10^5	490
鉄筋コンクリート (FC21)	24.0	2.36×10^4	21
鉄筋コンクリート (FC36)	24.0	2.83×10^4	36

表2 鋼材の規格

名称	規格	規格略号	特徴
一般構造用圧延鋼材	JIS G 3101	SS	橋, 船舶, 車両などに使用する一般的な鋼
溶接構造用圧延鋼材	JIS G 3106	SM	橋, 船舶, 車両, 容器などに使用する溶接用の鋼
溶接構造用耐候性熱間圧延鋼材	JIS G 3114	SMA	橋, 建築などに使用する耐候性用の鋼
建築構造用圧延鋼材	JIS G 3136	SN	建築構造物用に特化して使用する鋼
建築構造用TMCP鋼	大臣認定品	—	板厚40mm超でF値の低減が不要な鋼
建築構造用590N鋼	大臣認定品	SA440	F値が440N/mm²の高強度鋼
建築構造用385N鋼	大臣認定品	—	F値が385N/mm²の高強度鋼

表3 角形および円形鋼管の規格

名称	規格	規格略号	特徴
一般構造用角形鋼管	JIS G 3466	STKR	土木, 建築等に使用する角形鋼管
建築構造用冷間ロール成形角形鋼管	大臣認定品	BCR, TSC	SN規格に準じた角形鋼管
建築構造用冷間プレス成形角形鋼管	大臣認定品	BCP	SN規格に準じた角形鋼管
建築構造用炭素鋼鋼管	JIS G 3475	STKN	建築構造物用の円形鋼管
一般構造用炭素鋼鋼管	JIS G 3444	STK	土木, 鉄塔, 建築, 杭等に使用する円形鋼管

限値の強度，降伏比，伸び，シャルピー衝撃吸収エネルギーが規定されている。したがって，塑性ヒンジを想定する部位にはSN鋼材を使用する。さらに，一般的な鋼材は表5に示すように厚さの公差がマイナス公差とプラス公差で同値になっていることから，設計でマイナス公差を考慮して設計しなければならなくなる。しかし，SN鋼材であると表6に示すようにマイナス公差が0.3mmと規定されているため，マイナス公差をほとんど考慮しないで設計することができる。

また，JIS規格のSN鋼はSN400A，SN400B，SN400C，SN490B，SN490Cと，2種類（引張強度400N/mm^{2}と490N/mm^2）の強度と，表7に示す使用用途に合わせた3種類の区分の5種類がある。設計では，この区分に合わせた選定が必要となる。A材は溶接を使用しない小梁や間柱などの部位に選定する。B材は溶接する部位に選定する。C材は板厚方向に力がかかる部位（通しダイアフラムやベースプレートなど）に選定することが望ましい。ただし，この表7の区分はSN鋼だけで，SM鋼にある末尾のA，B，C区分はSN鋼とは意味が異なることに留意して選定する必要がある。

なお，JIS規格品や大臣認定品には，サイズや板厚の製造ラインナップが各鉄鋼メーカーにあるが，カタログにあっても常にその材料が手に入るわけでない。そのため，鋼材の部材選定においては，ロール発注の時期，ロールの量のことも考慮して設計しなければ，工期に影響が生じることが多々あり，時には部材変更を強いられることがある。なお，平成29年1月に，鉄骨製作管理技術者登録機構から『建築構造用鋼材便覧―鋼材の流通情報を網羅』（鋼構造出版）が発行されており，この便覧を参考にして市中状況を考慮して部材設計するのが望ましい。

建築鉄骨では表2，3に示すJIS規格品および大臣認定品の他に，JIS G 5101の炭素鋼鋳鋼品SC480やJIS G 5102の溶接構造用鋳鋼品のSCW410とSCW480が使用することもあるが，これらの鋳鋼品を使用する場合は，降伏強度の規格F値がSN490材よりも低い値であることに留意して選定して，設計に配慮しなければならない。

H形断面鋼の選定

H形断面鋼は，内法一定H形鋼（以下，JIS-H），外法一定H形鋼（以下，外法H），一般構造用溶接軽量H形鋼（以下，軽量H），溶接組立H形鋼（通称，ビルトH）と製造方法により分けられる。

JIS-H材は建築鉄骨以外の構造物にも使用される圧延H形鋼であるが，外法Hは建築用のため製造された圧延H形鋼である。ビルトHは鋼板や平鋼からフランジとウェブを溶接接合されたH形断面鋼である。軽量Hは構造躯体ではなく建具等の支持材で使用されるH形鋼である。ビルトH以外は，鉄鋼メーカーのラインナップから断面寸法を選定する必要がある。また，コストでは，JIS-H＜外法H＜ビルトHの順であることが一般的であることも考慮して選定する。ただ，市況から施工時にビルトHに変更する場合，圧延H形鋼のフィレットアール部分を見込んだ断面性能で設計していると，断面不足になる可能性があるため，設計では留意する必要がある。また，表8に示すとおり，寸法公差がJIS-Hと外法Hで異なることを部材選定で考えなければならない。

また，ビルトHを設定する場合，幅厚比やフランジとウェブのバランスを考慮した板厚選定が必要である。

表5　一般JIS鋼材の鋼板および平鋼の厚さ公差

板厚 (mm)	平鋼 A級	平鋼 B級	鋼板〔圧延幅 (mm)〕 1,600未満	1,600以上 2,500未満	2,500以上 4,000未満	4,000以上 5,000未満
5.00以上6.00未満	±0.50	±0.30	±0.50	±0.60	±0.75	±0.85
6.00以上6.30未満	±0.50	±0.40	±0.50	±0.60	±0.75	±0.85
6.30以上10.0未満	±0.50	±0.40	±0.55	±0.65	±0.80	±0.90
10.0以上12.0未満	±0.50	±0.40	±0.55	±0.65	±0.80	±1.00
12.0以上15.0未満	±0.50	±0.50	±0.55	±0.65	±0.80	±1.00
15.0以上16.0未満	±0.60	±0.60	±0.55	±0.65	±0.80	±1.00
16.0以上20.0未満	±0.60	±0.60	±0.65	±0.75	±0.95	±1.10
20.0以上25.0未満	±1.00	±0.80	±0.65	±0.75	±0.95	±1.10
25.0以上40.0未満	±1.00	±1.00	±0.70	±0.80	±1.00	±1.20
40.0以上63.0未満	±1.50	±1.20	±0.80	±0.95	±1.10	±1.30
63.0以上100未満	±1.50	±1.20	±0.90	±1.10	±1.30	±1.50

表7　SN鋼材の使用区分

区分	主たる用途	使用部位
A種	溶接が軽微で耐震性能が要求されない部材または部位 構造耐力上の主要なもので溶接による接合を行わない部材または部位	小梁，間柱，二次部材，など
B種	耐震性能が要求される構造耐力上の主要な部材または部位 （一般の構造部材で板厚方向に大きな引張力を受けないもの）	大梁，柱
C種	耐震性能が要求される構造耐力上の主要なもののうち，溶接組立時を含めて板厚方向に大きな引張力を受ける部材または部位	柱，ベースプレート，通しダイアフラム

表4 SN鋼材の規格値

種類の記号	降伏点または耐力 厚さ (mm)	降伏点または耐力 N/mm²	引張強さ (N/mm²)	降伏比 (%)	伸び 厚さ (mm)	伸び 試験片	伸び %	吸収エネルギー [0℃] (J)	Z絞り* (%)
SN400A	6以上 40以下	235以上	400以上 510以下	—	6以上 16以下	1A号	17以上	—	—
	40超え 100以下	215以上			16超え 40以下	1A号	21以上		
					40超え 100以下	4号	23以上		
SN400B	6以上 12未満	235以上	400以上 510以下	80以下	6以上 16以下	1A号	18以上	厚さ12mm超え 27以上	—
	12以上 40以下	235以上 355以下			16超え 40以下	1A号	22以上		
	40超え 100以下	215以上 335以下			40超え 100以下	4号	24以上		
SN400C	16以上 40以下	235以上 355以下	400以上 510以下	80以下	16	1A号	18以上	厚さ12mm超え 27以上	平均25以上 個々15以上
	40超え 100以下	215以上 335以下			16超え 40以下	1A号	22以上		
					40超え 100以下	4号	24以上		
SN490B	6以上 12未満	325以上	490以上 610以下	80以下	6以上 16以下	1A号	17以上	厚さ12mm超え 27以上	—
	12以上 40以下	325以上 445以下			16超え 40以下	1A号	21以上		
	40超え 100以下	295以上 415以下			40超え 100以下	4号	23以上		
SN490C	16以上 40以下	325以上 445以下	490以上 610以下	80以下	16	1A号	17以上	厚さ12mm超え 27以上	平均25以上 個々15以上
	40超え 100以下	295以上 415以下			16超え 40以下	1A号	21以上		
					40超え 100以下	4号	23以上		

[注] ＊：板厚方向の絞り

表6 建築用SN鋼材の厚さ公差

板厚 (mm)	平鋼	鋼板〔圧延幅 (mm)〕1,600未満	1,600以上 2,500未満	2,500以上 4,000未満	4,000以上 5,000未満
6.00以上 6.30未満	−0.30 +0.50	−0.30 +0.70	−0.30 +0.90	−0.30 +1.20	—
6.30以上 10.0未満	−0.30 +0.50	−0.30 +0.80	−0.30 +1.00	−0.30 +1.30	−0.30 +1.50
10.0以上 12.0未満	−0.30 +0.50	−0.30 +0.80	−0.30 +1.00	−0.30 +1.30	−0.30 +1.70
12.0以上 16.0未満	−0.30 +1.10	−0.30 +0.80	−0.30 +1.00	−0.30 +1.30	−0.30 +1.70
16.0以上 25.0未満	−0.30 +1.10	−0.30 +1.00	−0.30 +1.20	−0.30 +1.60	−0.30 +1.90
25.0以上 40.0未満	−0.30 +1.40	−0.30 +1.10	−0.30 +1.30	−0.30 +1.70	−0.30 +2.10
40.0以上 63.0未満	−0.30 +1.40	−0.30 +1.30	−0.30 +1.60	−0.30 +1.90	−0.30 +2.30
63.0以上 100未満	−0.30 +2.10	−0.30 +1.50	−0.30 +1.90	−0.30 +2.30	−0.30 +2.70

表8 H形鋼の寸法公差

項目		内法一定H形鋼許容差 (JIS G 3192)		外法一定H形鋼許容差		一般構造用溶接軽量H形鋼許容差 (JIS G 3358)		備考
辺 (B)		$B<100$ $100 \leq B < 200$ $200 \leq B$	±2.0mm ±2.5mm ±3.0mm		±2.0mm		±1.5mm	JIS G 3136によるH形鋼フランジ厚さの許容差 (mm) $6 \leq t_2 < 16$ −0.3, +1.7 $16 \leq t_2 < 40$ −0.7, +2.3 $40 \leq t_2 < 100$ −1.5, +2.5
高さ (H)		$H<400$ $400 \leq H < 600$ $600 \leq H$	±2.0mm ±3.0mm ±4.0mm		±2.0mm		±1.5mm	
厚さ	(t_1)	$t_1 < 16$ $16 \leq t_1 < 25$ $25 \leq t_1 < 40$	±0.7mm ±1.0mm ±1.5mm	$t_1 < 16$ $16 \leq t_1 < 25$ $25 \leq t_1 < 40$	±0.7mm ±1.0mm ±1.5mm	$t_1 = 2.3$ $t_1 = 3.2$ $t_1 = 4.5$ $t_1 = 6, 9, 12$	±0.25mm ±0.30mm ±0.45mm ±0.60mm	
	(t_2)	$t_2 < 16$ $16 \leq t_2 < 25$ $25 \leq t_2 < 40$	±1.0mm ±1.5mm ±1.7mm	$t_2 < 16$ $16 \leq t_2 < 25$ $25 \leq t_2 < 40$	±1.0mm ±1.5mm ±1.7mm	$t_2 = 2.3$ $t_2 = 3.2$ $t_2 = 4.5$ $t_2 = 6, 9, 12$	±0.25mm ±0.30mm ±0.45mm ±0.60mm	
長さ		7m以下 +40mm，−0mm 7m超え 長さ1mまたはその端数を増すごとに上記+許容差に5mmを加える		7m以下 +40mm，−0mm 7m超え 長さ1mまたはその端数を増すごとに上記+側許容差に5mmを加える		+側：規定せず −0mm		
直角度 (T)		$H \leq 300 \quad \dfrac{B}{100}$ 以下 ただし許容差の最小値1.5mm $H > 300 \quad \dfrac{1.2B}{100}$ 以下 ただし許容差の最小値1.5mm		2.0mm以下		$H \leq 300 \quad \dfrac{B}{100}$ 以下 ただし許容差の最小値1.5mm $H > 300 \quad \dfrac{1.2B}{100}$ 以下		
中心の隔り (S)		$H \leq 300$ かつ $B \leq 200$ 2.5mm以下 $H > 300$ または $B > 200$ 3.5mm以下		2.0mm以下		2.0mm以下		$S = \left\| \dfrac{b_1 - b_2}{2} \right\|$

箱形断面鋼の選定

柱には，断面性能の方向性が少ない箱形断面が使用される。平成12年建設省告示第2464号第1項第三号で鋼材等の曲げ加工は，外側曲げ半径が当該鋼材等の厚さの10倍以上となるものでなければ，加工後の機械的性質，化学成分その他の品質が加工前と同等であることを確かめなければならないため，JIS規格のSTKR材ではこの適用外となる．そのため，冷間成形角形鋼管では大臣認定品となるBCR，TSCやBCP（製造方法が図6に示す通り異なる）を使用することになる。ただし，表9に示す角部曲率半径で冷間曲げ加工が，BCRやTSCは全断面で，BCPは角部で塑性変形を受けているため，原板より強度が強くなっている。

このことから，角部では極力溶接しないように配慮することが肝要となる。また，超高層建物など，応力が大きくなる場合，図7に示すような塑性加工を受けていない鋼材で組み立てた溶接組立箱形断面（以下，ビルトBOX）を使用することが多い。ただ，エレクトロスラグ溶接が大入熱であるため，スキンプレートの板厚は22mm以上とし，ダイアフラムとの板厚差は3サイズ以内として部材設計することが望ましい。

部材断面の設定

鋼材の板厚は，6mmも使用することがあるが，溶接すると曲がりやすいことがあり，一般的な板厚サイズは9, 12, 16, 19, 22, 25, 28, 32, 36, 40, 45, 50, 55, 60mm……として使用される。取り合う板厚差については，応力伝達のバランスや溶接接合のことを考慮すると3サイズ差までで設計するのが望ましい。

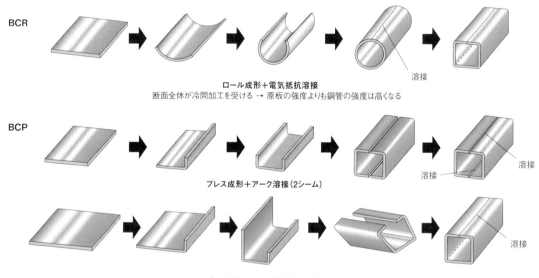

図6 冷間成形角形鋼管の製造方法

表9 冷間成形角形鋼管の角部曲率半径

項目および区分		曲率半径標準値	寸法許容差
冷間ロール成形角形鋼管	板厚 6mm以上22mm以下	2.5t	±0.5t
冷間プレス成形角形鋼管	板厚 6mm以上19mm以下	3.5t	±0.5t
	19mmを超え40mm以下	3.5t	±0.4t

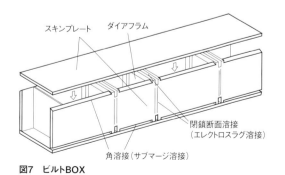

図7 ビルトBOX

I-2 溶接接合, 高力ボルト摩擦接合, 普通ボルト接合

鉄骨構造物は, 鋼材をH形, 箱形, 丸形などの断面部材として組み立て, 部材同士をつなぎ合わせることによって構造体を構成する. 部材同士をつなぎ合わせる接合部は, 構造物において最も重要な設計部位の一つである.

特に建築鉄骨の場合, 梁端などで接合部が設計で塑性化を期待する部位に使用されることが多い.

また建築物では, 建築基準法施行令第67条において, 「構造耐力上主要な部分である鋼材の接合は, 高力ボルト接合, 溶接接合もしくはリベット接合またはこれらと同等以上の効力を有するものとして国土交通大臣の認定を受けた接合方法によらなければならない.」とされている.

各種接合

❖ボルト・リベット接合

ボルトもしくはリベットを用いた接合は, 支圧接合および引張接合により, せん断継手と引張継手に用いられる.

引張継手は, 図1に示す接合種類がある.

せん断継手は, 図2に示すとおり, 接合する鋼材から支圧とせん断の力が掛かって応力を伝達する. なお, ボルト接合の破壊形式としては, ボルトの破断の他に図3に示す接合する鋼材の局部的なちぎれ破断がある.

ボルト種類には, 普通ボルトと高力ボルトがある. ボルトの形状としては図4に示すとおり, ボルトとナット, 座金がセットになっており, JIS規格品である六角ボルトが一般

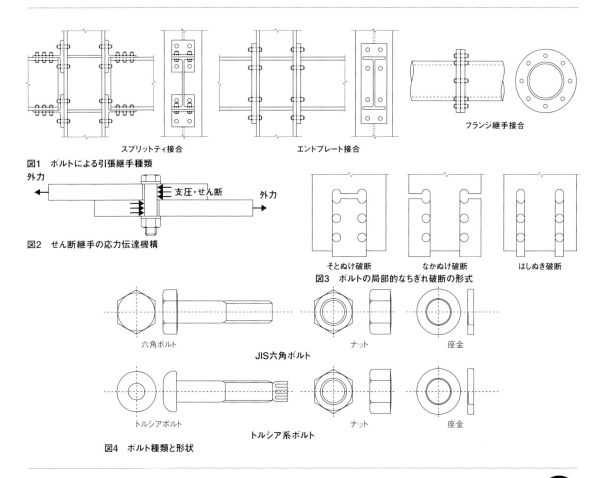

スプリットティ接合　　エンドプレート接合　　フランジ継手接合

図1　ボルトによる引張継手種類

図2　せん断継手の応力伝達機構

そとぬけ破断　　なかぬけ破断　　はしぬき破断

図3　ボルトの局部的なちぎれ破断の形式

六角ボルト　　　ナット　　　座金
JIS六角ボルト

トルシアボルト　　ナット　　　座金
トルシア系ボルト

図4　ボルト種類と形状

的である。なお，高力ボルトは締付け時にトルク管理が必要となり，どの程度のトルクが入っているか見た目では確認できないため，トルシア系ボルトのようにボルトにある一定の締付け力が生じると，ボルトの先端部が破断する形状のボルトがあり，このボルトが一般的に使用されている。なお，高力ボルトの座金やナットには裏表があり，正しい方向でセットしなければ，所定の摩擦力が得られないので，施工時に注意が必要である。

リベット接合

リベット接合は，板に穴を開けてリベット軸を差し込み，両側または片側から叩いて頭部を丸形にして，かしめる接合である。パリのエッフェル塔をはじめ，古くから鉄骨構造物の接合方法の主流として採用されてきたが，リベットの接合には熟練した技術と経験が必要である。そのため，高度成長期に熟練工が不足したこと，リベットを打つ際に大きな音が出ること，火気を使用することから，昭和30年代の終わり頃からほとんど採用されることがなくなった。

普通ボルト接合

普通ボルト（中ボルトともいう）接合は，ボルトを締めるだけでよいので，特別な施工技術は要らないが，接合部にすべりが生じるため，振動・衝撃または繰返しの応力を受ける接合にはボルトが緩んでナットが外れてしまう原因になる。そのため，建築基準法施行令第67条によって，延床面積3,000m²を超える建築物，または軒の高さ9mを超えもしくは張間が13mを超える建築物の構造耐力上主要な部分の接合には使用できないことから，主要な接合にはほとんど使用されていない。建築鉄骨に使用する場合，内装材や外装材などの仕上材の支持部材の接合で使用されている。

高力ボルト摩擦接合

高力ボルトによる接合は，図5に示すとおり，支圧・せん断の他に摩擦力を期待した接合である。そのため，高力ボルトの締付けにはトルク管理と摩擦面となる鋼材の接合面が所定のすべり係数が発揮できる状態にする管理が必要となる。主要なボルト接合にはこの摩擦接合が使用され，所定の摩擦力を発揮するためにボルトの締付け順序が決まっている。

溶接接合

溶接接合は，アーク熱によって短時間の間に金属を溶融して鋼材を接合する。

溶接の種類として，被覆アーク溶接，炭酸ガス半自動シールドアーク溶接，サブマージアーク溶接，エレクトロスラグ自動溶接などが建築鉄骨で使用されている。溶接が導入された当初は，被覆アーク溶接が主流であったが，現在では，炭酸ガス半自動アーク溶接が主流である。

溶接方法の種類としては，図6に示すとおり，せん断力を伝達する隅肉溶接や，せん断力の他に軸力や曲げモーメントを伝達する完全溶込み溶接，その中間的な部分溶込み溶接がある。なお，直線的に力を伝達させる隅肉溶接は溶接ビードと力の伝達方向の関係から，側面隅肉溶接と前面隅肉溶接，斜方隅肉溶接がある。伝達するせん断力の耐力は，前面隅肉溶接が大きく，斜方隅肉溶接，側面隅肉溶接と小さくなる。また，直角的に力を伝達させる隅肉溶接は，片面隅肉溶接と両面隅肉溶接があり，伝達する継手耐力は両面隅肉溶接の方が大きくなる。

溶接継手は，完全溶込み溶接では，突合せ継手，T継手，角継手，十字継手があり，隅肉溶接では十字継手，重ね継手，当て金継手など，図7に示す種類がある。これらは力を直線的に伝達させるか，直角的に伝達させるかの違いはあるが，溶接部の継手耐力は，完全溶込み溶接では溶接した溶込み深さにより継手耐力が決まり，隅肉溶接では有効のど厚により継手耐力が決まる。

溶接部は一度で溶融させた部分を1パスといい，1パスを積み上げて積層して，図8に示すように完全溶込み溶接部を多層盛りで接合する。

併用接合

併用接合は，図9に示すとおり板継ぎ時に高力ボルトと隅肉溶接を併用した接合である。日本建築学会編集『鋼構造設計基準』では，溶接するよりボルトを先に締めた場合は隅肉溶接とボルト接合の耐力を累積加算できるが，溶接してボルトを後で締めた場合は耐力を累積加算できない。

混用接合

混用接合は，柱梁接合部の梁端接合において，図10に示すとおり梁フランジを完全溶込み溶接，梁ウェブを高力ボルト摩擦接合で混用した接合である。

ボルト接合と溶接接合の施工技量

施工の技量を考えると，ボルト接合は特別な技量を持っていなくても，知識があれば施工できるが，溶接接合は技量が必要となる。そのため，構造物を溶接接合する

ための溶接技能者資格があり，JIS規格の溶接技能者技術検定は，溶接方法（手溶接や半自動溶接など），溶接姿勢（下向[F]，横向[H]，立向[V]，上向[O]，鋼管[P]），板厚（薄板[3.2mm]，中板[9.0mm]，厚板[19.0mm]），裏当て金の有無を組み合わせた資格種類がある。また，建築鉄骨に特化した溶接技能者資格としてAW検定資格があり，工場溶接，工事現場溶接などの資格がある。

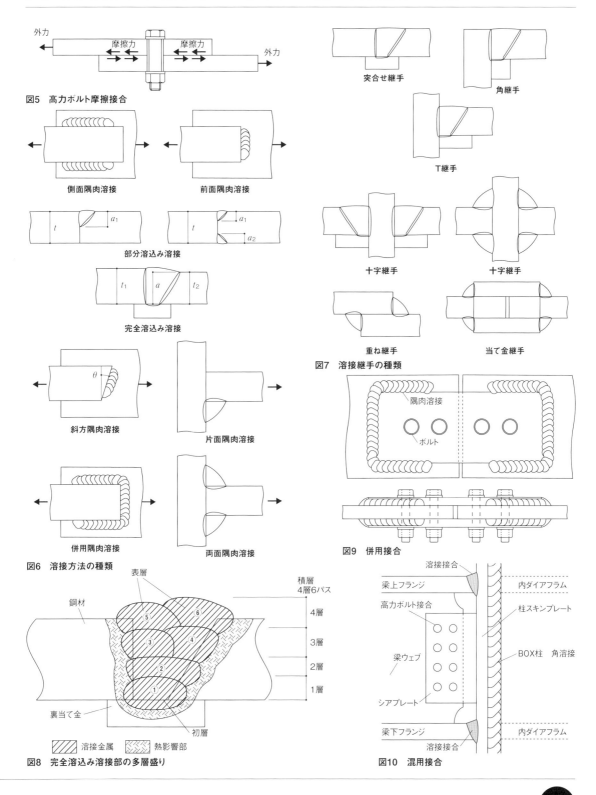

図5　高力ボルト摩擦接合

図6　溶接方法の種類

図7　溶接継手の種類

図8　完全溶込み溶接部の多層盛り

図9　併用接合

図10　混用接合

I. 鉄骨構造設計の基本

I-3 溶接に関する基本的な留意点

溶接接合の継手性能

建築鉄骨に用いられる溶接接合の継手は、接合される鋼材と同等以上の強度が必要である。特に柱梁接合部は塑性化を期待する部位でありながら、溶接接合が使用される。そのため、ひとたび地震力などで溶接接合部が破断すれば、骨組の崩壊を引き起こす危険性があることから、溶接継手の強度確保が重要となる。溶接継手の強度の低下は、①溶接金属の強度不足、②溶接部の断面不足、③溶接部の靭性劣化、④脆性破壊の発生などが要因となる。

溶接金属の強度不足要因

溶接金属の強度は、溶接材料の化学成分と溶接施工条件で決定する。そのため、必要強度を得るには、溶接材料は接合する鋼材と溶接姿勢などに合わせて適切に選定する必要があり、さらに、使用する溶接材料の適用条件範囲で、溶接電流、アーク電圧、溶接速度、パス間温度などの溶接施工条件を適切に設定して施工する必要がある。

溶接部の断面不足要因

溶接部の断面不足の要因は、溶接部に発生する欠陥、鋼材自体の寸法公差(JIS規格などで許容される寸法誤差)、継手のずれや食違い、溶接ひずみによる変形などである。これには、溶接技能者の高度な技量、適切な溶接施工条件、SN鋼材をはじめとする寸法精度の高い鋼材の使用、溶接前の組立精度の確保、溶接組立の順序などの工夫が必要となる。

溶接部の靭性劣化要因

鉄にはある温度領域で、金属組織形状が決まる変態温度域がある。図1に示すとおりこの変態温度域を通過する冷却時間により組織形状が変わり、強度や靭性に大きく影響する。つまり、溶接する際、この温度領域を超えて溶融されるため、この温度領域を通過する冷却速度を制御する必要がある。

また、溶接部は溶接材料が溶融された溶接金属と、鋼材が溶接熱により結晶組織が変化した熱影響部から構成される。そのため、冷却速度を制御しても、図2に示すとおり溶接熱により熱影響部溶接部の組織はさまざまで、局部的には強度や靭性も異なることを留意しておく必要がある。

溶接部の脆性破壊の発生要因

脆性破壊は、伸び延性を伴わないで破断してしまう破壊現象である。この発生要因としては、塑性化領域での応力が集中する範囲で、溶接欠陥や梁端スカラップ底、梁フランジ溶接始終端、裏当て金とフランジ母材間のスリットなどの形状的不連続な箇所を起点として、靭性が低い箇所などから複合的な要因で脆性破壊が生じる。

溶接接合と開先形状

鋼材に伝わった力をすべて溶接接合で伝えるいわゆる全強接合とするために、完全溶込み溶接とする。建築鉄骨でよく使用される炭酸ガス半自動シールドアーク溶接では、接合する鋼材に溶込む深さは2mm程度である。そのため、溶接で全強接合するには、開先を設ける必要がある。開先形状としては図3に示すとおり、片面からの溶接であればレ形もしくはV形、両面からの溶接であればK形もしくはX形といろいろな形状がある。開先形状を決めるには、それぞれの形状の特徴を知って決める必要がある。力学的には力の働く方向に対して接合する面が多くなる方がよいため、V形やX形が有利であるが、建築鉄骨では加工数をできる限り少なくして施工手間を省くことから、接合する両方の鋼材に開先加工するV形やX形はほとんど使用されていない。また、両側から溶接するK形やX形では片側を溶接してから部材をひっくり返し、反対側を溶接する前にガウジングで初層部分を成形してから溶接することになるため、ひっくり返す

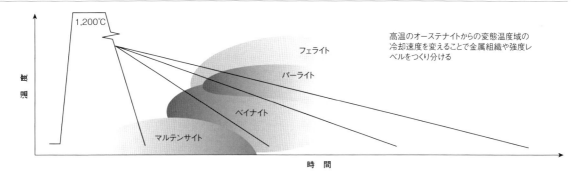

冷却速度	100℃/秒(速い)	10℃/秒	1℃/秒	0.1℃/秒(遅い)
金属組織	マルテンサイト	ベイナイト	細粒フェライト+ベイナイト	フェライト+パーライト
強度レベル	800MPa超	600MPaクラス	500MPaクラス	400MPaクラス

図1　温度と結晶組織の関係

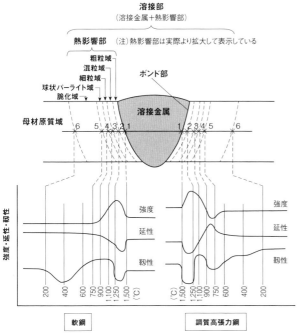

図2　アーク溶接による溶接部の構成

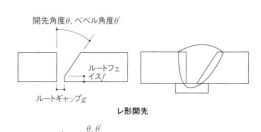

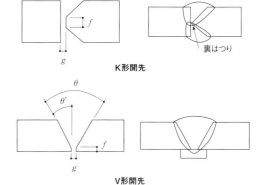

図3　建築鉄骨でよく使用される開先形状

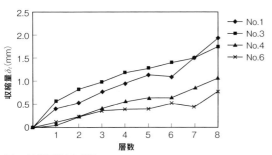

図4　溶接層数と収縮量

I. 鉄骨構造設計の基本

工程とガウジングする工程が増え，かなり加工手間が生じる。そのため，片側から溶接でき，開先加工が少ないレ形にすることがほとんどである。ただ，片側からの開先の場合，初層の溶接をするには裏当て金が必要となる。

レ形開先の場合，炭酸ガス半自動シールドアーク溶接では，ルートギャップ（図3中のgの開き寸法）が4mm以上なければ，欠陥が生じて健全な溶接ができないため，6〜7mmが標準となる。また，建築鉄骨ではレ形開先の角度（図3中のθの角度）は35°が標準である。ルートフェイス（図3中のfの寸法）は2mmが標準であったが，開先加工する機械が発展したため，0mmとする鉄骨製作業者が増えている。ただ，開先加工をガス切断で行うのであれば，開先を直線的に加工するためにも，ルートフェイスを2mm程度残すのが妥当である。

溶接とひずみ

溶接することにより熱が発生し，熱伸びにより接合される鋼材はひずみや縮みが生じる。

何の拘束もない突合せ継手では，片側から溶接した場合，溶接した側に継手が曲がってしまう。そのため，溶接ひずみのことを考えると，開先はX形やK形の方がよい。

完全溶込み溶接の場合，鉄骨製作業者の経験値から一溶接線につき，1〜2mm縮むとして，組立を行って，溶接後に製作図の寸法になるように製作されている。なお，図4は板厚32mmのレ形開先の溶接接合部で収縮量を測定した実験結果で，縦軸に縮量，横軸に溶接層数を示す。結果として1〜2mmの収縮が生じ，業者の経験値を裏付ける結果となった。

溶接接合と姿勢

溶接姿勢には，下向姿勢，横向姿勢（水平姿勢ということもある），立向姿勢（運棒により上進と下進がある），上向姿勢がある。この姿勢により，溶接技量やビード形状が大きく異なる。特にビード形状は，溶接姿勢を特定できるほど特徴的である。

下向姿勢は，水平な溶接線を上方から下向に行う溶接である。これらの姿勢は人間が楽に維持できる姿勢で，溶接棒の狙い位置が確認しやすい。また，溶接材料から溶けた溶接金属は重力に従って落ちることから，比較的大きな溶接電流で溶接することが可能となる。以上から最も基本とされる溶接技量といわれており，JISの技量試験も下向姿勢は基本級とされている。

写❶に，下向姿勢の溶接外観を示す。この特徴は，比較的ビード幅も大きく，形状もなだらかであるが，クレーターは比較的大きくなる。

横向姿勢は，水平な溶接線を横または水平方向から行う溶接である。この姿勢は多くの溶接金属を流し込むと，重力の影響で凝固前に横方向へ流れ出してしまうため，溶融速度を落として溶接ビードの安定を図る必要があり，1パスの溶接量が少なくなる傾向にある。

写❷に，横向姿勢の溶接外観を示す。この特徴は，1パスのビード幅は小さいがビード形状は安定している。ただ，ビード内やビード間では凹凸がつきやすい。

立向姿勢は，鉛直な溶接線を水平方向から上向方向もしくは下向方向へ行う溶接である。ここで上向方向へ運棒すると立向上進姿勢，下向方向へ運棒すると立向下進姿勢という。

❶下向姿勢での溶接ビード外観

❷横向姿勢での溶接ビード外観

❸立向上進姿勢での溶接ビード外観

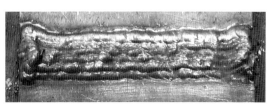
❹上向姿勢での溶接ビード外観

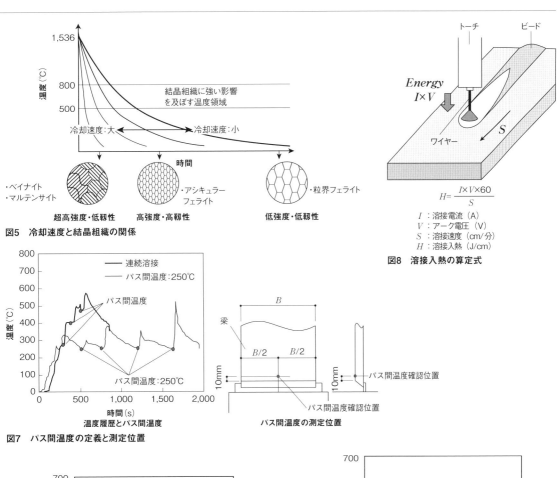

図5 冷却速度と結晶組織の関係

図8 溶接入熱の算定式

$$H = \frac{I \times V \times 60}{S}$$

I：溶接電流（A）
V：アーク電圧（V）
S：溶接速度（cm/分）
H：溶接入熱（J/cm）

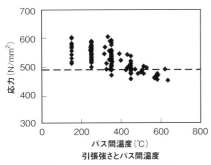

図7 パス間温度の定義と測定位置

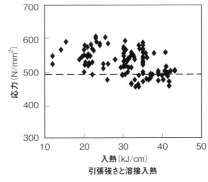

図6 引張強さと入熱，パス間温度の関係（YGW11）

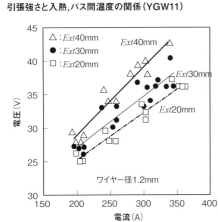

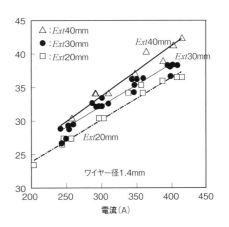

図9 溶接電流とアーク電圧の関係

I. 鉄骨構造設計の基本

立向上進姿勢は，溶融され凝固した溶接金属で，次に溶融される溶接金属が溜めながら運棒するため，ビード幅が大きくなり，ビード形状は波状になることが多い。工場溶接では，この姿勢ではほとんど施工されない。工事現場溶接では，構造上やむを得ない場合に使用される。

立向下進姿勢は，溶融された溶接金属が重力に従って落ちる前に凝固させる必要があるため，運棒速度を速くし，溶接電流を下げて溶接する。溶込みが浅くなり，運棒が難しいことから，建築鉄骨ではほとんど適用されていない。

写❸に，立向上進姿勢の溶接外観を示す。この特徴は，ビード幅が大きく，ビード形状は波状になることが多い。

上向姿勢は，水平な溶接線を下方から上向に行う溶接である。この姿勢は溶融された溶接金属が，重力に従って落ちる前に凝固させる必要があるため，安定したビードを形成することが難しい。また，高度な溶接技量が必要となる。JISの溶接技能者でも上向姿勢の技量をもった溶接技能者は少なく，建築鉄骨ではほとんど使用しない姿勢である。

写❹に，上向姿勢の溶接外観を示す。この特徴は，ビード幅が小さく，ビード形状は凹凸がつきやすく，ビード間の凹凸もつきやすく，ピットも出やすい。

溶接入熱とパス間温度

溶接する際，入熱とパス間温度を管理する必要がある。これは図5に示すとおり，800℃→500℃までの冷却速度が溶接部の結晶組織を決定し，その組織状況によっ

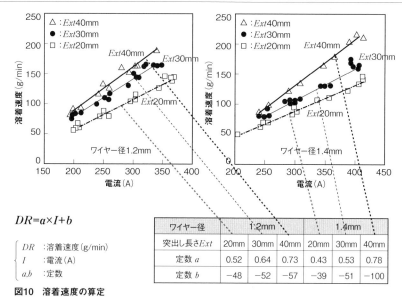

$DR = a \times I + b$

DR :溶着速度(g/min)
I :電流(A)
a, b :定数

ワイヤー径	1.2mm			1.4mm		
突出し長さExt	20mm	30mm	40mm	20mm	30mm	40mm
定数 a	0.52	0.64	0.73	0.43	0.53	0.78
定数 b	-48	-52	-57	-39	-51	-100

図10 溶着速度の算定

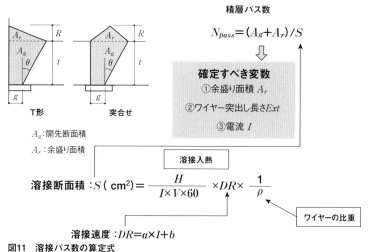

積層パス数

$$N_{pass} = (A_g + A_r)/S$$

確定すべき変数
①余盛り面積 A_r
②ワイヤー突出し長さExt
③電流 I

A_g:開先断面積
A_r:余盛り面積

溶接断面積:$S(\text{cm}^2) = \dfrac{H}{I \times V \times 60} \times DR \times \dfrac{1}{\rho}$

溶接入熱 ／ ワイヤーの比重

溶接速度:$DR = a \times I + b$

図11 溶接パス数の算定式

て強度や靭性が決定するためである。本来なら，冷却速度を計測して管理できればよいが，溶融した溶接部の温度測定をしなければならず，施工時の簡易的な計測方法は確立できていない。そこで，溶接入熱とパス間温度を管理することで，冷却速度を間接的に制御でき，溶接部の強度や靭性を確保できる。図6に溶接ワイヤーYGW11で施工した溶接部について，縦軸を引張強さ，横軸をパス間温度もしくは溶接入熱をプロットした。その結果，パス間温度や溶接入熱が高くなると引張強さが低下する傾向であることがわかる。

ここでパス間温度とは，図7には溶接部の温度履歴を示しているとおり，多層盛りの溶接部におけるパスとパスの間の最低温度のことである。つまり，5パスの溶接を行った場合，パス間温度は4温度あることになる。また，測定位置は溶接部の中央部表面で開先端から10mm離れたところである。これは溶接部でなく，できる限り近傍で測定しやすいことから，溶接線中央の表面とし，開先端から10mmとしている。この位置で測定するのは計測データがより多くあり，研究されたためである。

また，溶接入熱とは，1パスにおいて溶接エネルギー（溶接電流×アーク電圧）を溶接速度で除する図8に示す計算式により算定する。

ただ，溶接入熱やパス間温度の管理は，基本的にはプロセス管理となるため，鉄骨製作業者の管理者である溶接技術者や溶接技能者がよく理解して製作する必要があり，管理では性善説が求められる。しかしながら，溶接入熱やパス間温度管理の必要性が叫ばれたのが1990年代からであるため，現時点では溶接入熱とパス間温度の管理方法を正しく理解していない技術者や技能者が少なくない。

炭酸ガス半自動シールドアーク溶接では，溶接ワイヤーを自動送給するため，ワイヤー径，突出し長さ（図9中ではExtで表示し，トーチからのワイヤーの出寸法）に応じて，溶接電流とアーク電圧には図9に示す関係があり，1パス溶着量は，ワイヤー突出し長さ，ワイヤー径，ワイヤー種類により，溶接電流と図10に示す関係がある。このことを利用して，溶接入熱から1パスの溶着量が制限されるため，溶接断面積を決める，板厚，継手種類，余盛り高さ，ルートギャップ，開先角度から図11に示すパス数が算定できる。そのため，このパス数以上で施工することで，溶接入熱を管理することが可能となる。

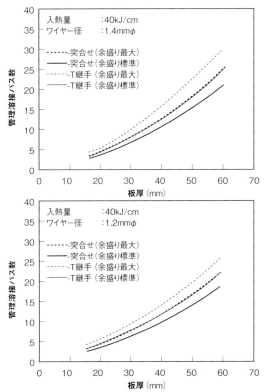
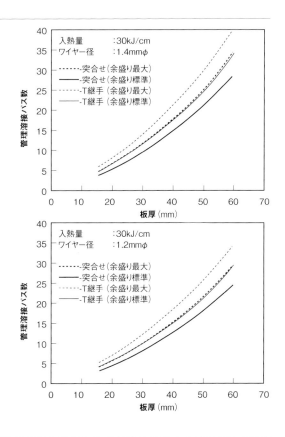

図12　管理パス数の算出結果

I.4 溶接のよい外観の事例（溶接姿勢ごと）と各種欠陥の事例

溶接外観

　板厚19mm，T継手，裏当て金付きレ形開先の溶接部における，溶接のよい外観写真を**写❶**〜**❸**に示す。

　下向姿勢の**写❶**は，溶接部中央部に溶接継手があるため，溶接終端であるクレーター処理の後が残っている。このクレーターは盛り下がって凹みが残っていると，ピットや微細な割れが生じることが多いので，クレーターは凹みがないように処理された外観がよい。また，ビード形状は滑らかで幅が均一なビードがよい外観である。横向姿勢の**写❷**は，ビードが細いのが特徴である。溶接が垂れないためにはビード幅が小さくなるため，1パスごとの積層で凹凸がない方がよい溶接外観である。なお，溶接電流が低いため，溶接終端のクレーターはあまり目立たない。立向姿勢の**写❸**は，右側が下側として施工したため，溶接止めの鋼板がある。この鋼板を溶接始端として，左側に溶接している。立向姿勢はビード幅は広くなり，ビード形状が波打って，凹凸が大きくなる傾向がある。

溶接欠陥

　溶接欠陥の種類として，溶接部外観に発生する欠陥は，**図1**に示すとおりアンダーカット，オーバーラップ，ピット，割れ，余盛り不足，余盛り過大，のど厚不足，脚長不足，クレーター処理不良や，**図2**に示すビード不整などがある。溶接部内部に発生する欠陥は，**図3**に示すとおり溶込み不良，ブローホール，融合不良，割れ，スラグ巻込みなどがある。鋼材内に発生する欠陥は，**図4**に示すとおり溶接熱により発生する各種の割れやアークストライク，クランプきずなどがある。あと，組立精度などから生じる食違いやずれも形状的な欠陥である。

　なお，溶接欠陥が生じやすい箇所は，溶接条件が悪いことが多く，溶接技能者が無理な体勢で溶接したり，複雑なディテールであったり，施工時に溶接する部分が見えにくいところで生じやすい。

❖ 割れ

　割れは，あってはならない欠陥である。これは，溶接部の破断に起因するためである。溶接部の割れは，発生する温度で高温割れと低温割れに区別される。高温割れは鋼の凝固温度かその直下で発生し，凝固直後の延性の乏しい溶接部に引張応力が作用して割れる。**写❹**に示すクレーター処理不良による割れが，この典型である。低温割れは溶接部が室温に冷却された際に，溶接金属中の水素などが関与して発生する。また，割れはビード形状に密接な関係があり，1パスのビード高さHと幅Wの比（H/W）が1.2以上になる縦長のビード形状になると，なし形ビード割れが発生しやすい。なお，割れの補修には割れをガウジングなどで取り除いて再溶接する。また，UT試験だけでは，内部割れと判別することはできない。

❖ のど厚不足

　のど厚不足は，あってはならない欠陥である。これは断面不足となるため，付加溶接して補修する。

❖ アンダーカット

　アンダーカットは，溶接ビードと鋼材の境目に沿ってできた細長い溝または凹みで，形状的な不連続となり破断の要因になる。平成12年建設省告示第1464号においては，「0.3mmを超えるアンダーカットは，存在してはならない。ただし，アンダーカット部分の長さの総和が溶接部分全体の長さの10%以下であり，かつ，その断面が鋭角的でない部分にあっては，アンダーカットの深さを1mm以下とすることができる。」としている。補修に関しては深さ1.0mm以下であれば，グラインダーなどにより除去して滑らかに仕上げ，深さ1.0mmを超える場合は付加溶接する。

❖ ビード不整

　ビード不整は，**図2**のe_1がビード内の高低差，e_2がビード間の高低差，e_3がビード幅の差で，JASS6の限界許容差がe_1，e_2は長さ25mmの範囲で高低差4mm以下，e_3は長さ150mmの範囲で7mm以下である。これ

は応力伝達を円滑にして、応力集中が起こらなくするためで、補修はグラインダーなどで整形すればよい。なお、代替エンドタブ使用時は運棒方法によってはビード始終端でビードが高くなる傾向がある。

ピット・ブローホール

溶接金属が凝固する過程で発生した気泡で、溶接内部に残ったのがブローホール（写❻）で、ビード表面まで表れたのがピット（写❼）である。この原因としては、①開先内に錆、鉄粉、ペンキ、油、水などの不純物があった、②風が強い、溶接条件が適切でないなどのシールド不良、③溶接材料が吸湿していた、などである。特にピットがある場合は、溶接条件がよくなかったためで、溶接内部にブローホールが数多くある場合（写❻）がある。

❶下向姿勢の溶接外観

❷横向姿勢の溶接外観

❸立向姿勢の溶接外観（右側が下側として施工）

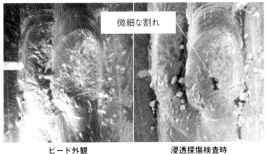

❹クレーター処理不良と割れ

❺代替エンドタブによるビード不整

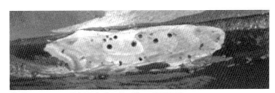

❻ブローホール（表面をグラインダーで切削後）

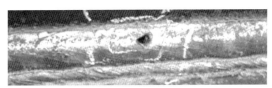

❼ピット

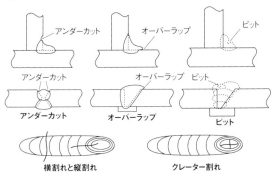

図1　外観に現れる溶接欠陥

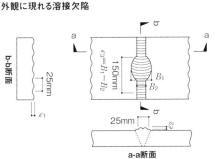

図2　ビード不整

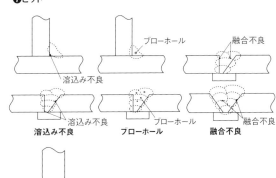

図3　溶接内部の溶接欠陥

止端（トウ）割れ

サルファ（硫黄）割れ

ルート割れ　　ラメラー割れ

図4　鋼材に発生する欠陥

I. 鉄骨構造設計の基本

I-5 部材継手の考え方の基本と注意点

はじめに

まず継手とは,日本建築学会「鋼構造接合部設計指針」の用語解説で"「接合部」にはいろいろな種類があり,同じ部材を同じ方向に接合する箇所を「継手」と称し,柱と柱の継手を「柱継手」,梁と梁の継手を「梁継手」と呼ぶ。また,異なる方向に伸びる部材を接合する箇所を「仕口」と呼ぶこともある。その代表例は,柱梁接合部(仕口)である"[1]と記されている。

設計としての継手の考え

継手そのものは,鋼構造物の骨組を構成するうえで必要不可欠なものである。施工面からみた場合,鉄骨製作会社の工場で施工されるものと工事現場で施工されるものとに大別されるが,力学的な性状に関してみれば施工上の分類による差は大差ない。一般に,設計時に骨組の挙動を検討する場合,接合部の影響を無視しているのが普通であり,そのためには,接合部で部材が連続性を保持していることが必要で,通常用いられている接合部は,このような条件をほぼ満たすような設計がされている。その継手の設計は,保有耐力設計ないし全強設計で設計されるのが普通で,その場合,剛性・耐力とも接合される部材を上まわる性能が必要となる。柱材の継手は,通常,部材のほぼ中間の応力の小さい位置に設けることから,存在応力による設計を行っている場合もあるが,継手耐力を部材耐力の1/2以上確保するという設計条件があるので,骨組設計上その挙動が問題となることはない。また一般的な大梁の継手では,応力の小さな位置で,かつ保有水平耐力時に塑性ヒンジが生じない位置に継手を設ける考えで,設計は行われている。

部材の分割と継手の配置

基本的に鉄骨の建物は,鉄骨製作会社の工場で建物を構成する柱部材,梁部材,それらを接合した柱梁接合部,これらを通常3層分を柱1本の部材として製作を行い,基本単位「節」として扱っている。通常柱梁接合部は,生産性が高くより良好な製品精度が確保できる工場で製作されるが,梁の継手については,前述の設計と施工性を踏まえて大きさや長さ,および形式を決定する必要がある。

工場製作のピースは工事現場での作業を少なく,スムーズな施工とするために可能な限り大分割とし,運搬時や道路事情,現場の揚重機の能力をあらかじめ考慮して,適正な大きさを設定する。目安としては,10t積トラックで許可申請が不要となる長さ9.67m以下,高さ2.32m以下,幅2.5m以下,積載10t以下となる大きさである(図1)。

輸送コストや現場での施工性,建物計画などから,一般的には図2に示すような大きさと長さを目安に継手位置とすることも多い。ただし,トラック1台に積める重量の制限や,たとえ許可申請不要の部材形状であっても屋外使用などで溶融亜鉛めっきを施す部材にあっては,めっき槽サイズも考慮した部材長さとすることも必要である。図5に,主な車両の積載荷姿図および許可範囲を示す。

梁の継手

もう一つの目安として,柱梁接合部の梁継手形式がある。一般的に中低層の建物であれば,フランジ・ウェブとも高力ボルト接合とするブラケット形式(図3)を,高層および超高層では,フランジを溶接接合,ウェブを高力ボルト接合するノンブラケット形式(図4)が一般的に採用されている。当然トラック1台に積める部材数はブラケット形式に対してノンブラケット形式の方が多く,この部材数の差による運搬費用や材料費の差によりブラケット形式よりノンブラケット形式がコスト的に安くなることから,ノンブラケット形式を選択することとなる。ただし,ノンブラケット形式とする際には,現場溶接が必要となるので,その場合は,強風下での作業や高湿度環境下での作業ができないなど,気象条件による施工上の制限の多さや,品質確保のためにかかる管理日程などについて十分配

慮する必要がある。

柱の継手

柱の継手位置は，応力の小さいところに設けられるのが理想的であるが，現場における施工性を考慮して床面から1m程度の高さに設けるのが一般的である。設計としての影響は少ないが，露出柱脚や根巻き柱脚は，床面から1m程度加えた部材長を最初の節の長さとする必要がある。特に埋込み柱脚では，鉄骨柱せいの1.5～2倍以上を基礎梁などに埋め込む必要があることから，通常0節を設けて鉄骨建方を行う。このことを考慮して継手位置を計画しておかないと，鉄骨の運搬や建方に支障をきたすこととなるので注意が必要である。

【参考文献】
1）日本建築学会：鋼構造接合部設計指針 2012年版
2）SE委員会：構造計算の実務 知っておきたい根拠と常識，1996年
3）江口清監修：現場技術者が教える「施工」の本〈躯体編〉，建築技術，2006年
4）関清豪：S造のジョイント，建築技術2014年12月号，p.111
5）日本鉄骨梁建設協会，鉄骨建設業協会：2008年版 輸送マニュアル

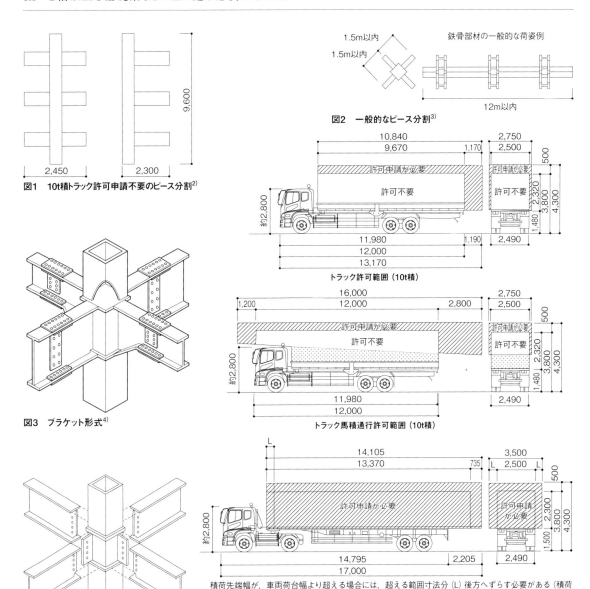

図1　10t積トラック許可申請不要のピース分割[2]
図2　一般的なピース分割[3]
図3　ブラケット形式[4]
図4　ノンブラケット形式[4]
図5　主な車両の積載荷姿図および許可範囲[5]

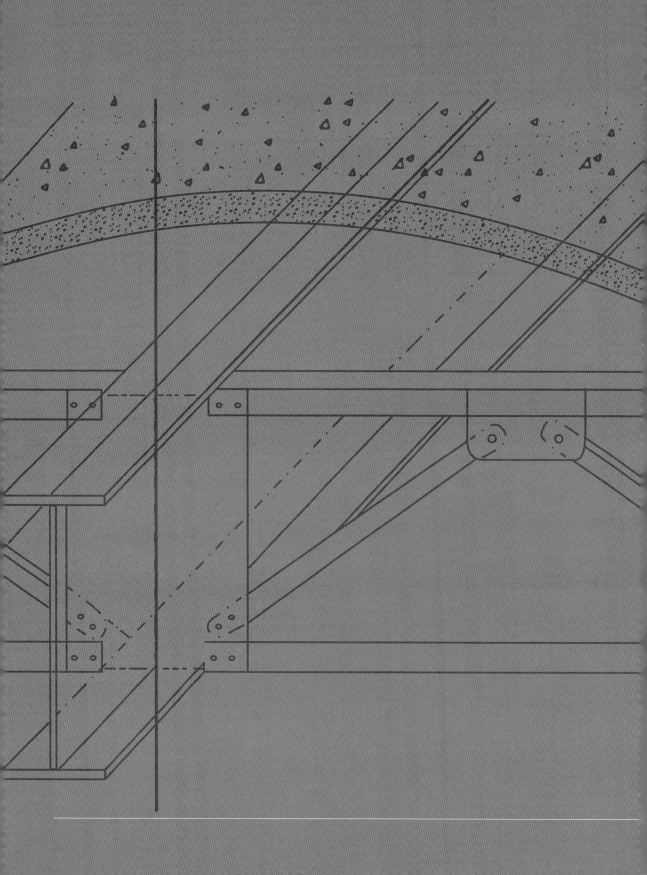

II 梁の設計

鉄骨構造は，"軽い"といわれる。もちろん，これは鉄筋コンクリート構造（RC）と比べると，である。軽いことにより橋梁やスタジアムなどの大スパン建物，さらに電波塔なども含む数々の超高層建物の実現を鉄骨構造が支えてきたのは間違いない。ここで"軽量な"を今一度考えてみると，鉄の比重はRCの3倍以上で重い。しかし，部材レベルで比べると，RCより圧倒的な薄肉の断面で架構が成立して，軽量となっている。この薄肉に起因して「座屈」現象が生じやすい。このため，鉄骨構造の設計においては，座屈に対して常に意識しながら構造設計を行う必要がある。

II. 梁の設計

II-1 大梁に生じる二次応力（弱軸曲げ・軸力・ねじれ）に対する設計

通常、鉄骨梁にはH形断面の鋼材が用いられている。これは、2方向の応力を負担する柱とは異なり、支配的な応力が1方向となることが多く、H形断面の強軸方向に曲げ応力を負担する場合、応力度が大きくなる上下フランジ部分に断面積が集約された合理的な形状となるためである。H形断面の強軸方向と弱軸方向の断面性能を比較してみると、強軸方向に対する弱軸方向の断面係数（Z）は、既製品の中幅H形鋼で1/4～1/10程度、断面二次モーメント（I）で比較すると1/6～1/30程度となる（図1）。このことからもH形断面は強軸方向に対しては有効な形状となるが、弱軸方向に対しては断面性能（Z, I）が大幅に低減することが確認できる。

以上より、スラブを支える一般的な梁は、常時に作用する鉛直荷重と地震荷重などにより発生する構面内の応力に抵抗するために、鉛直方向を強軸方向としてH形断面を用いている。

弱軸方向に生じる応力に対する注意

強軸方向に生じる応力に対しては、合理的な抵抗形状となるものの、弱軸方向に対しては前述のとおり小さな断面性能しか保有していない。よって、梁の場合は、水平方向から荷重を受け、弱軸方向に曲げ応力が生じる場合は、注意が必要となる。代表的な例としては、建物外壁面に設けた梁が、風荷重を負担する場合が挙げられる。特に、外壁面に隣接するように吹抜が配置されている計画では、水平方向の抵抗要素となるスラブがないため、弱軸方向の曲げ応力に対する部材設計が必要である（図2）。また、外壁面の風圧力を主たる荷重とする場合は、水平方向に強軸方向を向ける場合がある（一般的に耐風梁と呼ぶ）。このような場合は、通常の梁とは逆に、鉛直方向がH形鋼の弱軸方向となるため、常時荷重により発生する応力に対して注意が必要であり、外装材の接合方法や荷重伝達方向に配慮し、部材設計を行う必要がある。

軸力が生じる場合に対する注意

スラブが取り付く梁の場合、上フランジにスタッドボルトを設け、コンクリートスラブと一体化することで剛床が成立

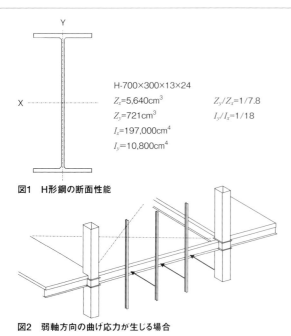

H-700×300×13×24
Z_x=5,640cm³
Z_y=721cm³
I_x=197,000cm⁴
I_y=10,800cm⁴
Z_y/Z_x=1/7.8
I_y/I_x=1/18

図1　H形鋼の断面性能

図2　弱軸方向の曲げ応力が生じる場合

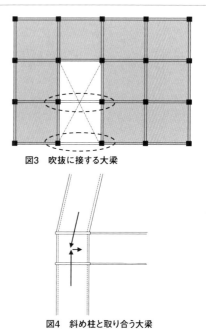

図3　吹抜に接する大梁

図4　斜め柱と取り合う大梁

すると仮定して応力解析を行い，大梁には軸力が生じないものとして断面設計を行っている。しかし，梁上にコンクリートスラブが取り付かない吹抜が計画される場合（図3）や，水平ブレースにより構成させる架構には，大梁にも軸力が生じることとなる。これ以外にも，勾配を有する屋根面の梁や，斜めの柱と取り合う梁（図4），温度応力が生じる場合などについても注意が必要になる。また，剛床仮定として応力解析を行う場合は，鉛直ブレースを含む架構においても梁には軸力が生じない結果が算出されるため，接合部を含めて軸力を考慮した部材設計が必要である。

ねじれ応力が生じる場合の注意

梁に生じる応力としては，曲げ・せん断・軸力以外にねじれ応力が挙げられる。最も理解しやすい発生例は，梁の直交方向に控え梁がない片持ち梁が取り付く場合が挙げられる（図5）。通常は，控え梁を設けることで，ねじれ応力が生じないように計画を行うことが多い。しかし，PCa板などの外装材を支持する梁や風荷重を負担する間柱と取り合う梁には，その接合方法によってはねじれ応力が発生すると考えられる。特にスラブが取り付かない場合については，ねじれに抵抗する要素がないため，注意が必要である。

風荷重を負担する間柱と大梁の接合例を，図6に示す。梁の上下に間柱が取り合う場合は，弱軸曲げに対して，梁下フランジに間柱が取り付く場合や，小梁のせいが小さい場合は，梁のねじれに対して配慮が必要となる。

PCa板と大梁の接合例を，図7に示す。梁上にスラブが取り付く場合は，ねじれ変形に抵抗するが，スラブがない場合はねじれ変形に抵抗する要素がないため，配慮が必要になる。また，スラブが取りつく場合でも，施工順序によっては，ねじれが生じる場合がある。例えば，現場打設のスラブと一体化するPCa板の場合，PCa板設置時（仮設時）においては，抵抗要素（スラブ）がない状態となる。よって，仮設時におけるねじれに対して配慮が必要となる。

スラブが取り付かず，ねじれ応力が生じる場合は，ねじれ変形を抑制する方向に補剛材を設けることや，H形鋼の側面にカバープレートを設ける（BOX形状化），梁幅を広げる，BOX断面の形状を用いるなどにより，ねじれ剛性が高くなる断面を用いるといった対処が必要となる。

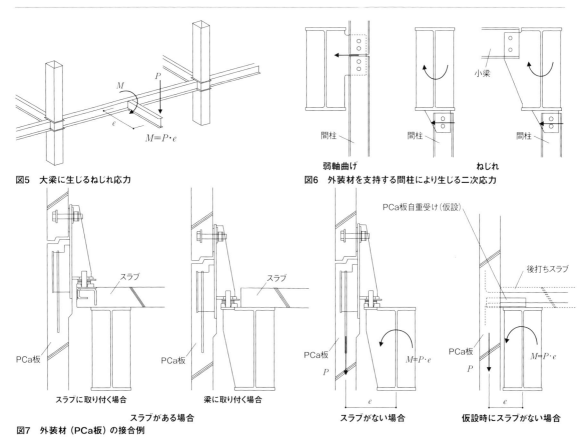

図5 大梁に生じるねじれ応力

図6 外装材を支持する間柱により生じる二次応力

図7 外装材（PCa板）の接合例

II. 梁の設計

重量の大きい外装材が偏心して取り付く梁の設計と注意点

はじめに

鉄骨建築物に重いプレキャストコンクリート版（PCa版）の外装材などを取り付けるとき、外周鉄骨梁にはねじれが発生する。一般の場合は、スラブによって拘束されているため、問題が顕在化しないことが多い。しかし、エレベータや鉄骨階段の脇でスラブがなかったり、後からスラブを施工する場合には、梁にねじれ変形が生じることになる。本稿では、その設計と対策を紹介する。

外周梁にかかるねじれ M_t

PCa版のファスナー詳細図の例を、図1に示す（下部で自重を支持し、ピン部分でロッキングして地震時の水平変形を吸収する機構）。図1では、鉄骨芯とピン芯間の偏心距離eによって外周梁にはねじれが加わる。外力としてのねじれモーメンM_tは、PCa版自重をWとすると、$M_t=e \times W$となる。外周梁の設計では外力として加わったねじれモーメントを健全に梁端まで伝達し、梁端接合部においても、そのねじれモーメントを伝達できる仕組みが必要となる。

外周梁のねじれ変形による影響

外周梁にねじれ変形角ϕが発生すると、ファスナー自重受けのピン位置では、ねじれによる鉛直変形量$\delta_{ねじれ}=\phi \times e$が発生する（図1）。そのため、「ファスナー自重受け部の許容調整値」は、一般の鉛直たわみ量δにねじれによる変形量も加えた値$\delta_{ねじれ}+\delta$以上とする必要があり、ねじれ量を制限することが重要になる。図1のファスナーでの変形調整はライナー材によって行うが、ねじれによる傾きが大きいと、取り付け時に壁版も傾いてしまう。

閉鎖型のねじれ抵抗（サンブナンねじれ M_s）

ねじれは、表1の①鋼管のような閉鎖断面では、連続的なせん断応力の形で伝達されてゆく。これをサンブナンのねじれ抵抗という。しかし、②鋼管に切れ目があると、せん断応力は切れ目で連続して伝達できなくなり、1枚の薄い鉄板と同じようなねじれ抵抗になるため、急に弱くなる。③H形鋼の場合も閉鎖断面でないため、三つの薄板の合計としてサンブナンのねじれ抵抗は評価される。ねじれ抵抗を大きくする一つの方法として④H形鋼に当て板をして閉鎖断面にすると、サンブナンのねじれ係数は数100倍にもなる。H-300と□-300のサンブナンのねじれ係数J_tは、表1の例では約350倍になる。また、端部ではサンブナンのねじれモーメントM_s分を伝達できる納まりとする必要があり、その詳細には十分な配慮が必要である。

M_sとその回転角ϕの関係は、
$$M_s = G \cdot J_t \cdot (d\phi)/(dx) \quad (1)$$
で表すことができ、$G \cdot J_t$はサンブナンのねじれ剛性でGはせん断弾性係数である。式（1）は一般梁のせん断力とせん断変形の関係に類似しており、断面はせん断応力度で確認する（表1）。

H形鋼のねじれ抵抗（そりねじれ M_w）

H形鋼はサンブナンによるねじれ抵抗は小さいが、他に、ねじれに対して上下2枚のフランジが互いに逆方向に横ずれして抵抗する仕組みがある（表2）。これをそりねじれ抵抗といい、フランジには横方向のせん断力とそれに応じた曲げモーメントが起こり、ねじれ回転角はこのフランジの曲げ変形によって決まる。

そりねじれモーメントM_wと回転角ϕの関係は、
$$M_w = -C_w \times (d^3\phi)/(dx^3) \quad (2)$$
で表すことができ、C_wはそりねじれ係数、Eはヤング係数、$E \times C_w$はそりねじれ剛性である。式（2）は、一般梁の曲げモーメントと曲げ変形の関係に類似している。そのため、H形鋼のねじれ回転角を制御するためには、スパンを短くしてそりねじれの抵抗を上げる方法が有効である。図2に示すよう、(ロ) 外周梁は小割にして短くする方法、(ハ) 間柱を入れて中央のフランジの横ずれを防ぐ

方法がある。

そりねじれの断面応力検討は，フランジの横方向のせん断応力度と曲げ応力度の確認を行う（表2）。

また，端部の設計は上下フランジの横向きの曲げモーメントとせん断を伝達できるディテールとする。

まとめ

サンブナンとそりとのねじれ抵抗を個別に説明したが，ねじれ外力に対して二つの抵抗は同時に働き，

$$M_t = M_s + M_w$$
$$= G \cdot J_t \cdot (d\phi)/(dx) - C_w \cdot (d^3\phi)/(dx^3) \quad (3)$$

で示すことができる。この式を解くことにより，M_sとM_wの割合の精算値を計算することができ，H形鋼などは，その組合せモーメントによって断面算定や変形量を計算することができる。しかし，断面形状やスパン長によって，どちらが支配型であるかを考え，略算的にどちらかのみでねじれ検討をすることも可能である。

表1　サンブナンねじれの定数（J_t）と最大せん断応力度（$\tau_{(MAX)}$）

	①鋼管	②切目のある鋼管（薄板）	③H型	④H形鋼＋当て板（角型鋼管）
抵抗の様子	せん断応力	薄板と同等	3枚のバラの薄板の合計	t（板厚）b板厚芯／b板厚芯／当て板補強すると，閉鎖断面となり，抵抗UP
J_t	$\dfrac{4A^2 \cdot t}{S}$	$\dfrac{1}{3} \cdot t^3 \cdot b$	$\Sigma \dfrac{1}{3} \cdot t_i^3 \cdot b_i$	$\dfrac{4A^2 \cdot t}{S}$
$\tau_{(MAX)}$	$\dfrac{M_s}{2A \cdot t}$	$\dfrac{3M_s}{t^2 \cdot b}$	$\dfrac{M_s}{j_t} \cdot t_i$	$\dfrac{M_s}{2A \cdot t}$
備考	A：囲まれた面積 S：囲まれた周長 t：厚さ	b：薄板の幅（周長） t：厚さ	フランジ2枚とウエブの b_i：薄板の幅 t_i：厚さ	鋼管と同じ
計算例	③ H−300×300×16×16　　$J_t(H) = \Sigma \dfrac{1}{3} \cdot t_i^3 \cdot b_i \fallingdotseq 1.23 \times 10^6 \text{mm}^4$ ｜ ④ □−300×300×16×16（当て板）　　$J_t(\square) = \dfrac{4A^2 \cdot t}{S} \fallingdotseq \dfrac{4b^4 \cdot t}{4b} \fallingdotseq 4.32 \times 10^8 \text{mm}^4$				

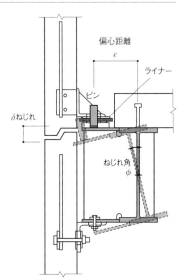

図1　PCaのファスナー（下置き，ロッキングタイプ）

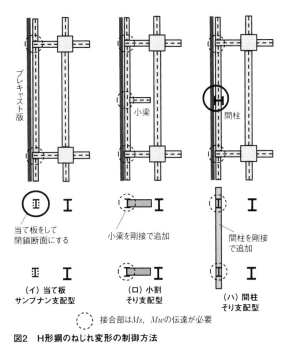

（イ）当て板　サンブナン支配型
（ロ）小割　そり支配型
（ハ）間柱　そり支配型

⊂⊃ 接合部はM_s, M_wの伝達が必要

図2　H形鋼のねじれ変形の制御方法

表2　そりねじれの定数（C_w）とフランジの応力度（$\tau_{(MAX)}$）と（$\sigma_{(MAX)}$）

	H形鋼
抵抗の様子	フランジの横ずれフランジに曲げとせん断が生じる　上フランジ／下フラン　$I_{fy} = \dfrac{b^3 \cdot t}{12}$　$I_{fy} = \dfrac{b^3 \cdot t}{12}$
C_w	$2 \cdot \left(\dfrac{h}{2}\right)^2 \cdot I_{fy} = \dfrac{h^2 \cdot b^3 \cdot t}{24}$
フランジ $\tau_{(MAX)}$	$\dfrac{Q_t}{A_{fs}} = \left(E \cdot C_w \cdot \dfrac{d^3\phi}{dx^3} \cdot \dfrac{1}{h}\right) \cdot \dfrac{1}{A_{fs}} = E \cdot \dfrac{d^3\phi}{dx^3} \cdot \dfrac{h \cdot b^2}{16}$
フランジ $\sigma_{(MAX)}$	$\dfrac{M_t}{Z_{fy}} = \left(E \cdot C_w \cdot \dfrac{d^2\phi}{dx^2} \cdot \dfrac{1}{h}\right) \cdot \dfrac{1}{Z_{fy}} = E \cdot \dfrac{d^2\phi}{dx^2} \cdot \dfrac{h \cdot b}{4}$
備考	b：フランジ幅 t：フランジ厚さ h：梁せい I_{fy}：フランジの断面2次モーメント Z_{fy}：フランジの断面係数 A_{fs}：フランジの断面積／1.5 Q_t, M_t：フランジ1枚分のせん断力，曲げモーメント

II. 梁の設計

II-3 片持ち梁の固定端モーメントの取扱い

片持ち梁の設計上の考え方

片持ち梁の設計では，元端を固定端とみなして本体架構から片持ち梁部分を取り出し，個別に部材検討を行う方法が多く用いられる。しかし，実際は固定端と仮定した本体架構側の受け部材が，元端の応力を負担できているか，また，固定端と仮定した支持部分が回転変形を十分に抑えられるディテールになっているかなどを把握して，設計することが重要なポイントである。

片持ち梁の設計上の留意点

片持ち梁は一般的に柱または梁を片持ち梁元端の支持材として，図1，2のように設置することが多い。片持ち梁の跳ね出し長さや梁せいにもよるが，本体のBOX柱（S造，CFT造）に取り付く場合は，剛性，耐力が十分大きい柱部材であれば，控え梁がなくても片持ち梁元端を固定端とみなして個別に計算すれば，部材の検討結果には，さほど大きな影響はないと考えられる。しかし，H形柱の弱軸方向に片持ち梁が取り付く場合などは，柱の剛性，耐力が小さいため，反対側に片持ち梁と同断面の十分な長さを有する控え梁が必要になってくる。ただし，フロアレベルに片持ち梁が取り付く場合，通常は片持ち梁の控え梁として，大梁が取り付いているので問題になることは少ない。また，大梁に片持ち梁が取り付く場合についても，一般的には片持ち梁の反対側に大梁を介して，控え梁を設置して対応することが多い。

また，中間レベルに設置する片持ち庇や，建物外側に風除室を設置する場合の片持ち屋根など，フロアレベルの梁からずれた位置に設置する片持ち梁の検討は注意を要する。図3，4に，片持ち梁の元端の受け部材の配置例を示す。大梁または小梁を支持部材として，その間に控え梁を設置するケース1，片持ち梁の固定側に間柱を設置するケース2などが考えられる。ここでは，図5に示すような荷重，部材設定を行い，片持ち梁の支持点を完全剛と仮定したケース0とケース1，2を比較検討す

るために，応力・変形を算定し，図5にまとめた。片持ち梁の元端側の曲げモーメントは253kN・mとすべてのケースで同じ値となっているが，片持ち梁先端の変形はケース0の0.55cmに対して，ケース1は1.28cmで約2.3倍，ケース2は1.52cmで約2.8倍と，非常に大きな値となっている。設定した部材サイズにもよるが，どのケースにおいても片持ち梁の元端に生じる応力は同じ値であるが，変形はまったく異なった値を示す結果となる。特に，積雪地域の雪荷重や吹上げの風荷重による変形には，注意が必要である。

その他にも，片持ち梁と連続する控え梁の長さが短い場合，片持ち梁の元端の曲げモーメントに抵抗するアームが短くなり，支持部材には大きな「てこ反力」が発生すると同時に，片持ち梁先端の変形も回転による鉛直変形と支持部材の鉛直変形が加わるため，鉛直変形がさらに大きくなるケースが考えられる。

このように片持ち梁部分の個別検討を行う場合は，変形性状に大きく影響するため，片持ち梁の周辺部材の影響を適切に評価し，実情に則した解析モデルで検討を行い，過小評価とならないように適切に判断することが重要となる。

告示第594号第2 三号ニでは，片持ちバルコニーなどの外壁から突出する部分が2mを超える場合は，鉛直震度1.0G以上を考慮した応力により，片持ち部材を検討することが求められている。これは規模の大きな跳ね出し部材には，地震時に鉛直方向の振動が増幅する傾向があるため，その影響を考慮したものである。

また，大きな跳ね出し部分を有する居室は，床振動が居住性能に大きな影響を与えることが考えられる。要求される居住性能を確認したうえで，スラブを含めた床梁組みの固有振動数の確認や十分な剛性を確保する必要がある。床振動による居住性の検討については，日本建築学会『環境振動性能設計ハンドブック』に詳しい解説が記載されているので，参照されたい。

【参考文献】
1）日本建築センター：建築物の構造設計実務のポイント
2）日本建築学会：環境振動性能設計ハンドブック

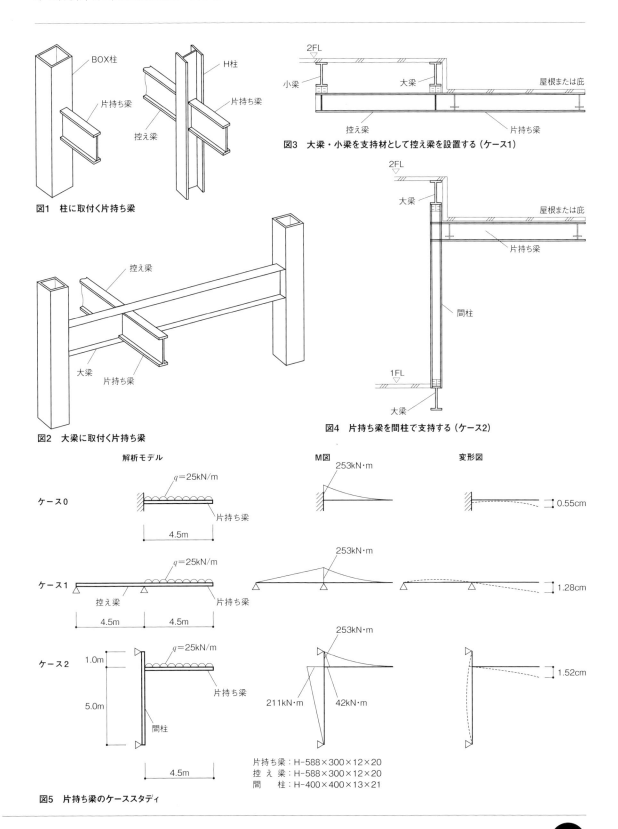

図1　柱に取付く片持ち梁

図2　大梁に取付く片持ち梁

図3　大梁・小梁を支持材として控え梁を設置する（ケース1）

図4　片持ち梁を間柱で支持する（ケース2）

図5　片持ち梁のケーススタディ

II.4 梁の横補剛材の設計と注意点

梁の横補剛材

鉄骨造の建物を設計する際には，圧縮側フランジを拘束して横座屈を防止することが重要であり，靱性のある架構を構築するためには横補剛材の設計は必須となる。鉄骨梁の横補剛は，①1次設計時の許容曲げ応力度f_bの確保と，②2次設計時の変形能力の確保（保有耐力横補剛）の2段階の確認が必要である。各項目の設計概要を以下に示す。

1）許容曲げ応力度 f_b

許容応力度設計法では，曲げ材の許容曲げ応力度f_bは，「曲げねじり（反りねじり）」によるf_{b1}と，「サン・ブナンねじり（純ねじり）」によるf_{b2}の大きい方の値でf_t以下とするように定められている。

$$f_{b1} = \left\{ \frac{2}{3} - \frac{4}{15} \cdot \frac{(l_b/i)^2}{C \cdot \Lambda^2} \right\} \cdot F$$

$$f_{b2} = \frac{89,000}{l_b \cdot h / A_f}$$

- l_b：圧縮フランジの支点間距離（mm）
- i：T型断面のウェブ軸まわりの断面2次半径（mm）
- C：修正係数　Λ：限界細長比
- F：基準強度（N/mm²）
- h：梁のせい（mm）
- A_f：圧縮フランジの断面積（mm²）

2）保有耐力横補剛

塑性変形能力を有する建物を設計するには，大梁端部が全塑性曲げモーメントに達するまで，横座屈が生じないよう補剛を行う必要がある。梁の横補剛の方法として，①梁全長にわたって均等間隔で横補剛を設ける方法と，②主として梁端部に近い部分に横補剛を設ける方法とがあり，下式を満足する横補剛材を設けるように定められている。

①梁全長にわたって均等間隔で設ける方法
 400N/mm²級鋼：$\lambda_y \leq 170 + 20n$
 490N/mm²級鋼：$\lambda_y \leq 130 + 20n$

②主として梁端部に近い部分に設ける方法
 400N/mm²級鋼：$l_b \cdot h / A_f \leq 250$ かつ $l_b / i_y \leq 65$
 490N/mm²級鋼：$l_b \cdot h / A_f \leq 200$ かつ $l_b / i_y \leq 50$

- λ_y：梁の弱軸まわりの細長比（$= l / i_y$）
- l：梁の長さ（mm）
- i_y：梁の弱軸まわりの断面2次半径（mm）
- n：補剛数の箇所数
- l_b：横補剛間隔（mm）
- h：梁のせい（mm）
- A_f：圧縮フランジの断面積（mm²）

通常，小梁のピッチはデッキプレートの支持可能スパンである3,000mm程度に配置されることが多く，この小梁を横補剛材として機能させることで，必要横補剛本数を満足する場合も多い。

なお，免震構造などでは大梁を全塑性曲げモーメントまで期待しない場合も多く，部材応力に応じて横補剛性能を設計者が適宜判断する必要がある。

横補剛材の設計および設計例

横座屈による全塑性モーメントの低下を防止するために設けられる横補剛材は，適切な強度と剛性が必要である。参考文献2）では，圧縮側のフランジ位置に集中横力Fを作用させた場合に十分な強度を有し，かつ剛性kを確保するように定められている。

$F = 0.02 \cdot C$
$k \geq 5.0 \cdot C / l_b$
$C = \sigma_y \cdot A / 2$

- F：集中横力（kN）
- C：曲げ応力による圧縮側合力
- k：必要補剛剛性（N/mm）
- l_b：横補剛間隔（mm）
- σ_y：降伏応力度（N/mm²）
- A：梁の全断面積（mm²）

横補剛材の具体的な検討例を，次項に示す。大梁上端が頭付きスタッドで緊結されたコンクリートスラブにより十分拘束されており，上フランジ位置と高力ボルト全体が支点となって，集中横力Fに抵抗する機構を想定する。スラブから最も離れた小梁最下端の高力ボルトを短期許容せん断力以下となるよう設計することで，すべりを許容せず，十分な拘束剛性を確保できる。詳細は参考文献3）を参照されたい。

検討例によると，小梁せいが大梁せいHの1/2以下程度となる場合には，ボルト耐力が不足することが多い。横補剛材の耐力が不足する場合は，①大梁の両側から補剛する，②ボルト径および配列を見直す，③方杖により補剛する（図1）などの方法により，必要な横補剛耐力および剛性を確保する。

横補剛材の留意点と今後の展望

横補剛材の設計における留意点を，以下に示す。

- 保有耐力横補剛を満足し，横補剛材が不要な鉄骨梁でも許容曲げ応力度f_bが低減することがある。
- 床が金属屋根などの場合には，上下フランジともに横補剛材が必要となる。
- 大梁と小梁のレベルが異なる場合，適切なボルト配置ができない場合がある（**図2**）。
- 階段やEVなどにより両側が吹抜に面した大梁には，剛接間柱による横補剛材を設けたり，カバーPLを取り付けるなどの工夫が必要となる。

近年では，鉄骨梁に対してコンクリートスラブを横補剛材として有効に機能させ，大変形時まで横座屈を生じることなく全塑性耐力と十分な塑性変形能力を確保するような実験や研究がされている。今後は，必要な性能を満たしながら，より経済的な横補剛の方法を選択することが求められる。

【参考文献】
1) 2015年版建築物の構造関係技術基準解説書
2) 日本建築学会：鋼構造塑性設計指針, 2017年
3) 日本建築センター：建築物の構造設計実務のポイント, 2016年

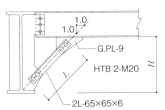

図1　大梁せいに対して小梁せいが小さい場合

図2　小梁レベルが大梁レベルより高い場合

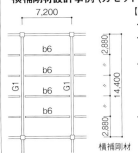

横補剛材設計事例（ガセットプレートにより補剛する場合）

【計算条件】
- 片側の小梁で補剛する
- 横補剛材は均等配置とし，必要横補剛数を満足する
- 小梁の長期せん断力
  $w = 8$ [kN/m²]
  $Q_v = wL/2 = 82.9$ [kN]
  → 16.6 [kN/本]
- HTB-M22 (F10T)：$_sQ = 83.8$ [kN]

G1：H-800×300×14×28 (SN400B)
　$A = 27{,}490$ [mm²]
b6：H-450×200×9×14 (SS400)
　$A_b = 9{,}543$ [mm²]，$I_x = 3.29×10^8$ [mm⁴]

(1) ガセットプレートの設計
ガセットプレートの必要断面係数は，
$$Z_{req} = F×h'/\sigma = 64{,}601×(800-345)/235 = 125{,}080 \text{ [mm}^3\text{]}$$
最外端ボルト位置における必要ガセットプレート幅は，
$$b_{req} = \sqrt{Z_{req}×6/t} = \sqrt{125{,}080×6/16} = 216 \text{ [mm]}$$
ガセットプレート幅は216以上であり問題ない　→　OK

(2) 高力ボルトの設計
上フランジ面を回転中心とする高力ボルトの単位面積当たりの断面係数をZ_bとすると，
$$Z_b = (105^2 + 165^2 + 225^2 + 285^2 + 345^2)/345 = 838 \text{ [mm]}$$
外力Fにより受ける最外端の高力ボルトのせん断力をQ_Eとすると
$$Q_E = F×h/Z_b = 64{,}601×800/838 = 61.7 \text{ [kN]}$$
高力ボルト1本当たりの設計せん断力をQ_dとすると，
$$Q_d = \sqrt{16.6^2+61.7^2} = 63.9 \text{ [kN]} < 83.8 \text{ [kN]}　OK$$

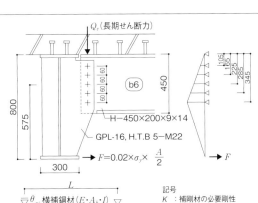

記号
K：補剛材の必要剛性
θ：補剛材の回転角
δ：大梁の横たわみ
σ_y：大梁の降伏点強度
A：大梁の全断面積
A_b：横補剛材の全断面積
l_b：横補剛区間長さ（補剛間隔）

剛性の検討
$K = F/\delta \geq 5.0\,\sigma_y \cdot A/(2l_b)$
ここで，$\delta = \theta \cdot e + F \cdot L/(E \cdot A_b)$
　　　$\theta = M \cdot L/(3E \cdot I) = F \cdot e \cdot L/(3E \cdot I)$
補剛材の剛性
$K = 3E \cdot A_b \cdot I \cdot L/(A_b \cdot e^2 + 3I) \geq 5.0\,\sigma_y \cdot A/(2l_b)$

横補剛剛性の検討[3]

(3) 横補剛剛性の確認
必要剛性 $K_d = 5C/l_b = 5×(235×27{,}490/2)/2{,}880 = 5{,}608$ [N/mm]
小梁の曲げ変形 $\delta_m = \theta × e = 1.32×10^{-3}×575 = 0.76$ [mm]
　ここで，$\theta = ML/(3EI) = (64{,}601×575)×7{,}200/(3×205{,}000×3.29×10^8) = 1.32×10^{-3}$

小梁の軸変形
$\delta_n = FL/(EA_b) = 64{,}601×7{,}200/(205{,}000×9{,}543) = 0.24$ [mm]
$\delta = \delta_m + \delta_n = 0.76 + 0.24 = 1.00$ [mm]
横補剛剛性 $K = F/\delta = 64{,}601/1.00 = 64{,}601$ [N/mm] $> K_d$ → OK
頭付きスタッド，小梁材の軸力に対する検討は十分安全であり，検討を省略する。

II. 梁の設計

梁の保有耐力横補剛

梁の横補剛方法

現行の耐震設計では，大梁端部の塑性変形能力を十分に発揮するまで，梁に横座屈を生じさせない「保有耐力横補剛」を求められる場合が多い。梁の横補剛の方法には，①梁全長にわたって均等間隔で横補剛する方法と，②主に梁の端部に近い部分に横補剛を設ける方法とがあり，下式を満足するよう横補剛材を設ける[1]。近年では，高張力鋼550N/mm²級TMCP鋼についても大臣認定による規定が設けられている。

①梁全長にわたって均等間隔で横補剛する場合

400N/mm²級鋼の場合：$\lambda_y \leq 170+20n$ (1)

490N/mm²級鋼の場合：$\lambda_y \leq 130+20n$ (2)

550N/mm²級鋼の場合：$\lambda_y \leq 110+20n$ (3)

ここで，λ_y：弱軸まわりの細長比（l/i_y）
　　　n：横補剛の箇所数

②主に梁端部に近い部分に横補剛を設ける場合

400N/mm²級鋼の場合：

$l_b \cdot h/A_f \leq 250$ かつ $l_b/i_y \leq 65$ (4)

490N/mm²級鋼の場合：

$l_b \cdot h/A_f \leq 200$ かつ $l_b/i_y \leq 50$ (5)

550N/mm²級鋼の場合：

$l_b \cdot h/A_f \leq 170$ かつ $l_b/i_y \leq 45$ (6)

（記号については文献1）を参照）

これらの規定により，梁の変形能力として塑性率3～4程度は確保できることとなっている[2]。

保有耐力横補剛と許容応力度設計の関係

現行の許容応力度設計法では，曲げ材の横座屈に対する許容応力度f_bは，式(7)と式(8)の大きい方の値をとる[1]。このf_bは，弾性設計の観点から耐力に対して安全側の評価となるように規定されている。そのため，許容応力度設計法の下では，保有耐力横補剛を満足している梁（塑性化が保証されている梁）でも，曲げに対する許容応力度が低減される場合があるので，注意する必要がある。

$$f_b = \left\{\frac{2}{3} - \frac{4}{15} \cdot \frac{(l_b/i)^2}{C \cdot \Lambda^2}\right\} \cdot F \quad (7)$$

$$f_b = \frac{89,000}{l_b \cdot h/A_f} \quad (8)$$

逆対称モーメントを受ける梁の短期許容曲げ応力度f_bと細長比λ_yの関係の一例（H-600×200×12×19，SN490B）を，図1に示す。保有耐力横補剛における均等補剛方法の場合，λ_y=130まで横補剛は不要であるが，f_bはλ_y=60程度から低減され，横補剛を1か所設けた130<λ_y≦150の範囲でも低減される。

横補剛材の設計

梁の横座屈を防止するために設けられる横補剛材は，適切な強度と剛性が求められる。『鋼構造塑性設計指針[2]』によれば，集中横力Fを圧縮側フランジ位置に作用させた場合に十分な強度を有し，かつ下式を満足する剛性kを確保するように定めている。

$F=0.02 \cdot C$ (9)

$k \geq 5.0 \cdot C/l_b$ (10)

$C=\sigma_y \cdot A/2$ (11)

横補剛例を図2示す。横補剛材は圧縮側フランジの横変位を拘束できるように，梁の横方向から小梁，方杖，横つなぎ材や火打ち材などを接合する。

Case1は床が折版屋根などの場合，梁の上フランジ，下フランジともに横補剛材が必要となる。例図では下フランジを方杖で横補剛しており，上端補剛材・方杖ともに圧縮材として設計する。上端補剛材は方杖から作用する応力により曲げ変形するので，この曲げ変形を考慮した剛性計算が必要になる。

Case2から4は床スラブ付きの例である。上フランジはスタッドを介して床スラブにより十分拘束されているため，上フランジが圧縮側となる場合は，スラブが横補剛材の役目を担う。

Case2のように方杖のない小梁を横補剛材として用いる場合は，図3に示す応力に対して各部が短期許容応

力度内であることを確認する[3]。大梁の上フランジがスラブにより有効に拘束されている場合は，図3（a）のように高力ボルト接合部は長期のせん断力に加え，上フランジ面と高力ボルト位置が支点となって，下フランジに作用する横力Fに抵抗する状態に対して設計してよい。小梁は，長期の設計応力にモーメントMと軸力Nを考慮して検討する。なお，大梁の上フランジが有効に拘束されていない場合は，図3（b）に示す応力状態に対して検討する[3]。

Case3は，建物外周梁などの補剛材として平行小梁からつなぎ材により下フランジを補剛した例である。この場合，補剛材に作用する圧縮力に対して平行小梁の頭付きスタッドを設計する必要がある。

Case4は，梁の端部付近に平面火打ち材を，直交梁上フランジと接合することによって下フランジを補剛する例である。スラブがない場合，火打ち材から作用する圧縮力により直交大梁がねじれて必要剛性を確保できない場合があるので，火打ち材で補剛する場合はスタッド付きの合成梁とするなどの配慮が必要である。

コンクリート床スラブの横補剛効果

近年，コンクリート床スラブの上フランジに対する横移動，回転を拘束する補剛効果を評価する研究が行われている[4]。スラブによる横補剛は，従来の横補剛材とは異なり，梁の座屈変形を完全に拘束できるとは限らないが，ある程度の補剛剛性を有するため，梁の横座屈耐力・塑性変形性能の向上が期待できる。ただし，スラブの横補剛効果は主に，①部材細長比，②曲げモーメント分布，③部材断面形状，④材料の機械的性質，⑤スラブ仕様，⑥スタッド仕様などの要因が複合的に絡み合い，それらの影響を考慮した梁の塑性変形性能を実験や解析により定量的に評価する必要がある。

【参考文献】
1) 2015年版建築物の構造関係技術基準解説書
2) 日本建築学会：鋼構造塑性設計指針，2010年
3) 日本建築センター：ビルディングレター，2010年8月
4) 日本建築学会：鋼構造物の座屈に関する諸問題，2013年

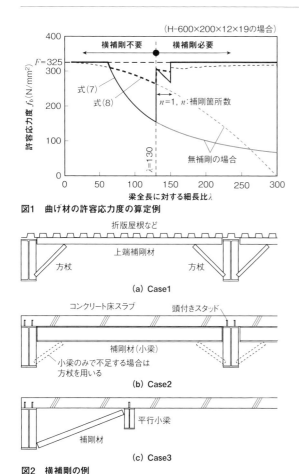

図1　曲げ材の許容応力度の算定例

図2　横補剛の例

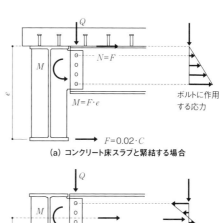

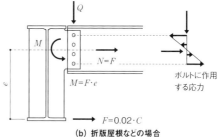

図3　小梁端高力ボルト接合部に作用する応力

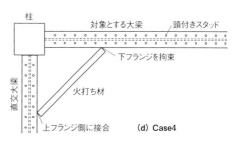

II. 梁の設計

II-6 H形鋼接合部の設計

ピン接合

鉄骨構造の小梁端部は，図1に示すようなせん断力のみを大梁に伝達させる接合形式を採用することが一般的である。このとき，接合部が伝達する応力は，鉛直方向のせん断力となる。

鉛直荷重に対して小梁を設計する場合には，支持条件を単純梁として設計する方法が一般的である。『鋼構造接合部設計指針』（以下，接合部指針）によると，鉛直方向のせん断力と，大梁心－ボルト心間の距離による偏心曲げモーメント$M=Qe_1$は大梁のねじり抵抗などで処理することになるが，一般的には余力の範囲で処理できていると考えてよいとされている。しかしながら，小梁がH形鋼柱の弱軸側や面外曲げ剛性の比較的小さな部材に取り合う場合には，上記偏心曲げモーメントに対する検討が必要となる。

また，一般的にピン接合として設計される高力ボルトウェブ接合部についても，ボルトによる固定度に応じた回転剛性を有している。このため，単純支持として設計した小梁端部においても，固定度なりの曲げモーメントが生じる。このとき，高力ボルトに生じるせん断力は，鉛直方向および水平方向の合力となる（図2）。このため，鉛直方向の力に対して安全率を小さく設計してしまうと，端部高力ボルト部の力が高力ボルトの許容せん断力以上となる可能性がある。建物完成後，積載荷重が作用することに加え，温度差により鉄骨部材が伸縮した場合などに高力ボルトがすべり，その際の音が天井などに反響して大きな音として聞こえる"音鳴り"という事象も報告されている。図3に示すのは，面外方向の曲げ剛性・曲げ耐力の小さな部材で鉄骨小梁を支持する場合において，端部の回転剛性をピンとするように設計した事例である。壁から持ち出したブラケットに鉄骨小梁を乗せることにより，端部の曲げモーメントは支持点と壁心との偏心距離によるもののみとなるように配慮している。

以上のように，一般的にピン接合として設計されている鉄骨小梁仕口の設計においても，架構形式によっては，端部の曲げモーメントに留意した設計を行う必要がある。

剛接合・保有耐力接合

柱・梁の仕口および継手部は，原則として崩壊メカニズム時にこれらの部材に作用する応力を安全に伝達し，また部材に塑性化が想定される場合は必要に応じた塑性変形が生じるまで，破断しないように設計しなければならない。すなわち，崩壊メカニズム時に当該部位に作用する応力に安全率（接合部係数）αを乗じた応力に対して，当該部位の仕口・継手部が破断しないことを確認する必要がある。安全率（接合部係数）αは継手部の応力集中，降伏点のばらつき，ひずみ硬化や部材の塑性化などを考慮して，基準強度別に設定されている。以下の基準または指針に，算定方法が記載されている。

①建築構造物の構造関係技術基準解説書（2015）
　　（以下，技術基準解説書）
②鋼構造限界状態設計指針・解説（2010）
　　（以下，限界状態指針）
③鋼構造接合部設計指針（2012）

表1および表2に，①～③の安全率（接合部係数）の比較を示す。

上記の安全率（接合部係数）については，ひずみ硬化，接合部と部材の降伏強さ，引張強さの設計値と実勢値の乖離，梁端部と継手位置との距離を勘案して設定されており，接合部指針にて詳細が解説されている。

一般の設計では，建物ごとに継手の設計を行うケースは少なく，『SCSS-H97鉄骨構造標準接合部H形鋼編』（以下，SCSS）による継手標準を採用する場合が多いと思われる。SCSSでは，継手強度は，母材が400N級のときは母材の耐力に対して1.2倍以上の耐力を確保，490N級のときは1.1倍以上の耐力を確保している。そのため，技術基準解説書に基づく保有耐力接合は満足していると考えられるが，接合部指針のように鋼種や継手の形式によって安全率（接合部係数）が変化

する場合や，限界状態指針のようにスパンや継手位置によって接合部係数が大きくなるような場合は，SCSSの継手では満足しない場合もあり得ると考えられるので，注意が必要である。特に高力ボルトの検討においては，図4に示すように接合部の位置ではなく，応力が最も大きくなる第一ボルトの位置で検討する必要がある。また，大梁において端部断面と中央断面が異なる設計としている場合，継手仕様を中央断面にて決定するケースについては，ロングスパンで長期荷重の影響が大きい場合や，400N級のように安全率（接合部係数）が大きい場合は，継手部分で端部M_pのα倍が確保できないケースが生じる可能性があるので注意が必要である。

技術基準解説書では，保有耐力接合により継手の設計をする際は，長期荷重による応力は，特に長期荷重が支配的な場合を除いて考慮しなくてもよいものとする，と明記されている。しかしながら，接合部指針に示されているとおり，継手部の曲げモーメントが梁の降伏曲げモーメントに等しい場合がある（図5）。このような場合は，梁の全断面に対する降伏曲げ耐力と同等以上にしておいた方がよい。長期荷重による応力は，適切に考慮することが必要である。

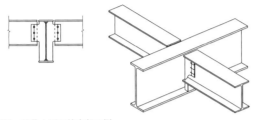

図1　鉄骨小梁の接合部の例

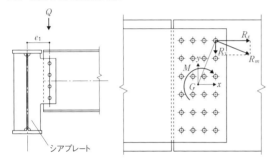

図2　ウェブ高力ボルト接合部の負担せん断力

表1　安全率（接合部係数）比較（技術基準解説書と限界状態指針）

基準または指針	400ニュートン級炭素鋼	490ニュートン級炭素鋼
①技術基準解説書	1.2	1.1
②限界状態指針	1.25	1.2

表2　継手の接合部係数（鋼構造接合部設計指針）

鋼種	継手の最大耐力を決める破壊形式	
	母材，添板の破断	高力ボルトの破断
SS400	1.25	1.30
SM490	1.20	1.25
SN400B, C	1.15	1.20
SN490B, C	1.10	1.15

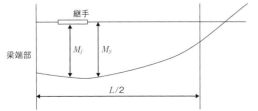

図5　梁継手部近傍の曲げモーメント分布

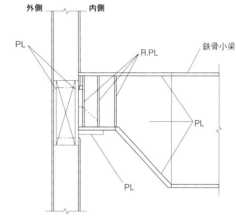

図3　端部をピン接合とした例

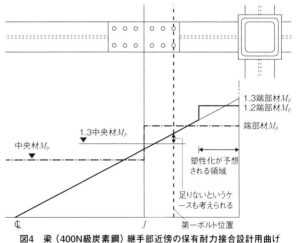

図4　梁（400N級炭素鋼）継手部近傍の保有耐力接合設計用曲げモーメント（技術基準解説書）

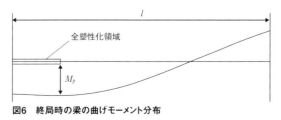

図6　終局時の梁の曲げモーメント分布

II. 梁の設計

部材（小梁，跳出し梁，間柱）端部の境界条件の設定と実際の挙動

はじめに

鉄骨構造では，部材端部の境界条件の設定が応力・変形状態に大きく影響する。端部の条件としては，ピン，剛接，その中間の半固定がある。この設定は特にスラブが付かない箇所で気を付ける必要がある。具体的には，屋根を受ける小梁，跳出し梁，外装を受ける間柱などが挙げられる。

本稿では，それぞれ具体的な納まりと注意点について述べる。

小梁を半固定にする場合の注意

小梁は，H形鋼のウェブをボルトで接合するピン接合の形式が一般的である。その条件では，力学的に部材中央のたわみと応力が最大となるため，それに対して断面が設計される。スパンが大きくなると，中央部のたわみが大きくなるため，1/300などのクライテリアを満たすために断面を大きくする場合がある。経済性に考慮して端部の固定度を上げて，中央部のたわみを改善する方法を，図1に示す。

これは，小梁の上フランジにプレートを取り付ける納まりである。固定度をどの程度評価するかは，設計者の判断に任せられるが，この方法により中央部のたわみや応力は緩和される。

その反面，評価した固定度なりの応力が小梁上端に発生するので，その応力で断面やボルトがもつかを検討する必要がある。図2に，既存の屋根大梁上に設備架台用鉄骨の設置を想定した納まりを示す。

設備架台が乗る小梁端部はピンの納まりであるが，ボルトのスタンスによる曲げモーメントの伝達を考慮することで，束柱の設計が安全側となる。

跳出し部材を直交小梁に剛接する場合の注意

跳出し部材を直交小梁に剛接で取り付ける納まりを，図3に示す。断面で見ると，直交小梁位置が固定端とみなしてしまいがちであるが，注意が必要である。小梁自体も長期でたわみが発生するため，跳出し梁先端のたわみはそれを加算して考える必要がある。また，控え梁が取り付く直交小梁については，ボルトが負担する力でねじれが生じるため，その応力の大きさには注意が必要である。ねじれ変形についても，直交梁の端部境界条件に注意する必要がある。また，勾配屋根の納まりの例として，跳出し部材が斜めに取り付く場合を図4に示す。この場合は，跳出し部材に発生する応力の分力により直交梁にねじれが発生するため，それを考慮して設計するか，直行梁の下に間柱を設置し，ねじれを止めるか，二つの方法について仕上げとの納まりを考慮して選択する必要がある。また，直交梁の部材心までの力の伝達を考慮し，直交梁にリブプレートを設けるという配慮も有効である。

間柱端部の境界条件に関する注意点

図5に，跳出し梁の先端に間柱をボルトで接合する納まり（ピン接合）を示す。外装受けを想定した納まりである。風荷重を強軸方向に受けると，ボルトにかかる力と跳出し梁心までの距離で偏心曲げが生じるため，跳出し梁断面はその応力を長期荷重に足し合わせて確認しておく必要がある。また，間柱の軸力や変形が大きい場合，図6のように間柱端部を剛接にする場合が考えられる。この納まりでは，柱脚が強軸・弱軸方向ともに剛接になるため，間柱の弱軸方向に水平力が発生する場合，短期荷重として弱軸曲げを組み合わせて検討する必要がある。また跳出し梁については，間柱からのせん断力と曲げによりねじれが発生する。このような状況では，直交梁を設けてねじれを止める方法が一般的であるが，直交梁が設けられない場合は，組合せ応力にて断面を検討する必要がある。

まとめ

これまで示したように，鉄骨における部材端部の境界

条件で注意しなければならないのは，断面が比較的に小さい二次部材である。基本的にはH形鋼を用いることが多く，支配的な応力に対して強軸方向の断面で検討を行う。設計が進み，仕上げ・設備との納まりを調整する中で，部材端部の境界条件が変更になる場合がある。

そのとき，当該部材やそれと取合う部材について，弱軸方向に応力が発生しないか，ねじれ応力は発生しないかなど，注意を払う必要がある。特にH形鋼は弱軸方向の断面が期待できないことが多く，応力が厳しい場合には，上下フランジ間にプレートを当てて補強することや断面を角鋼に変えるなどの対策が有効である。また，部材にねじれ応力が発生しないように，部材同士の取り合いをよく考えることも重要である。

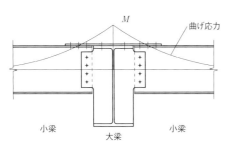

図1 小梁端部を半剛接とする納まり

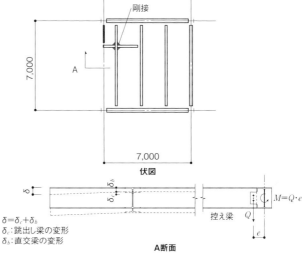

図3 跳出し梁を小梁と剛接にする納まり

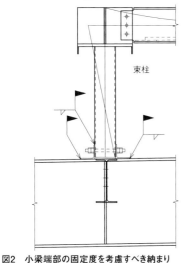

図2 小梁端部の固定度を考慮すべき納まり

図5 間柱が跳出し梁にピンで取り付く納まり

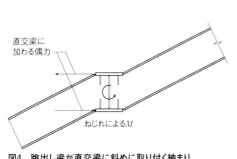

図4 跳出し梁が直交梁に斜めに取り付く納まり

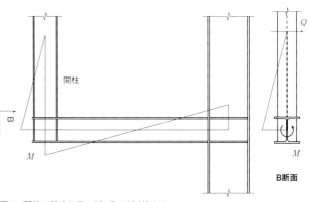

図6 間柱が跳出し梁に剛で取り付く納まり

II. 梁の設計

小梁が取り付く ガセットプレートの設計

　鉄骨造の建築物であれば，小梁のない建築物はほぼないと考えられる。むしろ一つの建物の中で同一断面が繰り返し出てくるため，その接合部のディテールの良し悪しにより建物の安全性，経済性に与える影響は大きいともいえる。本稿では，小梁の接合部に設けるガセットプレートの設計上の留意点について述べる。

接合部におけるプレートの役割

　まず，小梁の接合部に用いられるプレートの役割について述べる。ここでは小梁接合部（図1）において，大梁断面に対して小梁が取り付く側のプレートをガセットプレート，取り付かない側のプレートをバックプレートと呼ぶ。一般的な小梁のガセットプレート形状は図1に示すように，両プレートとも大梁せいと同じせいとし，板厚は小梁ウェブと同厚以上とする。

❖ ガセットプレートの役割

　小梁が取り付くガセットプレートの役割は，接合部の高力ボルトを経由して小梁が負担するせん断力を大梁のウェブへ伝達することである（図2）。加えて，高力ボルトの位置と大梁のウェブのずれによる偏心曲げやピン接合のボルト配置により生じる曲げ応力も大梁へ適切に伝達させる必要がある。また，大梁の横座屈補剛として有効なものとする場合，あるいはスラブが取り付かない小梁の接合部については，ウェブ面内軸力の伝達にも配慮し，ガセットプレートを設計する必要がある。

❖ バックプレートの役割

　一方，バックプレートの役割は，偏心曲げに対する大梁フランジ幅方向の抵抗要素のせいを大きくし，接合部の剛性と耐力を確保することである。また，大梁の横座屈補剛として有効なものとする場合，曲げや軸力に抵抗する要素となる。

ガセットプレート形状の良い例・悪い例

❖ 高力ボルト本数とガセットプレートの断面形状

　小梁せいが小さい場合（図3（a）），あるいは段差となる場合（図3（b））には，ガセットプレートの断面が接合部の高力ボルトにより伝達できる応力と釣り合う形状となるよう注意する。

❖ ガセットプレートの省略

　大きなせいの大梁に対して，小梁のせいが小さい，すなわちガセットプレートにより伝達すべきせん断力が小さく，接合部の高力ボルトの本数が少なくボルト配置により生じる曲げ応力も小さい場合（図4）は，大梁せいの全長に渡ってガセットプレートを設置することは不経済である。また，大梁に過剰な溶接による熱を加えないためにも，ガセットプレートはせん断力の伝達に必要な長さにとどめることが望ましい。なお，省略することにより，前述のガセットプレートやバックプレートによる性能も失うことに注意する。

❖ 大梁横補剛を兼ねる接合部

　方杖を設け，かつ大梁中央のガセットプレートを省略する場合（図5）は，必ず両側に方杖を設ける。やむを得ず片側のみに方杖を設ける場合は，面内軸力による大梁ウェブの座屈を避けるためガセットプレート，バックプレートとも省略しない。方杖を設けずガセットプレートの曲げ耐力に期待する場合（図6）に，ガセットプレートの板厚を小梁ウェブより厚いものとすると，多数のフィラープレートが必要となり施工が煩雑となるため，大梁せいと小梁せいの差を小さくする，あるいは，ガセットプレートを図1に示すようなハンチ形状とすることが望ましい。

❖ 大梁に対する小梁位置

　建築計画あるいは仮設計画のために，大梁を挟んで小梁の位置が左右で合わない場合（図7）がある。このとき，大梁フランジ幅と小梁のずれ距離によっては，バックプレートの両面溶接が不可となる場合があるので，計画段階，施工段階での小梁位置の調整に注意する。

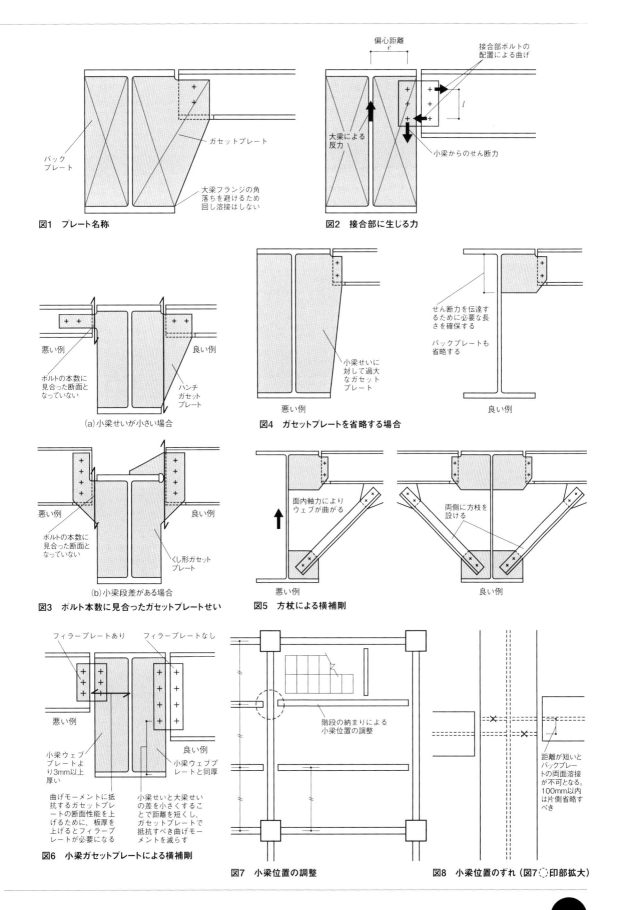

II. 梁の設計

梁貫通の設計
(補強が必要な場合と,補強が不要な場合)

鉄骨梁に梁貫通を設けた場合のせん断耐力については,一般的な設計基準が定められていないのが現状である。『鋼構造設計基準』(日本建築学会,2005年改正版)には,「実用的な弾性限耐力式も提案されているので参考にされたい」とあり,参考文献が記載されている。今回の梁貫通の設計の解説では,日本建築学会論文集に提案されている円形孔を有するはりの耐力と設計法[1]とその検討例を紹介する。

梁貫通の設計

無補強有孔梁の許容せん断耐力は,式(1)で示される。許容せん断耐力Q_aは,図1に示すように梁貫通孔まわりのせん断応力度が低下するので,ウェブに残る最小断面に許容せん断応力を乗じた値より小さくなり,低減係数aを乗じる。aは式(2)で求めるが,梁せいの半分程度の梁貫通径までとすると,$a=0.85$とすれば安全側となる。

$Q_a = a \times (1-\overline{R}) \times V_p$ (1)

$a = 1-0.167(1-0.93\overline{t_f})\overline{R} - 0.016\{(1-0.93\overline{t_f})\overline{R}\}^2 - 0.292\{(1-0.93\overline{t_f})\overline{R}\}^3,$

もしくは 0.85 (2)

ここに,$V_p : t_w \times h_w \times f_s$
t_w:ウェブ板厚,h_w:ウェブせい
f_s:鉄骨の許容せん断応力度,$\overline{t_f}:t_f/h_w$
D_h:梁貫通孔径,$\overline{R}:D_h/h_w$

梁貫通補強が不要となる場合は,式(1)で算定した無補強の場合の梁貫通孔部分の許容せん断耐力Q_aが,長期のせん断力や短期もしくはメカニズム時のせん断力を上まわっている場合である。すなわち,下記の式(3),(4)の条件を満たせばよい。

$Q_{aL} \geq Q_L$ (3)

$Q_{as} \geq Q_L + Q_E$ もしくは $Q_L + \Sigma M_y/l_0$ (4)

ここに,Q_L:長期せん断力,Q_E:地震時せん断力,M_y:梁の降伏曲げモーメント,l_0:梁の内法長さ

式(3),(4)の条件を満たさないと,補強が必要となる。補強方法には,プレート補強やリング補強などがあるが,一般的なプレート補強の場合を以下に示す。また,梁貫通部のプレート補強の例を図2に示す。

$Q_{aL} + 0.85 \times t_p \times (B_1+B_2) \times f_s \geq Q_L$

$Q_{as} + 0.85 \times t_p \times (B_1+B_2) \times f_s \geq Q_L + Q_E$
もしくは $Q_L + \Sigma M_y/l_0$

ここに,t_p:補強プレート厚,B_1およびB_2:補強PL幅

梁貫通孔の高さ方向に関しては,梁せいの中央位置が望ましい。上下にずれる場合で梁貫通補強が必要な場合は,補強プレートのB_1もしくはB_2寸法を50mm以上確保できる梁貫通孔位置としたい。また,柱端部は大梁の塑性化領域となるため,梁せい程度離すのが望ましい(図2,図5)。

梁貫通孔の検討例

梁H-700×300×13×24(SN490)の梁貫通について検討する。スパンは5.5m(内法スパンl_0:5.0m)とし,長期せん断力Q_Lは短スパンで応力が微少であるため省略する(図3)。

❖200φの場合

$Q_{as} = 0.85 \times \{1-200/(700-24\times2)\} \times 13 \times (700-24\times2) \times 325/\sqrt{3} \div 1,000 = 937.2$kN

$Q_D = \Sigma M_y/l_0 = 2 \times Z \times f_s/l_0 = (2\times6,340\times10^3\times325\div10^6)/5.0 = 824.2kN\leq Q_{as}$ であるため,補強は不要となる。

❖300φの場合

$Q_{as} = 0.85 \times \{1-300/(700-24\times2)\} \times 13 \times (700-24\times2) \times 325/\sqrt{3} \div 1,000 = 729.9$kN

$Q_D = \Sigma M_y/l_0 = 2 \times Z \times f_s/l_0 = (2\times6,340\times10^3\times325\div10^6)/5.0 = 824.2kN> Q_{as}$ 補強が必要

下記の式を満足するt_pとBを決定する。$t_p=9$mm,$B_1=B_2=100$mmとする。

$_sQ_a + 0.85 \times t_p \times (B_1+B_2) \times f_s \geq Q_D$
$729.9 + 0.85\times9\times2\times100\times325/\sqrt{3}\div1,000$
$= 1,017.0 \geq 729.9$ OK

連続する梁貫通孔の設計

次に，梁貫通孔が連続する場合のせん断耐力を示す。梁貫通孔の開口付近では，図4に示すようなフィーレンディールトラス的な応力が生じる。梁貫通孔ピッチが，梁せい以上離れていれば，単独孔として計算でき，梁貫通孔のピッチが梁せいを下まわる場合のせん断耐力[2]は式（5）で表せる。

$$Q_a = \{a\,(\overline{P}-\overline{R}) + a_0\,(1-\overline{P})\} \times V_p \quad (5)$$

$$a = 1 - 0.167\,(1-0.93\overline{t_f})\,\overline{R} - 0.016\,\{(1-0.93\overline{t_f})\,\overline{R}\}^2 - 0.292\,\{(1-0.93\overline{t_f})\,\overline{R}\}^3,\ もしくは0.85 \quad (2)$$

$$a_0 = 1 - 0.571\,(1-0.56\overline{t_f})\,\overline{R} - 0.382\,\{(1-0.56\overline{t_f})\,\overline{R}\}^2 - 0.055\,\{(1-0.56\overline{t_f})\,\overline{R}\}^3 \quad (6)$$

ここに，$V_p : t_w \times h_w \times f_s$，$t_w$：ウェブ板厚
h_w：ウェブせい，$\overline{t_f} : t_f/h_w$，$\overline{P} : P/h_w$
f_s：鉄骨の許容せん断応力度
D_h：梁孔径，$\overline{R} : D_h/h_w$，
P：梁貫通間隔

式（5）でせん断耐力を検討すると，梁貫通孔の径（D_h）の2倍程度離すと単独孔のせん断耐力の95％程度確保できることから，梁貫通孔のピッチは$2 \times D_h$以上離すことが望ましい（図5）。

また，近年，梁貫通孔の補強では，リング状に加工した既製品の金物を開口まわりに取り付けて補強する方法が普及している。各社の評定取得している適用範囲にもよるが，梁貫通孔径も梁せいの2/3程度までとされ，柱端部に設けることも可能となっている。リング補強の溶接量も従来のプレート補強工法と比較してかなり少なくなっており，経済性も含めて選択するとよい。

【参考文献】
1) 福知,土井,細川：円形孔を有するはりの耐力と設計法（1. 無補強の場合の耐力）,日本建築学会論文報告集,第296号,pp.27-36,1980年10月
2) 土井,福知：円形孔を有するはりの耐力と設計法（3. 実用的耐力算定式の提案）,日本建築学会論文報告集,第357号,pp.44-51,1985年11月

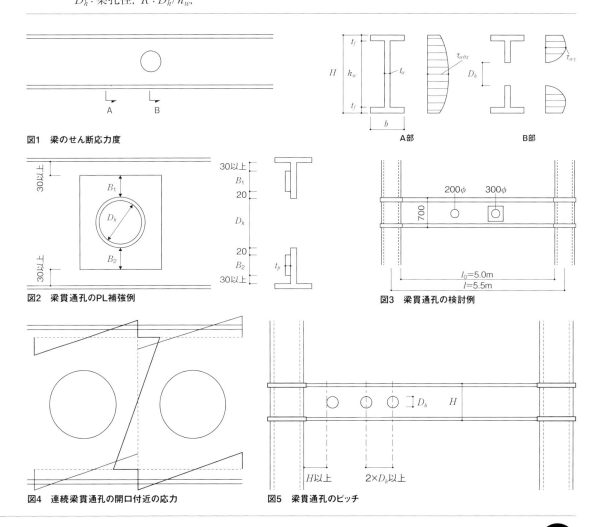

図1　梁のせん断応力度

図2　梁貫通孔のPL補強例

図3　梁貫通孔の検討例

図4　連続梁貫通孔の開口付近の応力

図5　梁貫通孔のピッチ

II. 梁の設計

II-10 事務所用途としての ロングスパン梁の設計

はじめに

　無柱空間が要求されるさまざまな用途の建物にロングスパン梁が用いられているが，本稿では事務所用途に限って設計上・施工上の注意点などを紹介する。

　まずロングスパン梁の定義であるが，応力とたわみのバランスを考えた際に，階高や天井高さにもよるが，一般的に経済的なスパンは，おおむね15m程度以下であり，梁せいを十分確保できない場合や15m程度を超える梁では，たわみや振動（居住性）により断面が決定される傾向にある。以下では，ロングスパン梁として18〜21m程度の梁を対象に述べることとする。

　ロングスパン梁とした際に考慮しなければならないこととして，大きくは"たわみ"と"居住性"がある。双方はお互い関連しており切り離せない関係にあるが，本稿では個々に注意点などを取り上げて紹介する。

たわみに起因する問題

　ロングスパン梁を有する事務所ビルにおいて，鉄骨大梁のせいはスパンの$L/20〜L/18$に設定することが経済性の面からも多いと思われるが，昨今天井高を大きくとる要求が増えてきており，建物の高さ制限の関係から十分な梁せいを確保できないことが多々ある。現場でスラブコンクリートを打設する場合，設計スラブ厚さの確保とスラブ上面のレベル管理を行うが，梁せいが十分でない場合，梁のたわみ量が大きくなり結果としてコンクリートが厚く打たれることになる。厚く打たれることでさらに荷重が増え，たわみも大きくなる。ロングスパン小梁の場合はその荷重増によって実質上長期許容応力度を超える可能性もある。また，たわみによる別の問題として，梁下端（厳密には継手部ボルト下端）と天井との間に余裕がない場合には，梁のたわみにより天井下地が梁下を通らないといった問題が生じる可能性があるので注意が必要である。それら問題の解決策として，梁にむくり（キャンバー）をつける方法が有効である。むくり量は，スラブコンクリート打設時にその自重に対して計算どおりの変形が生じない可能性があるので，通常はその計算値より若干少なめに設定する。また，むくりのつけ方としては鉄骨製作工場であらかじめつける方法や，現場にて地組を行う際に継手部で角度をつける方法などがある。

ロングスパン格子梁の注意点

　平面的にコアが片寄せとなり，事務室がL型に配置される場合があるが，事務室内は無柱空間が要求されるため，そのコーナー部はXY方向ともにロングスパンのグリッドとなる。なるべく荷重をXY均等に分散させるため，図1に示すような剛接合の格子梁とする場合が多いが，仮にそのスパンをXY方向ともに18mグリッドとして長期荷重を作用させたときの鉛直変位が図2である。図2より，格子梁が大きくたわむことで18mグリッドの大きな版（以下，大スラブ）として変形していることがわかる。通常この例に示す梁計画の場合，スラブは3mスパンの一方向版として応力を計算し配筋を行うが，このような大スラブ状の変形になると18mグリッド周囲の大梁近傍には，その強制変形によりスラブ上面において通常の設計で想定した以上の大きな引張応力が生じる（特に配力筋方向）。その結果，大梁に沿ってスラブ上面にクラックが発生しやすくなるので，注意が必要である。このような不具合を防止するためには，格子梁の変形を極力小さくするとともに，格子梁が取り付く大梁（図1におけるG1）の変形も十分小さく抑えておく必要がある。

屋根に対する注意点

　多雪地域などの場合，ロングスパン梁においては積雪荷重によって大きな変形が生じる。その結果，梁のたわみによって天井や間仕切壁などの仕上材が破損，脱落したり，間柱においては座屈が生じるなどの障害を起こす可能性がある。設計にあたっては変形に追従する納まりとしたり，生じる力に対して十分抵抗可能な部材を選択するなどの配慮が必要である。

梁継手位置について

一般に梁の降伏ヒンジ領域が柱フェイスから1.0～1.5Hと考えると，スパン20mで梁せいH-1000（$L/20$）の場合，ヒンジ領域は1.0m～1.5mとなりブラケットタイプの継手位置と近接する。継手位置で梁の断面寸法を切り替える場合には，中央断面の断面性能に対して継手を選定すると端部側のボルト位置で保有耐力接合が成立しない場合があるので注意が必要である。

居住性について

事務所用途のロングスパン大梁の設計においては，居住性に対する検討も必要となる。居住性は言い換えれば快適性（不快性）であり，その感じ方には個人差があるだけではなく体調などによっても変化する。「建築物の振動に関する居住性能評価指針同解説」（日本建築学会, 2004年版）においては知覚確率に基づく評価曲線が示されており，事務所においては一般にV-70以下とする場合が多い。振動源としては，人の歩行振動が一般的だが，天井隠蔽型空調機の運転時に床が共振するといった例も報告されているので，注意が必要である。振動対策としてTMDなどの制振装置を用いる方法があるが，簡易な方法として図3, 4に示すように隣接する梁と剛接合でつなぎ，有効質量を増やす方法もある。

最後に，通常の設計では検討を行わないが，ロングスパン梁では上下地震動の影響も無視できない。通常スパンの梁と比べ，設計応力に占める鉛直応力の割合が大きいこと，および上下地震動による増幅が大きくなることで，採用地震動にもよるが1Gを超える応答になる場合があるので，注意が必要である。

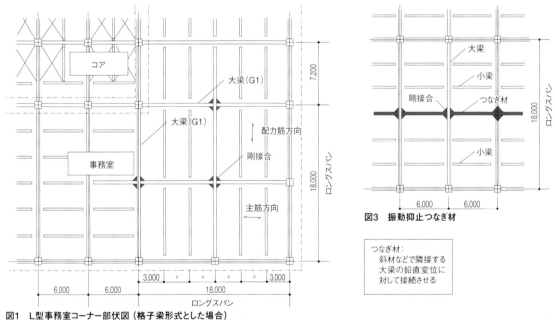

図1　L型事務室コーナー部伏図（格子梁形式とした場合）

図3　振動抑止つなぎ材

つなぎ材：
斜材などで隣接する大梁の鉛直変位に対して接続させる

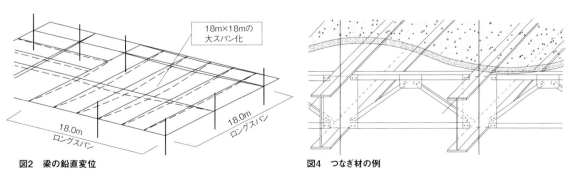

図2　梁の鉛直変位

図4　つなぎ材の例

Ⅱ. 梁の設計

Ⅱ-11 片持ちスラブや外装材が取り付く場合の設計と注意点

　片持ちスラブや外装材は，設計条件を見落とすと取り付いている部材に予期せぬ力や変形を生じることがあるため，注意が必要である。

　鉄骨造の大梁にほとんど用いられているH形鋼は，断面効率を高めるため強軸方向の断面性能を高めている反面，弱軸方向の断面性能はそれほど高いとはいえない。そのため，ねじれに対する剛性も小さくなり，ねじれ変形が生じやすく，片持ちスラブや外装材による影響を受けやすい。

　本稿では，片持ちスラブと外装材に対する代表的な事例の注意点と対応策について述べる。

片持ちスラブに対する注意点

　片持ちスラブが取り付く梁には，予期せぬねじれが生じることや片持ちスラブとしての境界条件が成立していないことがあるので，注意が必要である。鉄骨造においては，柱まわりやブレース接合部のガセットプレート，設備スリーブなどの床開口，および階段や昇降機などの吹抜が該当する（図1）。

　柱まわりやブレース接合部のガセットプレートは，一見すると床スラブが連続しているため，応力伝達が成立していると考えがちだが，応力を処理している鉄筋の連続性ということで考えると，上記の部分で不連続となっているため，片持ちスラブの境界条件が成立していない。

　階段や昇降機などの吹抜まわりに片持ちスラブを計画すると，片持ちスラブに発生する曲げモーメントを伝達させる床スラブが梁の反対側にないため，梁にねじれ応力が生じる。梁に生じるねじれ応力に比べて，梁のねじれ剛性が小さい場合には，スラブの先端が垂れ下がるなどの不具合が生じる可能性がある。また，設備スリーブが多数設けられる箇所も，応力を処理する鉄筋の定着長さを確保できないことから，同様な事象が生じる（図2）。

外装材に対する注意点

　梁や床スラブに外装材が取り付く場合は，梁のねじれに対する注意が必要である。特に，PC版は床スラブ以上の厚さで階高程度の高さのものとなることが多く，梁にかかる重量が大きくなり，梁芯から偏心して取り付けられるため，梁に大きな偏心曲げモーメントが作用する（図3）。

　一般的には，床スラブが取り付いていることから，外装材による曲げモーメントは床スラブへ伝達できるが，施工上，床スラブ打設前に外装材を取り付ける手順をとる場合などは，注意が必要である。PC版を取り付ける前に，梁のねじれを抑制する拘束効果を期待できるが，床スラブを打設する前にPC版の取付けとなる場合があり，その場合は床スラブの拘束に期待ができないため，ねじれを生じる可能性がある（図4）。

梁にねじれ応力が生じる場合や柱まわりの対応策

　ねじれ応力が生じる部材への対応策としては，次の対応策がある。ねじれ応力が生じる部材の抵抗を大きくする。ねじれ応力を処理する部材を追加する。ねじれ応力が生じないようにする。

　ねじれ応力が生じる部材の抵抗を大きくするには，梁幅を大きくすることやBOX形状（カバープレート補強など）とすることが挙げられる。ねじれ応力を処理する部材の場合は，補剛材を設けることなどが挙げられる（図5）。

　柱まわりやガセットプレートまわりにおいては，ガセットプレートにあらかじめ床スラブの主筋を定着させるための貫通孔を設けたり，柱やガセットプレートに床スラブ主筋をスタッド溶接したりすることで，応力伝達をする対応がある。また，設備開口まわりなどでは，開口補強筋をあらかじめ考慮して，適切な鉄筋間隔を保持できる計画とする（図6）。

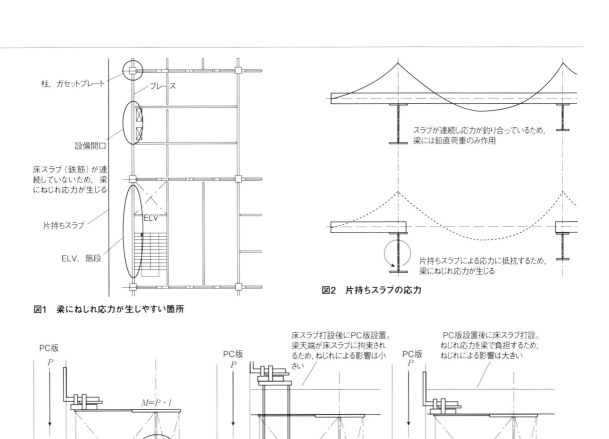

図1 梁にねじれ応力が生じやすい箇所

図2 片持ちスラブの応力

図3 外装材によるねじれ応力

図4 PC版の取付け手順による応力状態

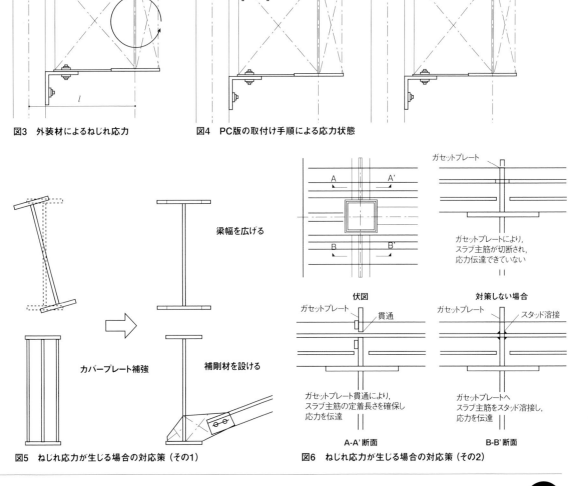

図5 ねじれ応力が生じる場合の対応策（その1）

図6 ねじれ応力が生じる場合の対応策（その2）

II. 梁の設計

II-12 片持ち梁先端に外装材が取り付く場合の設計と注意点

片持ち梁の設計

　片持ち梁の設計は静定構造であるため，作用する荷重に対して十分な支持能力（耐力）を確保することが最も重要である。固定荷重や積載荷重などの長期荷重に対して設計を行うとともに，跳ね出し距離が長い場合は，風圧時や地震時に対しても設計を行う必要がある。特に地震時の設計では，鉛直方向および水平方向に振動の励起のおそれがあることから，局部震度による検討が必要である。また，たわみや振動が問題になることが多く，使用上の支障が起こらないことの確認も重要である。振動対策は十分な梁剛性の確保が重要であり，剛性確保が困難な場合は制振装置による対策なども考慮する必要がある。

　片持ち梁先端に外装材が取り付く場合は，外装材の品質確保の観点から，上下階の梁の変形に注意する。上下階の梁の変形が異なると，外装材の取り付けに支障が生じるほか，変形差によって生じる圧縮力や引張力により，外装材の下地・固定金物の損傷やサッシの変形により開口部が可動しなくなるなどの問題が生じる。片持ち梁の変形は，作用荷重，梁の剛性，基端部分の固定度，外装材の支持方法などに注意して正確に評価を行う。実際には，上下階の梁の変形を同じにすることは困難であるため，片持ち梁先端に間柱を設置するなどの対策を行う必要がある。

　また，1階などで基礎梁が鉄筋コンクリート造，上階の片持ち梁が鉄骨造となる場合，上下階の梁の変形差が生じる可能性があるため，間柱の設計には注意が必要である（図1）。

外装材の設計

　外装材は非構造部材であるが，風圧時や地震時の荷重の支持性能，変形追随性能，躯体への取付け方法などの特徴を理解しておく必要がある。特に，金属成形パネルなどの外装材とPCパネルなどの外装材で，設計が異なることに，注意が必要である。

　金属成形パネルなどの外装材の設計は，材料が軽量で地震時の慣性力が小さく，下地材は比較的剛性が低く変形追随性もよいことから，主に風圧時に対して設計を行うことになる。風圧時の面外荷重に対して，下地材の変形・梁のねじれが生じないように，斜材を設けるなどの対策を行う（図2）。

　PCパネルなどの外装材の設計は，PCパネル自体の重量が大きく面内剛性も高いことから，地震時の慣性力に対する安全性と層間変形を吸収できる性能の確保が重要である。層間変形追随方式にはスウェイ方式とロッキング方式があり，構法によって荷重伝達機構が異なることを十分に理解して設計を行う。片持ち梁先端にPCパネルを取り付ける場合は，地震時の振動の励起を考慮した慣性力に対してファスナー部分の設計を行う。また，大地震時の変形を吸収できるようにファスナーのルーズホールの大きさを設定し，有害な変形や破損・脱落が生じないようにする（図3，4）。

見落としがちなポイント

　建物全体の架構計画にも，注意が必要である。片持ち梁の跳ね出し距離が長い場合，地震時に上下動による振動のほかに建物の水平振動に起因した上下振動が加わり，外装材に大きな慣性力が生じることがある。このような建物全体の応答に起因した振動に対して，片持ち梁架構部分にだけ振動対策を行っても十分な効果を得られないため，当該階の架構の剛性を上げるなどの計画の見直しが必要となる場合がある（図5）。

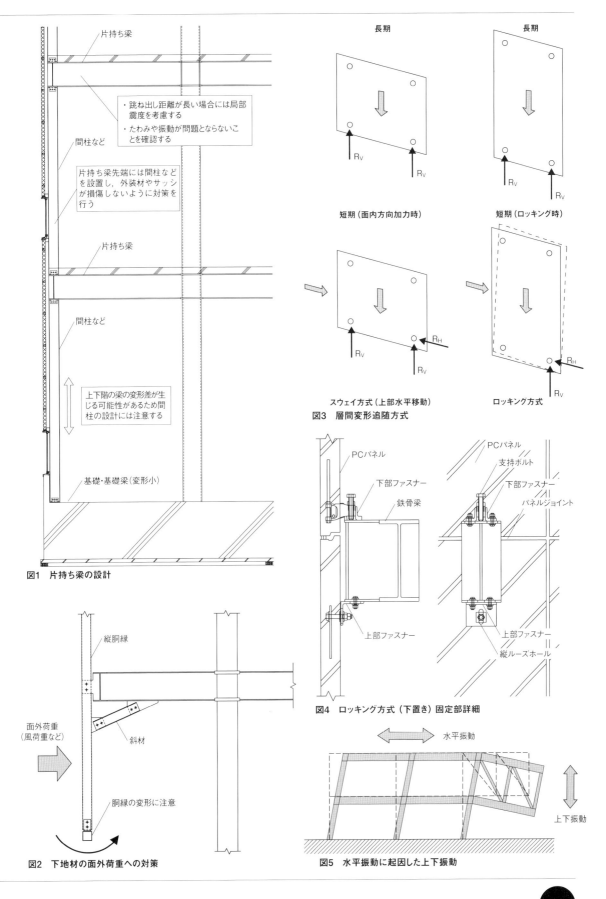

図1 片持ち梁の設計

図2 下地材の面外荷重への対策

図3 層間変形追随方式

図4 ロッキング方式（下置き）固定部詳細

図5 水平振動に起因した上下振動

II 13 外壁側の吹抜に面する梁の設計

　外壁に面して階段室やEV，ESCなどの吹抜が配置される場合，吹抜に面する外壁側の大梁には横補剛材を設けることができないため，これに代わる横座屈対応が必要となる。また，以下の配慮も必要となる（図1）。
- 外壁が偏心して取り付くことによる大梁のねじれ
- 風荷重による大梁弱軸方向の曲げ
- 鉛直ブレースが取り付く場合には梁の軸力

横座屈に対する設計

　横補剛材が設けられず曲げ座屈長さL_bを短くすることができない場合，弱軸方向の細長比λ_b（$=L_b/i_b$）を小さくするには，曲げ座屈用断面2次半径i_bの大きな断面を採用することが基本となる。

　梁せいを一定とした場合，i_bを大きくするにはフランジを厚くするよりもフランジ幅を大きくする方が断面効率がよい（図2）。

ねじれに対する設計

　開断面であるH形鋼は，ねじれに対して小さな抵抗機構しか有していないため，PCカーテンウォールなどの重い外壁が大梁に偏心して取付く場合には，大梁直交方向に小梁や方杖などのねじれに抵抗する部材を設けることとなる。ただし，大梁に沿って吹抜が配置され，ねじれに抵抗する部材を平面的に設けることができない場合には，
① 大梁スパン内に追加した鉛直材（剛接間柱）の曲げでねじれに抵抗する（図3，①）
② 大梁そのもののねじれ抵抗を大きくする（広幅断面を採用する，H形鋼断面にカバープレート（以下，PL）を取り付けて閉断面とするなど）（図3，②）
といった措置が考えられる。なお，大梁のねじれで抵抗する場合，柱梁接合部には大梁の強軸方向の曲げモーメントとねじれモーメントの2軸曲げが作用することとなり，これを適切に考慮する必要がある（図3）。

　ガラスカーテンウォールなどの比較的軽量の外壁が端部ピン接合の梁に偏心して取付く場合，梁自体のねじれの影響が小さくても，端部ガセットPLにはねじれモーメントによる過大な応力集中が生じる場合がある。この場合のガセットPLのねじれ補強の一例として，ガセットPLを厚くする，ガセットPLをコの字形状とするなどの方法が挙げられる（図4）。

弱軸曲げに対する設計

　外壁側の吹抜に面する大梁については，常時および水平荷重時に生じる曲げモーメント，外壁が偏心して取付くことによるねじれモーメントのほかに，風荷重により生じる弱軸方向の応力および変形に対する配慮が必要となる。なお，弱軸方向の曲げ応力に対しては，曲げ許容応力度$f_b=f_t$として設計してよい。

　外壁が上階から吊られるなど，大梁に鉛直荷重が作用しない場合には，大梁を縦使いとせずに横使いとし，さらに端部をピン接合として設計対象荷重を風荷重に特化する（＝"耐風梁"とする）ことで，効率のよい断面の選択が可能となる（図5）。なお，横使いで梁スパンが長い場合，たわみ防止のために吊り材を追加することがある（屋上ファーリングでよくみられる形状）。この場合，水平荷重時に全体がトラスとして働くため，短期設計時にはその軸力を考慮した設計が必要となる（図6）。

軸力に対する設計

　外壁側の吹抜に面する大梁に鉛直ブレースが取付く場合，ブレースが負担する軸力の水平分力が大梁に作用するため，軸力比N/N_yの程度により（強軸曲げを受けるH形鋼断面では$N/N_y \geq 0.125$の場合[1]），軸力を考慮した設計が必要となる。建物コア内のEVシャフトとPSで挟まれる大梁構面に鉛直ブレースを設けた場合や，斜め柱に取り付く大梁についてもこれと同様である（図7）。

　こうした大梁の座屈耐力確保として，カバーPLを追加し，閉断面とする方法が考えられるが，現場溶接が発生

するなど，現場での品質管理のハードルが高い割には大した耐力上昇が見込めないことから，スラブが取り付かない大梁構面には極力鉛直ブレースを設けないのが望ましい。

【参考文献】
1) 日本建築学会：鋼構造塑性設計指針, p.39-41, 2010年

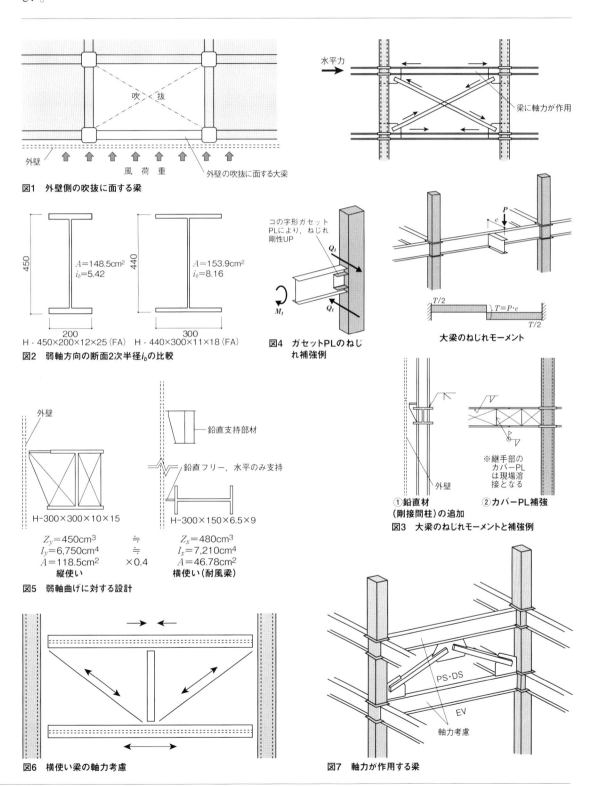

図1　外壁側の吹抜に面する梁

図2　弱軸方向の断面2次半径 i_b の比較

図4　ガセットPLのねじれ補強例

図5　弱軸曲げに対する設計

図3　大梁のねじれモーメントと補強例

図6　横使い梁の軸力考慮

図7　軸力が作用する梁

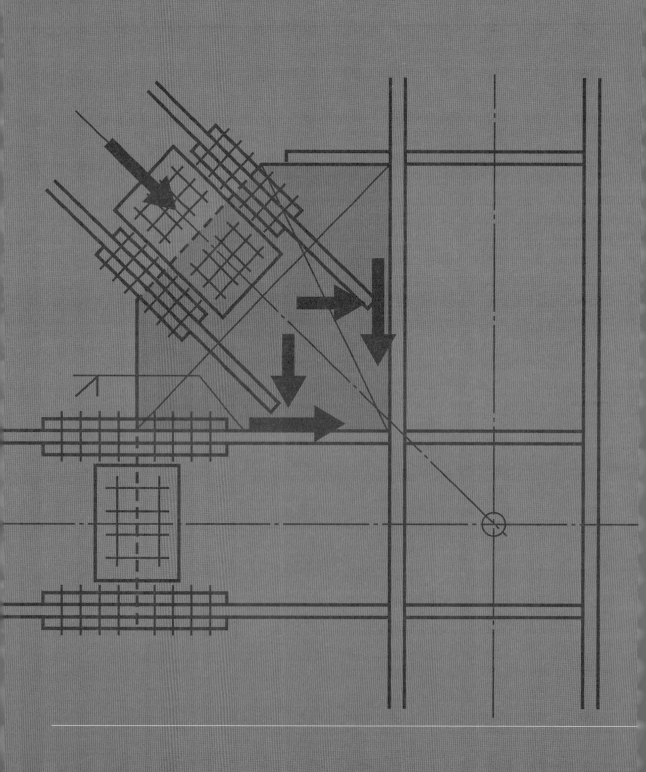

III 柱梁接合部の設計

　柱梁接合部の設計は，難しい。これは，柱梁接合部に生じている応力が柱や梁に生じる曲げモーメントやせん断力などに比べ，直感的にわかりにくいからではないだろうか。また，4方向から取り付く梁のせいが異なる場合や，柱幅と梁幅の関係，柱芯と梁芯のずれ，さらにブレースなどの斜材が取り付く場合など，さまざまケースが存在し，より理解することが難しくなる。柱梁接合部の設計は構造安全性の観点からは重要な部分であり，地震による被害事例も多数みられており，鉄骨構造のウィークポイントといっても過言ではないだろう。

III. 柱梁接合部の設計

III-1 ダイアフラム形式の違い（適用箇所と長短所）と設計上の注意点

　鉄骨造の柱部材として角形鋼管が多く用いられ，特に冷間成形角形鋼管は中小規模の鉄骨造の柱部材として広く使用されている。角形鋼管を柱部材に用いた場合の柱梁仕口部には，梁に生じる応力をスムーズに柱部材に伝達できるようにダイアフラムが設けられ，通しダイアフラム形式，内ダイアフラム形式，外ダイアフラム形式の3種類の接合形式がある。以下に，このダイアフラム形式の違いによる特徴と，設計上の注意点について解説する。

通しダイアフラム形式（梁通し方式）

　通しダイアフラム形式は，柱を梁の上下フランジ位置で切断し，その切断した部分にダイアフラムを設ける形式で，柱がダイアフラムによって切断されるため，梁通し方式とも呼ばれる（図1）。この形式は，最も一般的に用いられ，仕口部のロボット溶接の普及により，効率よく製作できるメリットがある。通しダイアフラム形式は，中低層建築物を中心に用いられる工法であるが，近年，冷間成形角形鋼管の製作できる柱の断面が大きくなったことや，CFT柱の採用で柱板厚が薄くできることにより，60m以上の超高層ビルにおいても通しダイアフラム形式を用いることが多くなっている。

　通しダイアフラムの板厚は，梁フランジとの目違い防止のために梁フランジの最大厚の2サイズアップが望ましく，通しダイアフラムの材料強度は，柱および梁の材料強度と同等かそれ以上の材料強度とし，板厚方向に引張力が生じるため，SN材のC種とすることが望ましい。

　通しダイアフラムの出寸法 e は，柱スキンプレート25mm以下で25mm，28mm以上で30mmが一般的である（図2）。これ以上に寸法を大きくすると溶接ひずみによるかさ折れが大きくなり，仕口のずれの要因となる。

　また，通しダイアフラム形式は，外柱で梁が外側に偏心して接合される場合に，内ダイアフラム形式に比べて梁の偏心を大きくすることができるメリットがある。

内ダイアフラム形式

　内ダイアフラム形式は，柱内部の梁の上下フランジの位置にダイアフラムを入れる形式である。角形鋼管柱を梁の上下フランジ中央部付近で一度切断し，梁フランジ位置にダイアフラムを取り付けた後，再び柱を切断位置で溶接して一体化する落とし込みダイアフラム形式である（図3）。

　この形式で内ダイアフラムを取り付ける際，梁の上下フランジ中央部付近の柱切断断面からダイアフラムまでの取付け深さが柱径の1/2を超えると，ダイアフラムの溶接が困難となる。内ダイアフラムと柱内面の溶接部の超音波探傷試験（UT）は，組立途中に行う必要がある。これは，組立後ではUT検査が難しく，かつ，溶接欠陥の手直しが事実上できないからである。

　ダイアフラムの板厚は，梁フランジとの目違い防止のために，梁フランジの最大厚の1サイズアップが望ましい。また，柱の角部は冷間塑性加工の影響で材質が変化していることから，安易な溶接は避ける必要があり，取り付く梁は，角部R部（BCPの場合の柱板厚の3.5倍）の範囲を避ける必要がある。そのため，図4に示すように梁の偏心量が小さくなるので，注意が必要である。

　柱を溶接組立箱形断面柱とするような場合は，柱を切断しないで内ダイアフラムを設ける内蔵ダイアフラム形式とすることができる（図5）。これは超高層ビルに用いる柱形式で，Sグレード認定の鉄骨製作工場や溶接組立箱形断面柱製作専門工場などで製作可能である。溶接組立箱形断面柱は，既製柱（BCPなど）にない柱径と板厚の製作が可能である。

　ダイアフラムの溶接施工には，エレクトロスラグ溶接が適用される。大入熱溶接のエレクトロスラグ溶接により内ダイアフラムを溶接するため，柱スキンプレートが溶接時に溶け落ちないようにダイアフラムの板厚に対して薄くなり過ぎないようにする必要がある。具体的には，ダイアフラム厚の3サイズダウン以上かつ22mm以上とした柱

スキンプレート厚が目安となる。

外ダイアフラム形式

通しダイアフラム形式がもともと一本の冷間成形角形鋼管を切断し，ダイアフラムを挟んで完全溶込み溶接にて一体の柱とするのに対して，外ダイアフラム形式は内ダイアフラム形式と同様に柱部材を貫通させ，梁部材との接合のため柱部材の外側にダイアフラムを設けたものである。したがって，柱部材から考えると非常に合理的な接合方法である。しかし，ダイアフラムを鋼管形状にぴったり合わせて加工することや，鋭い入隅部をつくらないようにすることが不可欠である。特に入隅部に溶接継目を設ける場合には，溶接継目の終始端の処理に注意する必要がある。図6は，4枚のプレートより溶接で外ダイアフラムを設ける方法であるが，1枚のプレートより柱貫通部をくり抜いて製作する方法や，各梁方向に分割し，それぞれを接合して一体化する方法などもある。

外ダイアフラム形式は，平面的にダイアフラムが外に出るため，柱寸法だけ気にして平面計画をしていると，柱に沿って配置した設備配管などがダイアフラムと干渉するなど，トラブルが生じやすいので注意が必要である。

また，柱内部にダイアフラムがないので，CFT柱の場合はコンクリートの充填性がよいという利点がある。

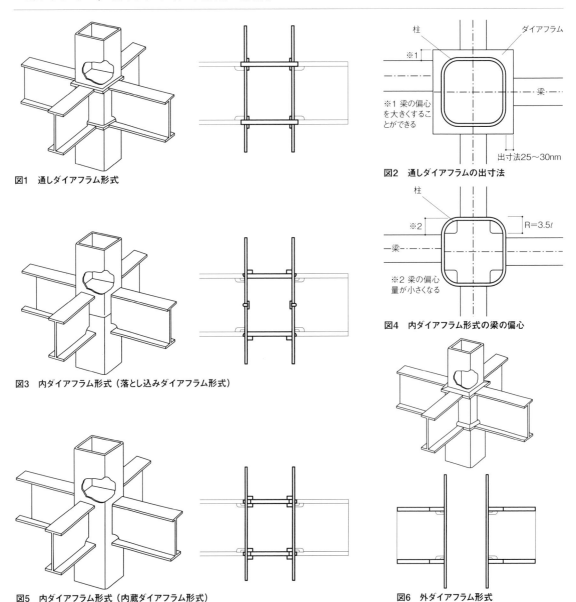

図1　通しダイアフラム形式

図2　通しダイアフラムの出寸法

図3　内ダイアフラム形式（落とし込みダイアフラム形式）

図4　内ダイアフラム形式の梁の偏心

図5　内ダイアフラム形式（内蔵ダイアフラム形式）

図6　外ダイアフラム形式

III. 柱梁接合部の設計

III-2 スカラップの基本と設計上の課題

スカラップの基本

スカラップは、柱梁仕口の溶接部やガセットプレートなどの溶接線が重なる部分に設けられる。一般にその形状・大きさは1/4円で半径35mm程度である（図1）。

最初にスカラップを導入したのは造船の分野である。溶接技術や溶接材料、鋼材が今日ほど発展していなかった当時としては、割れなどの溶接欠陥や材質劣化を防ぐ目的で取られてきた処置であるが、主に以下の目的で設けられる。

① 裏当て金を挿入するため。
② 現場溶接部の下フランジや裏はつり両面溶接形式の場合、ウェブを横切って溶接もしくはガウジングを行うため。
③ 梁ウェブの回し溶接を行うため。

スカラップの被害と改良

最も大きな応力が生じる梁端から柱まで滑らかに応力伝達を行うという観点からみれば、梁端のスカラップは決して望ましいものではない。1995年兵庫県南部地震では、従来型スカラップに起因した梁フランジの破断が数多くみられた（写❶）。これは圧延H形鋼の最も破壊靱性の劣る位置が最大ひずみ集中点となるスカラップ底と一致していたために、スカラップに起因する梁端フランジの脆性破壊が生じたのである。

そこで、スカラップ底での応力集中を防ぐ目的で、$35R$円のフランジ終点部に$10R$程度の円を組み合わせた複合円型スカラップ工法（図2）が開発され、現在、スカラップを設ける場合はこの形状が一般に用いられている。

ノンスカラップ工法

JASS 6[1])ではノンスカラップ工法を採用すれば、梁ウェブの断面欠損がないものと定義されており、力学的には最も望ましい工法である（図3）。柱梁接合部を工場溶接する場合、一部を除いてほとんどの製作工場がノンスカラップ工法にて製作している。ノンスカラップ工法の普及の背景としては、溶接技能者の技量の向上やスカラップ加工機の普及、そして割裏板の開発が挙げられる。

H形鋼のウェブ欠損

❖ 小型のH形鋼

鉄骨部材が見え掛りになる場合、意匠上・美観上の問題で、梁の継手を現場溶接にて施工することがある。このとき、比較的小規模の建物で小型H形鋼を用いる場合には注意を要する。考えなしに$35R+10R$の複合円型スカラップをそのまま適用すると、ウェブ欠損率が過大になる場合がある。例えば、梁せいが200mmのH形鋼に対してウェブ欠損率は35%以上となる。梁がロングスパン梁などで、長期応力によって部材寸法が決められている場合はそこまで問題にはならないが、比較的小さなモジュールでつくられたラーメン架構の短スパン梁などで、ウェブ断面積の欠損を無視できない場合には、せん断力に対する検討には留意する必要がある。

H形鋼の過大なウェブ欠損を避けるために、$20R$程度の小型のスカラップを設けることがあるが、こちらも注意が必要である。ファブリケータのスカラップ加工機に$20R$の切削コマがない場合、切削による製作ができない。その場合、ガス切断によりつくられることになるが、加工時のノッチにより亀裂が生じる可能性が高くなり、かえって梁の変形性能を低下させることがある。

❖ 大型のH形鋼

大型の梁でも、施工性とともにスカラップの断面欠損・形状が問題となる場合がある。超高層などの大規模建築物になると、輸送効率や接合部材の省力を目的として、ノンブラケット方式による梁端現場溶接が採用されることが多い。特に、通しダイアフラムの柱梁仕口に梁を現場溶接する場合、梁フランジや柱スキンプレートの板厚が大きいと取り合うダイアフラムの板厚も同時に大きくなり、過大なスカラップを設けなくてはならなくなる。板厚

40mmの柱に梁フランジ40mmと22mmが直交する仕口部を例にとると（**図4**），柱スキンプレートの溶込み部から20mm程度ウェブを離す必要があるため，梁フランジから80mm程度のスカラップが空くことになる。また，ウェブ板厚が大きい場合も同様に，回し溶接のためのクリアランスを見込むとさらにスカラップが過大になる。

今後の課題

2016年6月に国土交通省より技術的基準が交付され，2017年4月以降の性能評価申込み案件から超高層鉄骨造建築物の繰返し変形による梁端部破断の検証が求められることになった。前述したように，超高層建築物の梁端部はフランジを現場溶接にすることが多く，スカラップを有する梁端部における靭性性能の確保については注意が必要である。

なお，最近では梁端部の靭性性能を確保するため，現場溶接でのノンスカラップ工法なども研究・開発されている。

【参考文献】
1) 日本建築学会：建築工事標準仕様書　JASS 6　鉄骨工事，2018年
2) 日本鋼構造協会：兵庫県南部地震鋼構造被害調査報告書，1999年
3) 国住指第1111号：技術的助言　超高層建築物等における南海トラフ沿いの巨大地震による長周期地震動対策について，2016年

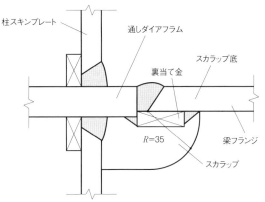

図1　従来型スカラップ工法[1]

❶梁フランジの破断[2]

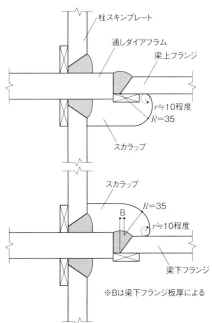

図2　複合円型スカラップ工法[1]

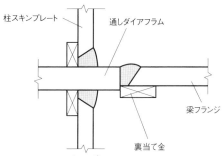

図3　ノンスカラップ工法[1]

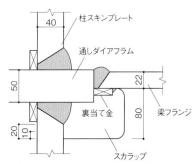

図4　柱スキンプレート板厚が大きい時のスカラップの例

Ⅲ. 柱梁接合部の設計

Ⅲ3 角形鋼管柱とH形鋼梁の接合部の設計

はじめに

　鉄骨構造物の耐震設計は，大地震時に梁端降伏による全体崩壊形により，架構として優れた変形性能を発揮することでエネルギー吸収を行うことを基本としている。兵庫県南部地震において今までにない大きな被害が続出し，その被害の多くが柱梁仕口に集中したこと，特に下フランジのスカラップ底を起点とする梁の母材破断により期待したエネルギー吸収が十分行われなかった事実は，それまでの接合部設計を見直すきっかけとなった。ただし現在でも接合部，特に梁端の応力を正確に評価することは難しく，設計者として悩む部分が少なからずある。評価を難しくする要素の一つに，梁端でのウェブの曲げモーメント伝達効率（以下，ウェブ効率）の評価が挙げられる。梁からの曲げモーメントを柱に伝達する際に，角形鋼管柱のスキンプレートが面外変形（**図1**）を生じることで，ウェブからの曲げモーメントの伝達が低下する現象である。ウェブ効率の評価法は，現在までにいくつかの知見が示されている。しかし，それらの知見には多少の相違が見られ，設計者により評価方法が統一されていないのが現状である。ここでは，それら知見の概要を紹介したうえで，梁端の算定応力評価のばらつきが招く設計上の落とし穴と，その落とし穴への対処法の一例を示す。

弾性範囲（許容応力度設計）における梁のウェブ効率

　弾性範囲（許容応力度設計）での梁のウェブ効率は，安全側の判断として慣用的に無視されることが多い。しかし，ウェブ効率は柱スキンプレートの厚さと梁ウェブの厚さで決まり，梁のウェブ厚さに対して柱スキンプレートが十分に厚ければ，ウェブ効率は100％に近い値となる。一例として，『鋼構造接合部設計指針』（2012年改訂，日本建築学会）（以下，接合部設計指針）に示される，梁ウェブ厚を一定として柱スキンプレートの厚さをパラメータとした，ウェブ効率に関する数値解析結果を見てみる。

　図2に示すとおり，柱スキンプレートが相対的に厚くなると，梁フランジ断面のみで評価される降伏曲げ耐力を超えても剛性が急激に落ちることはなく，耐力は上昇している（図中の▲が弾性限耐力）。なお，接合部設計指針では，この結果を基に弾性範囲におけるウェブ効率に関する評価式を示している。

塑性範囲（終局時設計）におけるウェブ効率

　塑性範囲（終局時設計）におけるウェブ効率の評価は，現在までにいくつかの評価式が示されている。参考として『鋼構造技術総覧』（日本鋼構造協会編，技報堂出版）（以下，技術総覧）と，接合部設計指針に示される式を紹介する。下式は曲げに有効なウェブせいを算定することで，ウェブ効率を評価している。

$$X = \sqrt{4h_w \cdot M_0/N_{0w} + S_r^2} \quad \text{（技術総覧）}$$

$$X = \sqrt{\frac{t_{bw}^2 \cdot F_{wy} \cdot S_r^2 + b_j \cdot t_{cf}^2 \cdot F_{cy}}{t_{bw} \cdot F_{wy} - 4t_{cf}^2 \cdot F_{cy}/b_j}} \quad \text{（接合部設計指針）}$$

　図3に示す想定降伏線が異なることからもわかるように，同一の柱梁部材に対して上式を適用した場合，2式間で算定結果が異なる。ここで，一つの試算結果を示す。梁H-900×300×16×28，柱□600×16〜40の関係から算定されるウェブの有効せいを比較した。**図4**に結果を示すが，柱板厚が40mmと梁ウェブ厚16mmに対し，相対的に板厚が厚くなると2式間での算定結果の乖離が大きくなる。

設計上の落とし穴

　以下では，応力評価のばらつきが及ぼす設計上の落とし穴（危険性）について紹介する。

①柱梁耐力比の検討において，梁端降伏の保証が不確かなものとなる危険性

②ウェブ効率の評価が過大である場合，フランジに想定以上の応力が生じ，梁端が破断する危険性

③梁端ウェブには，せん断力と曲げモーメントの組合せ

応力に対する設計が必要となり，曲げモーメントの負担を評価していない場合，ウェブ部分で破断する危険性

④フランジ溶接，ウェブボルト接合の混用接合を用いた場合，ボルトも曲げを負担することで，せん断力に対しての設計しかされていない場合のウェブボルト破断の危険性

梁端拡幅設計

これまで述べたウェブ効率の内容は，柱梁がともに鉄骨同士の場合であり，例えば柱がCFTであれば，ウェブの圧縮側と引張側でウェブ効率が変わり，梁端の応力評価をさらに困難なものにする。ここでは，梁端の応力評価に対する不確定性を除去し，確実に梁端降伏による全体崩壊形のメカニズムを形成する設計法として梁端拡幅設計を紹介する。一般的には，現場溶接に伴いウェブにスカラップを設けるなど，より梁端破断の危険性が高まる場合に採用される。その設計思想は，降伏位置を接合面より手前の位置に設け，梁端溶接部についてはフランジを拡幅し耐力を増すことで，確実に弾性範囲にとどめるものである。梁端拡幅設計は，柱梁接合部における種々の落とし穴に陥らないための一つの手法といえる。

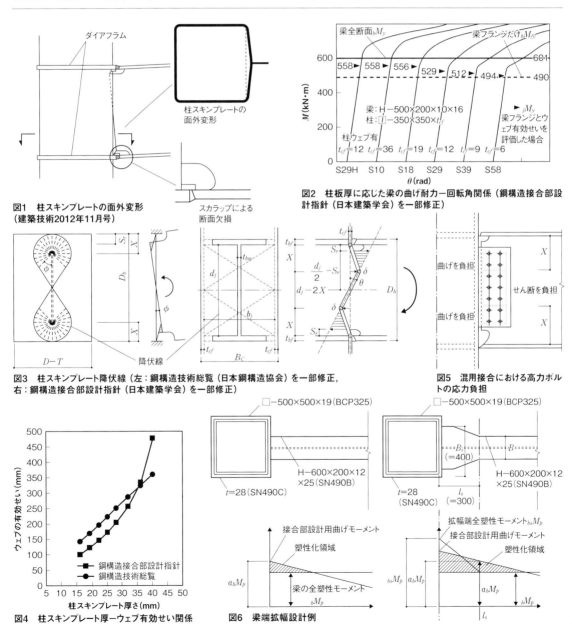

図1　柱スキンプレートの面外変形（建築技術2012年11月号）

図2　柱板厚に応じた梁の曲げ耐力－回転角関係（鋼構造接合部設計指針（日本建築学会）を一部修正）

図3　柱スキンプレート降伏線（左：鋼構造技術総覧（日本鋼構造協会）を一部修正，右：鋼構造接合部設計指針（日本建築学会）を一部修正）

図4　柱スキンプレート厚－ウェブ有効せい関係

図5　混用接合における高力ボルトの応力負担

図6　梁端拡幅設計例

III.4 梁端部拡幅プレート・梁端部ハンチの設計の実際
（拡幅方法，製作方法，設計上の扱い）

　兵庫県南部地震時に，神戸地区の角形鋼管柱と大梁下フランジの溶接およびその近傍で破断した例が多数発生した。これを受けて，フランジ材の降伏比や破壊靭性値，スカラップ形状，ウェブ接合方法とそれに伴う曲げモーメント効率，溶接条件などについて検討・改善されるとともに，梁端部接合詳細に関する検討がなされてきた。

　梁端部の脆性的な破断を回避し，塑性変形性能を向上させるための手法として，いくつか提案されてきている。梁端溶接部での変形性能を向上させる方法例として，①フランジへのカバープレート，②鉛直リブプレート，③鉛直ハンチ，④水平ハンチ，⑤梁端部増厚，⑥突出型ダイアフラム，⑦水平ハンチ付き通しダイアフラムによるものなどがある。また，塑性ヒンジ位置を梁母材側に移動させる方法例として，⑧ドッグボーン（図1），⑨孔あけフランジによるものなどがある。これらのうちドッグボーンは梁フランジを切り欠くことによって，塑性化領域を溶接部から幅の狭くなっている部分に塑性ヒンジ位置を意図的にずらすとともに，塑性化領域を広げることができる有効な工法で，かつ加工が比較的簡単であるが，強度的には切り欠き部分以外の断面を有効に使えないという難点がある。

　これに対し，④の水平ハンチ形式は，特に現場溶接となるノンブラケット形式（写❶）の場合に有効である。これは，塑性ヒンジ位置をスラカップやエンドタブ，あるいはウェブの曲げモーメント負担割合の低下により，応力的に不連続となる柱フェースからハンチ始端にずらすことができ，かつ母材性能をそのまま効果的に利用できるためである。水平ハンチ形式は，梁端部に要求される性能の高い建物を中心に広く採用されてきている。

　大梁は，長期および短期荷重時の応力に対して，許容応力度設計にて断面算定を行うが，ハンチ始端ではウェブを曲げに考慮することができる。下式を満足するように，仕口部の断面性能を確保する。

　検討はモーメント勾配および長期応力を考慮したうえで，下記（1），（2）を両方満足する拡幅幅を確保する（図2）。

(1) $_fM_y \geq {}_dM_y$
(2) $_fM_p \geq {}_dM_p$

　$_fM_y$：柱梁接合部での降伏曲げモーメント
　　　　（フランジのみ考慮）

　$_dM_y = {}_hM_y \times (L_1/L_0) \times \beta + Q_L \times L_h$

　$_hM_y$：ハンチ始端での降伏曲げモーメント
　　　　（全断面考慮）

　$_fM_p$：柱梁接合部での全塑性モーメント
　　　　（フランジのみ考慮）

　$_dM_p = {}_hM_p \times (L_1/L_0) \times \beta + Q_L \times L_h$

　$_hM_p$：ハンチ始端での全塑性モーメント
　　　　（全断面考慮）

　L_0：ハンチ始端から他端ハンチ始端までの寸法
　L_1：大梁内法寸法
　β：材料のばらつきを考慮した係数
　Q_L：長期時の梁端部におけるせん断力
　L_h：ハンチ長（$= (L_1 - L_0)/2$）

　水平ハンチには，1枚ものの板材から水平ハンチを含むフランジを切り出すシアリングタイプと，フランジ材の側面に板材を溶接する付けプレートタイプ（図3）がある。これらは，梁スパン，ロールHかビルトHかなどを考慮して選択することができるが，付けプレートタイプの場合，荷重変形関係が付けプレートの溶接止め方法や開先形状，溶接残し量などの影響を受ける場合があることに注意が必要である。

　付けプレートタイプの場合，以下の点に留意する。フランジこば面と付けプレートの開先をK開先とする場合（写❷），設計で必要とする溶込み深さを確実に確保する。表面，裏面を交互に溶接しても多少のかさ折れが発生するため，特殊な治具を用いて拘束するか，逆ひずみを与えて最終的な精度を許容値以内に納め，目違いが発生しないようにする（図4）。付けプレートのハンチ始端側は，鋼製やセラミック製のエンドタブを設置する納ま

り（**写❸**）や，それらを設置せず，かつ回し溶接を行わない納まりがある。クレーター処理はハンチ始終端位置を避ける。梁端部の開先面側（**写❹**）はスリット（部分溶込み溶接部のルートフェース部）をシールビードで塞ぐのが一般的で，フランジ下面は柱との溶接用の裏当て金を隙間なく設置するため，グラインダーで平滑に仕上げておくことも必要である。これらについて必要に応じて，あらかじめ施工試験にて状況を確認しておく。

柱梁溶接部の超音波探傷検査を確実に実施するためには，水平ハンチ最外部でも十分な平行部長さを確保する必要があり，フランジ板厚の7倍以上とする。

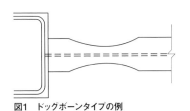
図1　ドッグボーンタイプの例

❶ノンブラケット形式の水平ハンチ（シアリングタイプ）

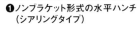

$e_1 \leqq 1.5b/100$
かつ $e_1 \leqq 2.0\text{mm}$

$e_2 \leqq 1.5B/100$
かつ $e_2 \leqq 2.5\text{mm}$

図4　付けプレートタイプ寸法限界許容差

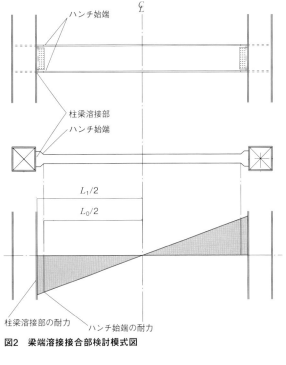
図2　梁端溶接接合部検討模式図

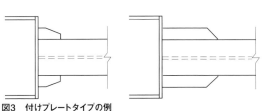
図3　付けプレートタイプの例

❷付けプレートの開先形状

❸ハンチ始端側形状

❹ハンチ元端側開先形状

III. 柱梁接合部の設計

III-5 梁せいの異なる柱梁仕口部の設計上の注意点と工夫

柱材の選定と梁せいの設定

大梁は、ほぼすべての部材がH形鋼であるのに対し、柱は荷重条件に対する必要断面性能、意匠性、経済性、生産性などを考慮して角形鋼管、四面ボックス（溶接組立箱形断面柱）、円形鋼管、H形鋼を使い分けている。柱材や梁の段差の状況に応じて、それぞれに適した柱梁仕口部を設計する。

大梁は応力や要求される塑性変形性能に応じて、合理的な梁断面（せい）がまず仮定される。これにより、同一のフロアで多種類のせいを使い分けて大梁を配置することも考えられる。また、梁せいを小さくしたり、梁貫通孔を設けることでは設備計画が成立しない場合は、梁レベルを上げたり、逆梁にしたりすることがある。柱梁仕口部で、直交または隣接する梁せいの違いや梁レベルの違いにより、中間ダイアフラムを設ける多段ダイアフラムとなる場合は、製作の可否、超音波探傷試験の可否について留意する。ダイアフラムの段数が増えると鉄骨工程に影響し、結果として当初目的した鉄骨数量の削減や鉄骨工事費の削減にもつながらないこともあるため、柱に取り合う大梁の梁せいの種類は過度に増やさないことが望ましい。

ダイアフラムと段差

フランジレベルが3段以上となる場合は、中段にダイアフラムを設けるか、梁に鉛直ハンチを設ける。柱やダイアフラム形式により設定できる最小限の梁段差寸法が異なるため注意が必要である。以下に、標準的な段差寸法を示す（図1）。

H形鋼、四面ボックスの場合、柱材を極力切断しないよう、ダイアフラムは内ダイアフラムを標準とする。四面ボックスの場合、エレクトロスラグ溶接用裏当て金の組立溶接に支障をきたさないよう、内ダイアフラムの段差は200mm以上とする。

角形鋼管の場合、上下端は通しダイアフラムとする。中段のダイアフラムは、段差が大きい場合は通しダイアフラムが標準となるが、最外端からの段差が比較的小さい場合は内ダイアフラムを採用する。内ダイアフラムとすると、加工工数が減り品質の確保もしやすいという利点がある。ただし、内ダイアフラムの溶接が角形鋼管の切り口より行われるため、溶接性の観点から、最外端からの段差が角形鋼管のせいの1/2程度以下であること、梁端部が鋼管角部のRにかからないことが内ダイアフラム採用の条件となる。溶接作業上、内ダイアフラムには四隅にスカラップを設けるため、梁側面から柱側面までの寸法は角形鋼管のR寸法+10mm以上（鋼製タブの場合+50mm以上）とする。大梁に水平ハンチを設ける場合や梁の偏心接合を計画する場合は、内ダイアフラムとすることが困難であり、通しダイアフラムを標準とする。

円形鋼管の場合、中段のダイアフラムを内ダイアフラムとすると、開先形状が複雑になり、溶接性が悪くなるため、通しダイアフラムとする。

中段のダイアフラムを通しダイアフラムとし、取り付く大梁をノンブラケットタイプのウェブ高力ボルト接合とする場合は、ダイアフラムこば面でウェブとガセットプレートが密着するよう配慮が必要である。また、仕口内の通しダイアフラム間の長さの短いところでのガセットプレートの溶接（※部）が適切に行えるか検討しておく必要がある（図2）。

鉛直ハンチ製作上の留意点

ダイアフラム間の距離が、十分に確保できない場合は大梁端部に鉛直ハンチを設ける。以下に、注意点を示す（図3）。

①鉛直ハンチの曲げ加工は1/2.5以上、外曲げ半径10tとする。②フランジに引張力が作用する側で曲げ加工をする部位には、曲げ位置にリブプレートを設置する。③梁の継手位置はハンチ部の折曲げ点を避け、その内側もしくは外側とする。④リブプレートは曲げR止まり位置を基本とし、下フランジ水平方向応力による分力を

負担できる板厚・幅・長さとする。⑤鉛直ハンチとダイアフラムの溶接は，工場溶接は水平部分を設けなくてよいが，現場溶接は品質確保のため水平部分を設ける。鉛直ハンチに水平部分を設ける場合は，UT検査を考慮し水平部分で$7t$以上を確保する。⑥ハンチ付きブラケットは，加工工数が少なく品質の確保もしやすいビルトHを基本する。ロールH形鋼のウェブを切り開き，くさび形の鋼板を差し込んで溶接する工法としない。

ノンダイアフラム

仕口パネル部を増厚することにより，ダイアフラムや鉛直ハンチ加工をなくし，任意に梁の段差を設定することができるノンダイアフラムの柱梁仕口部が各社から既成品として提供されている。保有耐力接合条件を満足する角形鋼管用，円形鋼管用のものがある。これらはダイアフラムの上下方向の制限がないため，梁の段差にフレキシブルに対応した設計が可能で，平面的に傾斜した梁にも対応し得る。また，シンプルな外観で意匠性に優れる，通しダイアフラムと梁フランジ継手の食い違いを解消できる，通しダイアフラムによる柱上下端での溶接を避けることができる，鉄骨加工・検査の手間を削減できるなどのメリットがある。

【参考文献】
1) 日本鋼構造協会：JSSCテクニカルレポートNO.42鉄骨溶接部の標準ディテール，1998年
2) 日本鋼構造協会：実例でわかる工作しやすい鉄骨設計　第3版，技報堂出版，2007年
3) 鉄骨建設業協会：建築鉄骨標準ディテール2011年版，鋼構造出版，2011年
4) 宮里直也監修：うっかり間違える鉄骨構造設計の落とし穴，建築技術2015年11月号

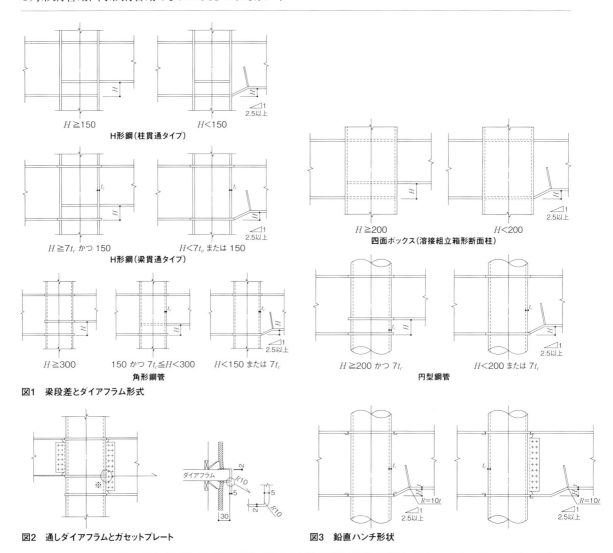

図1　梁段差とダイアフラム形式

図2　通しダイアフラムとガセットプレート

図3　鉛直ハンチ形状

III. 柱梁接合部の設計

III-6 複数の部材が集まる接合部の設計上の注意点と工夫

複数の部材が集まる接合部は，各部材からの力の流れを明快にして設計するだけでなく，鉄骨加工性・溶接性を考慮したディテールにする必要がある。複雑な接合部では，設計段階でのディテールの検討が不十分であると，図面上は施工できるようでも，実際にはできないということになりかねない。また，加工が困難なことから，構造計算上成り立っていても，そこが弱点となり，損傷する可能性がある。本稿では，それらのディテール上の留意点および工夫について述べる。

超音波探傷試験（UT）ができないディテール

異なる梁せいの梁が取り付く仕口部は，比較的一般的なディテールであるが，ダイアフラムの形式，ダイアフラムの間隔および梁フランジの板厚によっては，溶接施工は可能でも溶接後の超音波探傷試験ができない場合があり，注意が必要である（図1）。

超音波探傷試験は定められた屈折角で超音波を発信し，欠陥からのエコーを受信することにより，欠陥の有無を確認する。屈折角には70°，65°または45°のものがあり，それらの角度を組み合わせて検査を行うが，溶接部をすべて探傷するためには，ある程度の走査距離を確保する必要がある。また，板厚方向の片側のみからしか超音波探傷試験ができない場合は，より長い走査距離を確保する必要がある（図2）。この他にも斜めに取り付く部材で角度が小さい場合（図3）も，超音波探傷試験ができない部分ができてしまうなど，納まりに注意が必要である。

溶接品質を担保するために超音波探傷試験は欠かせない試験の一つであり，設計段階でのディテールの検討では超音波探傷試験が可能であることも，確認することが求められる。

溶接が困難なディテール

❖ 部材が斜めに取合う接合部

K型ブレースやV型ブレースにおけるブレースと梁中間部との取合い部分の納まり（図4）など，部材が斜めに取り合い，部材同士が近接している場合は溶接施工性について，注意が必要な場合がある。溶接箇所が狭い場所であれば，溶接時の視認性や溶接トーチの作業性などを考慮するべきである。また，溶接箇所の近くに障害物がある場合は，溶接作業者の姿勢や障害物による施工への影響の有無を検討するべきである。

図4のような場合，溶接施工性を考慮すると，ブラケットによる納まり（図5-a）やブレース芯を偏心させる納まり（図5-b）の検討が必要である。

❖ その他複雑な架構における接合部

トラス架構を形成しているH形鋼の柱および梁が，1点で剛接合されるような場合における施工性を考慮した接合部の1例を示す（図6）。ウェブが1点で取り合う納りであると，完全溶け込み溶接による健全な溶接ができないため，板厚の厚いPLを挿入することによって，各ウェブの溶接位置をずらすとともに，軸力の応力伝達に配慮するディテールになっている。挿入するプレートの寸法および板厚は，互いの裏当て金が干渉することなく配置でき，かつ溶接が健全に行うことができることを確認し決定している（図7）。フランジは，干渉する部分を1枚の板材とし継手を設けており，フランジの角が干渉する部分はR加工とし，応力集中に配慮した形状としている。

また，複雑な接合部の場合，鉄骨製作および溶接の品質を確認するために，施工（組立）試験などを鉄骨製作前に実施するべきである。事前に実寸にて加工・製作を行うことによって，製作図では見えてなかったディテールの課題を抽出することができる。加えて，溶接施工性の確認だけでなく，組立順序や精度を確保するための矯正のタイミングおよび，超音波探傷試験のタイミングを確認することができ，品質だけでなく，寸法精度を向上させることも期待できる。

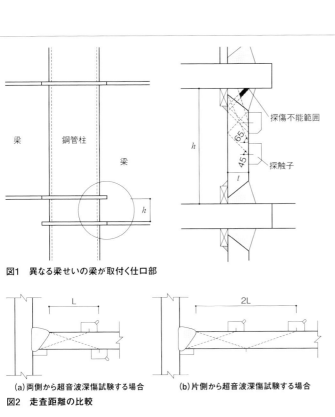

図1 異なる梁せいの梁が取付く仕口部

図2 走査距離の比較
(a) 両側から超音波探傷試験する場合
(b) 片側から超音波探傷試験する場合

図3 斜めに取り付く部材

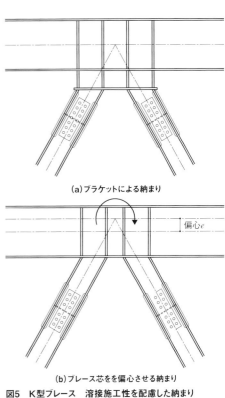

図4 K型ブレースと梁の接合部

(a) ブラケットによる納まり

(b) ブレース芯を偏心させる納まり

図5 K型ブレース 溶接施工性を配慮した納まり

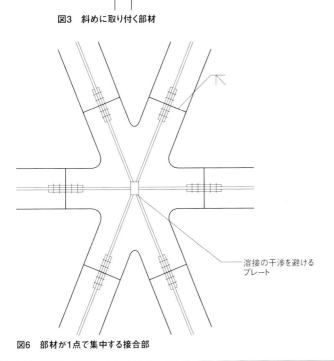

図6 部材が1点で集中する接合部

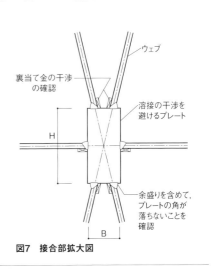

図7 接合部拡大図

III. 柱梁接合部の設計

III-7 部材が多数集まる接合部の設計

建築計画,構造計画などさまざまな要因で,柱梁仕口部に平面的あるいは立面的に各々角度の異なる柱梁部材が取り合う場合がある。本稿では,それらの接合部のディテールの留意点について述べる。

部材が多数集まる接合部での取合いは,大きく分けて2種類ある。一つ目は,主従関係が明確であり,従材が負担する力を仕口の手前で主材に伝達し,仕口部は通常の納まりとする場合,二つ目は,2部材とも仕口に直に取合い,直接仕口に力を伝達する場合である。

柱 の 取 合 い

❖H形鋼柱の取合い

H形鋼柱梁仕口に斜柱が取り合う場合のディテールは,III-8「柱・梁接合部に耐震ブレースが接合される場合のディテール」(74頁) が参考になる。

❖溶接箱型断面柱の取合い

溶接箱型断面柱が分枝する場合 (**図1**) は,鉛直部材,斜材のいずれが主材となる場合でも分枝面に平行なスキンプレートをフランジとして五角形形状とし,柱梁仕口部のダイアフラムは通しダイアフラム形式とする。ウェブプレートはより大きな力を負担する部材のウェブプレート勝ちの納まりとし,負けた側のウェブプレートが負担する力は取り合うウェブプレートあるいはフランジプレートに伝達する。

❖円形鋼管柱の取合い

円形鋼管柱が分枝する場合 (**図2**) は,鉛直部材,斜材のいずれが主材となる場合でも分枝面に平行な向きに通し板を柱中央に割り込み,分枝した各部材が負担する力を仕口部手前で通し板に移し下層の柱へ伝達する。通し板の板厚,通し板と各部材の溶接長に不足がないように取合い部の各種寸法を決める。斜材を主材として通す場合には,仕口をプレスベンド鋼管,あるいは鋳鋼として下部柱へスムーズに応力伝達できるディテールとすることも考えられる。

溶接箱型断面柱の取合いと円形鋼管柱の取合いは,いずれも梁上フランジをねらい点とした場合であり,大梁に生じる偏心曲げモーメントに注意する。

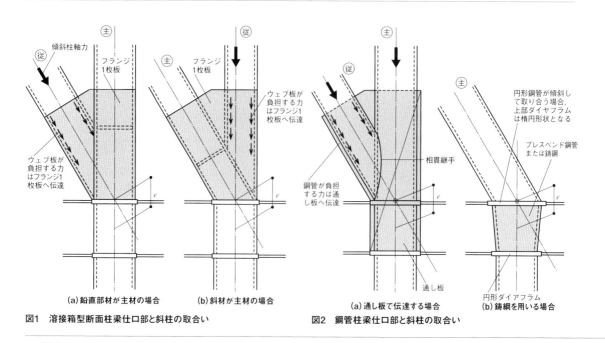

図1 溶接箱型断面柱梁仕口部と斜柱の取合い
(a) 鉛直部材が主材の場合　(b) 斜材が主材の場合

図2 鋼管柱梁仕口部と斜柱の取合い
(a) 通し板で伝達する場合　(b) 鋳鋼を用いる場合

梁 の 取 合 い

❖直接柱に取り合う場合

2本の梁を直接柱に取り合わせる場合（図3（a））は，フランジ板はV型プレートとし，ウェブ芯を離すことで溶接性に配慮する。取合い部の形状，応力により，V型プレートの板厚を決定する。

❖主材に従材の力を伝達する場合

主材と従材が明確な場合（図3（b））は，従材は直接柱梁仕口部へ取り合わせず，主材の梁にブラケットを設けて取り合わせる。従材からの力の伝達が大きい場合は，主材ブラケット部のフランジ，ウェブを増厚するなど配慮する。

そ の 他 の 取 合 い

❖1点に向けて多数の部材が取り合う場合

1点に多数の部材が集中する場合（図4）は，全断面を1点集中させるようなディテールは避け，鉄骨製作の健全性を考慮し通し板を設けて，一部の部材は通し板へ力を伝達させて途中で止めるなどの配慮をする。取り合う部材形状，角度，応力によっては，集中部を鋳鋼とすることも考えられる。

❖K型，V型ブレースと梁との取合部

K型ブレースが梁と取り合う場合（図5）は，大きく3種類に分けられる。図5（a）は，梁下端をねらい点とした付けガセットプレート形式である。ガセットプレート接合部にはせん断力が作用するため隅肉溶接とし，偏心曲げに対しては梁の曲げで抵抗する。図5（b）は，梁芯をねらい点とした付けガセットプレート形式である。ガセットプレート接合部にはせん断力と軸力が作用するため突合せ溶接とし，ガセットプレートと梁ウェブの板厚の関係に注意する。図5（c）は，梁芯をねらい点とした通しガセットプレート形式である。ガセットプレートが梁を割り込むため，鉄骨製作の手間は掛かるが，ガセットプレートと梁ウェブの板厚を連動させる必要がなく，梁を経済的な断面とすることができる。

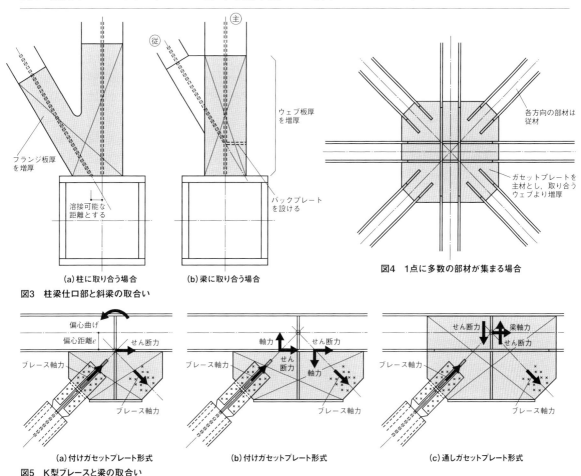

(a) 柱に取り合う場合　(b) 梁に取り合う場合
図3　柱梁仕口部と斜梁の取合い

図4　1点に多数の部材が集まる場合

(a) 付けガセットプレート形式　(b) 付けガセットプレート形式　(c) 通しガセットプレート形式
図5　K型ブレースと梁の取合い

III. 柱梁接合部の設計

III-8 柱・梁接合部に耐震ブレースが接合される場合のディテール

鉄骨架構に耐震要素を導入する場合、ブレースが採用されることが多く、H形鋼や座屈拘束ブレースなど既製品を用いる場合がある。

本稿では、これらの耐震ブレースの接合部、なかでも柱梁仕口部に取り合うディテールについて述べる。

ブレースが取り合う柱梁接合部に生じる力

柱は鉛直方向、梁は水平方向に配置されるのに対して、ブレースはそのどちらに対してもある角度をもって斜めに配置される。それゆえにその接合部では、ブレースが負担する力を鉛直、水平方向に分解し、柱梁に力を流す必要がある。接合部に生じる力はブレースのねらい点により異なるため、それぞれについて示す。力の伝達経路により、適切な板厚、溶接方法を選択する必要がある。

❖柱梁接合部の部材芯をねらい点とする場合

部材芯をねらい点とする場合（図1(a)）、柱梁ブレースの芯が1点で合致するため、偏心曲げは生じない。したがって、H形鋼柱の弱軸に取り合う場合に、特に有効である。一方、柱あるいは梁とガセットプレートの接合部には、せん断力と面内軸力が生じる。

❖梁の上フランジと柱の入隅をねらい点とする場合

梁の上フランジと柱の入隅をねらい点とする場合（図1(b)）、柱梁ブレースの芯が1点で交わらず、柱梁芯に対してブレースが偏心するため、偏心曲げが生じる。一方、柱あるいは梁とガセットプレートの接合部には、せん断力のみが生じる。主に、箱型断面柱、鋼管柱など閉鎖型断面のときに採用される。

耐震ブレース柱梁接合部の各種詳細

柱の形状、ブレースの形状、ガセットプレートの形状により、耐震ブレースが柱梁接合部に取り合うディテールのバリエーションは多岐に渡る。個々のディテールにおける留意点について述べる。

❖H形鋼柱とブレースとの取合い

ここでは、図2(a)に示す6種類について述べる。ブレースを柱梁接合部に直接取り合わせる方法と、ガセットプレートを介して取り合わせる方法がある。

フランジ直当て形式（①）では、柱梁接合部に直接H形鋼ブレースをフランジ、ウェブとも完全溶込み溶接で接合し、フランジ取合い部にはスチフナーを設置する。フランジ取合い部は2軸応力となること、ウェブ面内にもブレースの大きな力が入力されることから、柱梁接合部はフランジ、ウェブとも板厚を増厚する。補強リブ付き形式（②）は、上記のフランジ直当て部の応力集中を緩和する目的でリブを挿入した形式である。ブレースフランジ曲げ加工形式（③）は、フランジの曲げ分力をブラケット部で増厚したウェブに伝達するリブを設けることで、接合部の応力集中を緩和する。

付けガセット形式（④）は、ガセットプレート内でフランジが負担する力をガセットプレートに伝達させるため、柱梁接合部のウェブもこれに見合う板厚となるよう増厚する。付けガセット＋スキンプレート直当て形式（⑤）は、ブレースフランジが負担する力を直接柱梁に伝達する形式である。通しガセット形式（⑥）は既製のブレースを採用する際に用いられることが多く、十字断面のガセットプレート直交断面が負担する力をガセットプレート、柱梁接合部へと伝達する。

❖箱型断面柱とブレースの取合い

ここでは、図2(b)に示す3種類について述べる。基本的な考え方は図2(b)の④～⑥と同様であるが、箱型断面柱の内部にはガセットプレートと取り合うプレートがないため、ねらい点を上フランジと柱の交点としブレースが負担する力をせん断力に分解して柱梁接合部へ伝達する。生じる偏心曲げには、柱梁の曲げで抵抗する。

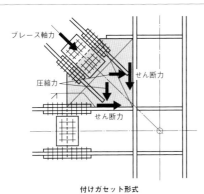
(a) 柱梁接合部の芯をねらい点とする場合

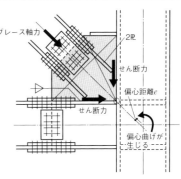
(b) 梁の上フランジと柱の入隅をねらい点とする場合

図1　圧縮ブレースが取り合う柱梁仕口接合部に作用する力

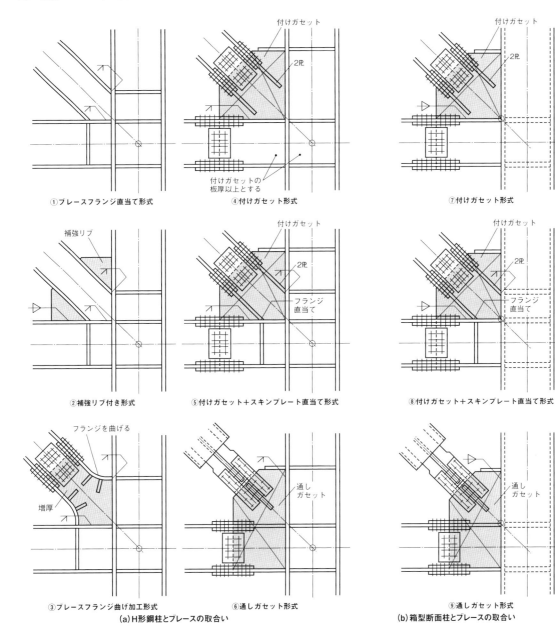

(a) H形鋼柱とブレースの取合い　　(b) 箱型断面柱とブレースの取合い

図2　耐震ブレース柱梁仕口接合部の各種詳細

III. 柱梁接合部の設計

ブレースが取り付く柱梁接合部の設計上の注意点と工夫

ブレース付き骨組みが十分な耐震性能を発揮するためには，ブレースが所要の塑性変形能力を発揮するまで，ブレース接合部が破断しない「保有耐力接合」が要求される。

本稿では，引張ブレースと引張圧縮ブレースの二つの場合の設計上の注意点と工夫について述べる。

引張ブレースの場合

過去の地震において，引張ブレースが接合部で破断する事例が数多く見られたことから，「保有耐力接合」を行うことが各種基準類に規定されている。ブレースの全断面積がひずみ硬化した状態が接合部の最大引張要求性能であり，以下の式を満足する必要がある。

$_jN_y \geq N_d$

$_jN_u \geq \alpha \times A_g \times \sigma_y$

ここで，$_jN_y$：接合部の降伏引張耐力，N_d：ブレースに作用する短期応力，$_jN_u$：ボルト孔欠損を考慮したブレース接合部の最大引張耐力，α：ひずみ硬化を考慮した接合部係数1.2，A_g：ブレースの全断面積，σ_y：ブレースの降伏応力度である。

また，引張ブレースでも地震時に実際は圧縮を受け，面外に大きく変形するため，内装材やガラス窓を破損することも多く，面外変形に対して十分なクリアランスを設ける必要がある。

引張圧縮ブレースの場合

設計でブレース接合部をピンと仮定しても，機械的ピン支承を採用した場合を除き，必ず曲げモーメントと軸力を同時に負担することになる。ガセットプレートの板要素の曲げ変形をピン支承と仮定した場合，板要素が長いと板要素の座屈が先行して，2ヒンジ状態となるガセットプレートの首折れ座屈が生じるおそれがある。この首折れ座屈を防止するためには，式（1）の検討式を満足すればよい。なお，図1のようにガセットプレート外端部を剛，先端塑性ヒンジ部をピンと仮定している。

$$_jN_{cr} = \frac{(1-2\xi)\pi^2 EI_j}{(2\xi l_0)^2} > N_d \qquad (1)$$

ここで，$_jN_{cr}$：接合部を含むブレースの面外座屈荷重，l_0：接合部を含むブレース全長，ξl_0：接合部長，EI_j：接合部曲げ剛性，N_d：設計軸力である。

引張圧縮ブレースはガセットプレートの首折れ座屈を式（1）により防止するか，ブレース接合部の回転剛性はピンではなく，半剛もしくは剛を検討することとなる。

ブレース接合部を半剛または剛とした場合，ブレース接合部の弱軸まわりの降伏曲げ耐力または全塑性曲げ耐力が，ブレース端部の弱軸まわりの全塑性曲げ耐力を上まわれば，ブレースで破断が発生し，接合部の破断は生じない。これを担保することが，引張圧縮ブレース接合の保有耐力接合となる。

$$_jM_p \geq \alpha \cdot {_bM_p} \qquad (2)$$

ここで，$_jM_p$：ブレース端接合部の弱軸まわりの全塑性曲げ耐力，$_bM_p$：接合部弱軸まわりのブレース材の全塑性モーメント，α：接合部係数1.2である。

上記の保有耐力接合を満足すると，ブレース端部剛性によって，ブレースの有効座屈長さが変化することになる（表1）。ブレースの許容圧縮耐力は，端部の固定度により有効座屈長l_kを設定し算定を行う。

また，図2に引張圧縮ブレース接合部の標準ディテールを示す。ブレース材は，A）角形鋼管または円形鋼管と，B）H形断面を示す。A）の場合のフィンスチフナーが仕口部に取り付く場合や，B）の場合のブレースがブラケット形式で取り付く場合には，端部回転剛性は剛に近いものとみなせる。他方で，ガセットプレートを介して応力を伝達するガセットプレート形式では，図中に示しているようなサイドスチフナー，リブ，ダイヤフラムなどによる補強状況やそれらの寸法によって，端部回転剛性が変化する。しかし，これらを厳密に考慮することは実務設計法としては現実的ではなく，ガセットプレート形式のブレースについては，軸力はガセットプレートが負担し，曲げモーメントはサイドスチフナが負担するものとみなすこと

で簡便化するとよい。サイドスチフナーを取り付けない場合，ガセットプレートの板厚はブレース軸方向力を伝達するのに必要な板厚と，面外曲げ抵抗を確保するのに必要な板厚の大きい方で決定する必要がある。

【参考文献】
1) 日本建築学会：鋼構造接合部設計指針，2011年
2) 日本建築学会：鋼構造制振設計指針，2014年
3) 建築研究開発コンソーシアム：ブレース付きボックスコラム鉄骨建築構造の研究，2015年度報告書

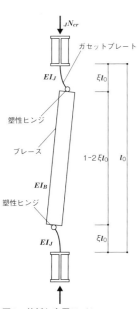

図1 首折れ座屈モード

表1 ブレース端部の固定度による有効座屈長さ

固定度	ピン	半剛	剛
有効座屈長 l_k	l_0	$0.8l_0$	$0.65l_0$

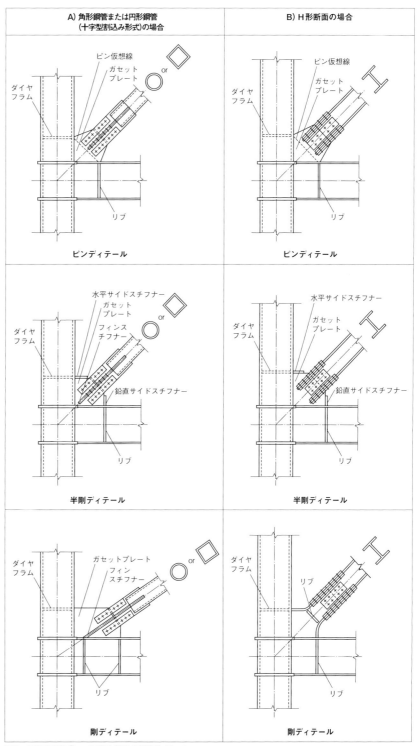

図2 引張圧縮ブレース接合部の標準ディテール

III-10 上下階の柱サイズが異なる場合, 上下の柱が○と□の場合の仕口部の設計

はじめに

柱サイズの変更は, 柱梁接合部が通しダイアフラムの場合は仕口にて, 外ダイアフラム・内ダイアフラム(仕口部, 柱貫通タイプ)の場合は柱継手部で行うのが一般的である(図1)。

柱サイズを変化させる場合として, 以下のケースが考えられる。
①柱径は一定とし, 板厚を変化させる場合
②柱径を変化させる場合
③平面プランの用途の変化に伴い外形を変化(○柱→□柱)する場合

具体的事例について

❖柱径は一定とし, 板厚を変化させる場合

①柱継手部にて柱サイズを変更する場合

『突合せ継手の食い違い仕口のずれの検査・補強マニュアル』(以下, 食い違いマニュアル)より, 冷間成形角形鋼管を用い柱継手位置の上下で柱径を同じとし, 板厚の変更を行う場合は, 1サイズの変更においても角部R形状の違いにより「食い違いマニュアル」に準じ, 応力の伝達が円滑にされるよう補強が必要となる。

②仕口部にて柱サイズの変更を行う場合

成形角形鋼管柱の一般部と仕口部の板厚が異なる場合や, 成形角形鋼管柱と4面ボックス仕口部の組合せの場合, 成形角形鋼管柱の平板部にずれが生じていなくても, 角部では板厚差や角部形状の違いによりずれが生じている。告示で規定されているものではないが, 設計段階でその安全性を検討しておく必要がある(図2)。

「食い違いマニュアル」では, 冷間成形角形鋼管を用いた場合, 板厚による角部R形状の差異により, 食違い寸法 e(図3)は下式より求められるが, 3サイズまでは応力の伝達に支障がないこととしている。

角部曲率半径(R)=2.5tの場合
 e=1.04×(板厚差)

角部曲率半径(R)=3.5tの場合
 e=1.45×(板厚差)

仕口を4面ボックスとした場合については, ロール成形角形鋼管(BCR)と通しダイアフラムを介して取り合う場合は通常の余盛りにより十分耐力が確保されることから, 特別な配慮は必要ないとしている。

プレス成形角形鋼管(BCP)とダイアフラムを介して, 取り合う場合に, 4面ボックス仕口パネル板厚が2サイズアップ以上の場合は, 特別な補強を行う必要はないとしている。

仕口部において, 仕口成形鋼管と3サイズ以上の板厚差とした場合や, 仕口を4面ボックスとしパネル板厚が1サイズアップ以下とした場合においては, 通しダイアフラムの板厚を含めた仕口を構成する板材のバランスを考慮する必要がある。

図4に示すように, 角部による偏心曲げをダイアフラムの曲げ耐力にて処理できているなどの確認をする。

❖柱径を変化させる場合

テーパー形状または通しダイアフラムにより, 変化させる方法が考えられる(図5)。

テーパー管には, プレス曲げ加工したものと4面ボックスのものがある。プレス加工したテーパー管は, 冷間成形角形鋼管と同様に, 外側曲げ半径が板厚の10倍以下の曲げ加工となり平成12建設省告示2464号に抵触するため, 大臣認定を取得した製品を使用する必要がある。一方, 4面ボックスのテーパー管については, 使用部位が地震時におけるエネルギー吸収において重要な役割を担うことから, 角溶接については特に十分な品質管理が必要である。

通しダイアフラムにて断面の変化を行う際は, 応力伝達および剛性確保の観点からダイアフラム板厚の検討が重要となる。

冷間成形角形鋼管設計施工マニュアルでは, 図5(b)に示すように厚板を間に挟み, サイズ変更を行うことは可能であるが, なるべく厚さを変更することにとどめるべき

としている。

❖ 外形を変化させる（○柱から□柱）場合

○柱から□柱に変化させる場合に，解決法は設計者によりさまざまな方法が考えられるが，事例の一つとして，仕口部において上下階の応力伝達と剛性の確保を行えるように，リブプレートの配置およびダイアフラムの板厚により伝達する方法が考えられる（図6）。

また，トラス構造の接合部などで複数の部材が集合するような複雑なジョイント部に鋳鋼を用いている場合があるが，大臣認定を取得した鋳鋼製の異形柱の接合部の製品を採用する方法も考えられる（図7）。

まとめ

上下階で柱サイズの異なる場合における仕口の設計について留意する点を挙げたが，細部（溶接部）における応力の伝達，および柱・梁の接合部として十分な耐力と剛性の確保がどのようにされているかの判断を心がけ，仕口の設計を行うことが肝要である。

【参考文献】
1）独立行政法人建築研究所監修：2018年版冷間成形角形鋼管設計・施工マニュアル，全国官報販売協同組合
2）独立行政法人建築研究所監修：突合せ継手の食い違い仕口のずれの検査・補強マニュアル，鋼構造出版

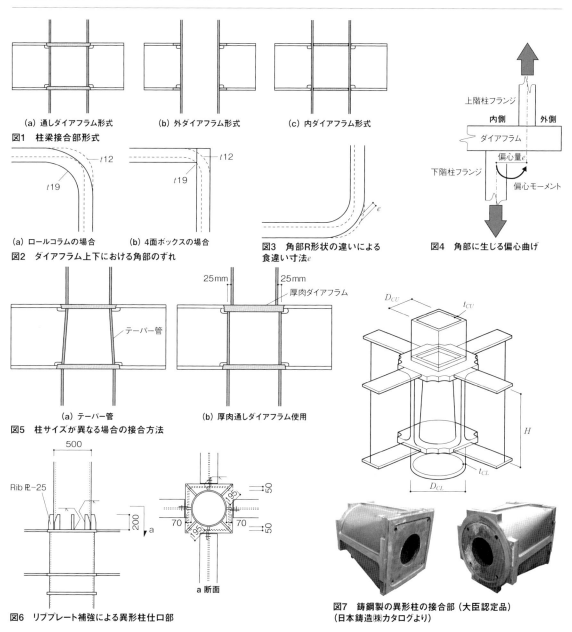

図1　柱梁接合部形式
(a) 通しダイアフラム形式
(b) 外ダイアフラム形式
(c) 内ダイアフラム形式

図2　ダイアフラム上下における角部のずれ
(a) ロールコラムの場合
(b) 4面ボックスの場合

図3　角部R形状の違いによる食違い寸法 e

図4　角部に生じる偏心曲げ

図5　柱サイズが異なる場合の接合方法
(a) テーパー管
(b) 厚肉通しダイアフラム使用

図6　リブプレート補強による異形柱仕口部

図7　鋳鋼製の異形柱の接合部（大臣認定品）（日本鋳造㈱カタログより）

III. 柱梁接合部の設計

III-11 丸柱と角柱の切り替え

柱断面の切り替え方法

　柱中央部の断面が変化する特殊な鉄骨造建築物でない限り，柱断面は柱梁接合部で切り替えることが一般的である。その柱梁接合部は，柱と梁の応力伝達がなされる重要な部位であり，地震時には特に大きな力が作用する。そのディテールおよび溶接部が適切でない場合，地震時に要求される変形性能が十分に発揮されずに倒壊に至るおそれがある。

　鉄骨造建築物に多く使用されている角形鋼管柱，円形鋼管柱の柱梁接合部には，通しダイアフラム，内ダイアフラム，外ダイアフラム，ノンダイアフラム形式などがよく用いられている。

　角形鋼管の上下の柱外径が異なる場合，柱断面を変更するために冷間プレス成形角形鋼管（テーパーコラム）を使用する事例はよくあるが，通常は柱断面を円形鋼管から角形鋼管に切り替える納まりを避けるように計画するため，そのような上下柱の断面形状が異なる柱梁接合部の納まりをあまり見かけない。数少ない，柱梁接合部にて角形鋼管柱から円形鋼管柱に切り替える方法として，以下の3形式が挙げられる。

①厚肉通しダイアフラムを使用する（図1）
②角丸テーパー管を使用する（図2）
③極厚の鋼管を使用する（図3）

丸柱と角柱の切り替え事例

　本稿では，病院の事例を紹介する。総合病院では，明快な病院骨格と個々に成長することを許容する全体システムの構築が求められる。その一つとして，改修の自由度（フレキシビリティ）が高い平面計画を実現するための鉄骨造によるロングスパン化がある。病床数の多い病院は高層階が病棟で構成されているため，病室に合わせた柱割が低層階の空間に影響するが，低層階で平面グリッドを45°振ることで，病棟階の柱割りを利用したレイアウトが実現可能となる。1スパンおきに，陸立ちとなる高層階の柱は梁せいの大きな格子梁で支持している。

　切り替え階レベルの柱梁接合部では，直交方向からだけでなく45°方向からも梁が取り合うため，下階柱は円形鋼管を採用している。さらに，上下階でスパン割が変化するため，上階の角形鋼管柱□-500から下階の円形鋼管柱φ700に切り替える。

❖厚肉通しダイアフラムを使用する方法

　上階と下階の柱の偏心などにより発生するパネルの面外付加曲げモーメント解消するため，切り替え部の柱梁仕口部の上側に100mmの厚肉通しダイアフラム（TMCP325C）を用い，偏心応力に抵抗する。なお，剛性確保の点から上下柱の断面の差が大きくない箇所に採用する（図4）。

❖角丸テーパー管を使用する方法

　柱梁仕口部に断面形状の異なる角柱と，丸柱を連続的に変化するようにプレス曲げ成形したBCP用角丸テーパー管□-500～φ700（BCP325）を用い，上階の柱フランジに作用する応力を直接下階の柱フランジに伝達する。梁せいが異なる柱梁仕口部の場合は応力の流れを円滑にするために，小さい梁に鉛直ハンチを設け，接合部の複雑化を避ける。プレス曲げ加工したテーパー管は，外側曲げ半径が板厚の10倍以下の曲げ加工となり，平12建告2464号の加工の規定に抵触するため，現状ではテーパー管の曲げ加工は大臣認定を取得したものを用いることが一般的である。例えば，柱断面の変化に合わせて絞った角丸ジョイント（日本鋳造）と呼ばれる鋳鋼品などがある（図5）。

❖極厚の鋼管を使用する方法

　柱梁仕口部に上階の角形鋼管□-500×22を抱絡する極厚の溶接構造用遠心力鋳鋼管φ710×140（SCW490）を用い，上階の柱フランジに作用する応力を直接下階の柱フランジに伝達する。大きな遠心力によって鋳造される遠心力鋳鋼管は，板厚に関係なく組織が緻密で強靭である。鋼材量は増えるが，最も単純な納まりである（図6）。

まとめ

丸柱から角柱に切り替わる接合部ディテールを示したが，厚肉鋼板，大臣認定品，鋳鋼品などの需要の少ない鋼材を用いるため，適用範囲，材質およびに納期に留意する必要がある。

この事例は単なる一例に過ぎず，構造設計者には応力伝達が明快でファブリケータが製作容易で品質管理しやすいシンプルかつ経済的なディテールの提案が望まれる。

【参考資料】
1) 日本建築学会：冷間成形角形鋼管設計・施工マニュアル（改訂版），2008年

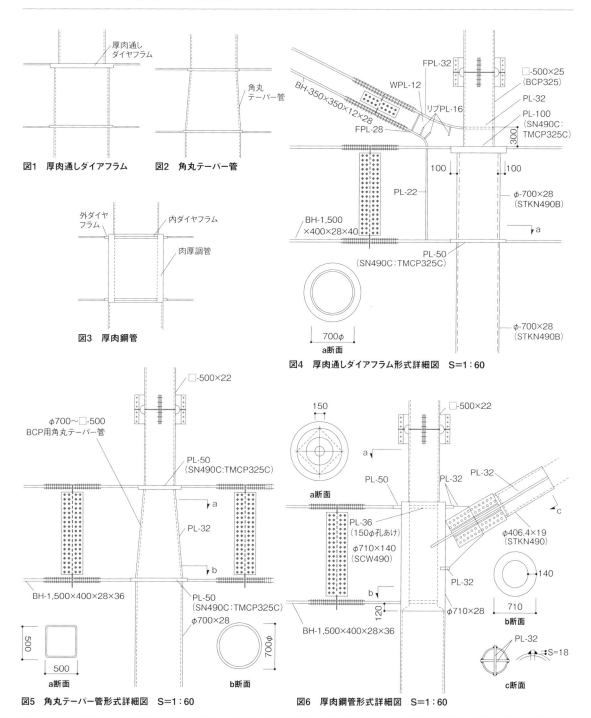

図1 厚肉通しダイアフラム　　図2 角丸テーパー管

図3 厚肉鋼管

図4 厚肉通しダイアフラム形式詳細図　S＝1：60

図5 角丸テーパー管形式詳細図　S＝1：60

図6 厚肉鋼管形式詳細図　S＝1：60

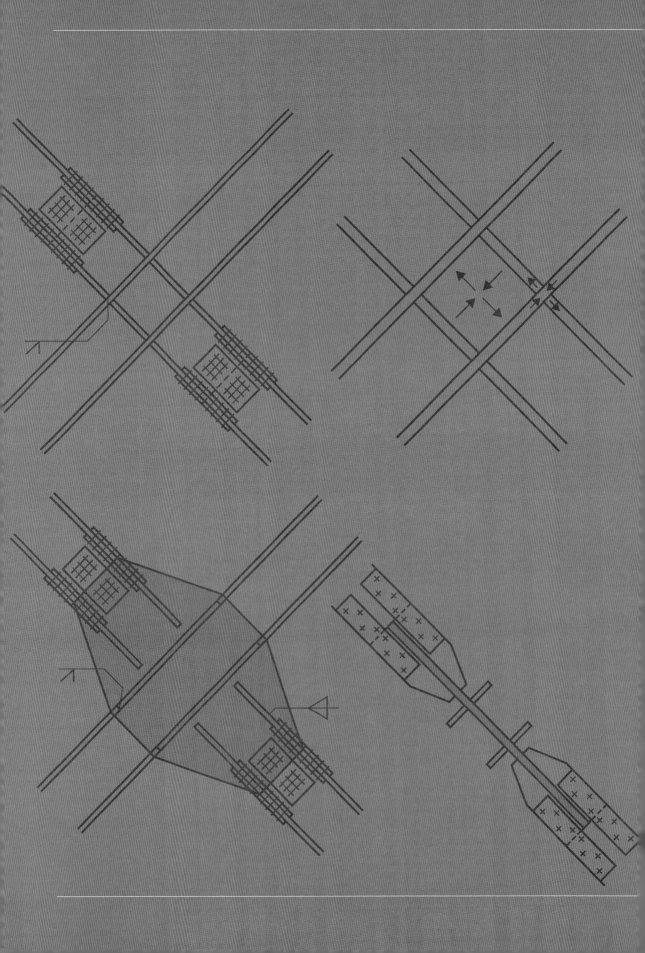

IV ブレースの設計

　耐震設計の考え方は，柔構造のラーメン架構と，剛構造のブレース架構に大別できる。純ラーメン構造とブレース構造の設計の考え方，架構の構造性能は，大きく異なる。ブレースに生じる応力は一般的に高軸力となり，特に圧縮応力時の座屈現象に対する配慮，および引張応力時の接合部の設計が重要なポイントであろう。

　また，一般的に剛床として扱われる屋根・床面の設計では，実際に配置された水平ブレースの設計において，剛床仮定を満足させるための考え方と，実施に生じる応力に対する部材や接合部の設計の考え方を正しく捉えられるかがポイントとなる。

IV. ブレースの設計

耐震ブレースの設計

鉄骨の構造物においては，耐震要素としてブレースを採用する場合が多い。ブレースは，柱梁で囲まれた構面内に設置されるが，そのバリエーションは対角線上に1本設ける場合，K型とする場合，偏心K型とする場合などさまざまである。

本稿では，軸組面，水平面問わず用いられる対頂ブレース（X型配置ブレース）の交点と，柱梁接合部に平面的に偏心して取り合う接合部の設計における留意点について述べる。

対頂ブレースの交点の設計

軽微なもので，アングル材あるいはカットT材を用いたブレース架構でブレース同士が交差する場合（**図1**）は，背中合わせとして交点にガセットプレートと同厚の綴り板を挟み込み，綴りボルトで留める。刃を同じ側とする必要がある場合は，交点に対頂板を設け，一方のブレースを通し他方のブレースは対頂板を介して力を伝達するディテールとするのが，一般的である。

❖ H形鋼ブレース交点の対頂板の設計

ブレースの負担する力が大きい場合，ブレース断面をH形鋼とする場合がある。その場合の交点のバリエーションを図2～4に示す。各々についての留意点を述べる。

ブレース直付け形式（**図2**）は，一方のブレースを通し，他方はブラケットとするタイプである。フランジ，ウェブともに2軸応力状態となるため，ブレース断面の決定の際には，交差部での応力に配慮する必要がある。

ブレース直付け＋補強リブ形式（**図3**）は，ブレース直付け形式のフランジ交差部外側に三角形の補強リブプレートを設けたタイプである。補強リブプレートによりウェブ面内の応力は分散され，2軸応力状態は緩和されるが，フランジの交差部では2軸応力状態となり，断面決定の際には注意が必要である。

通しガセット形式（**図4**）は，対頂板を1枚板とし，一方のブレースのフランジを2枚に割り対頂板に溶接，他方のブレースのフランジも2枚に割り溶接するが，一方のフランジには直接接合しないタイプである。対頂板を厚くすることで，ウェブの2軸応力状態は緩和され，フランジも交差しないので2軸応力状態とはならない。対頂板上で留めるフランジが負担する力を対頂板へスムーズに伝達させるために，必要な溶接長を確保したうえでフランジ幅を対頂板中央へ向かって小さくする（**図4（1-a，1-b）**）。対頂板は，ブレースウェブが負担する応力，ブレースフランジが負担する応力をすべて負担し，かつ，その2軸応力状態となっても破断しない断面とする必要がある。

図4（2-a）は，対頂板上で留めるフランジの溶接長が不十分な場合を示している。この場合，フランジを止めた先に応力が集中することでリューダース（弾性限界を超え鋼材表面に亀裂が生じる現象）が生じ（**図4（2-b）**），繰返し荷重を受けることで，対頂板が破断するおそれがあるため注意する。

偏心して取付く水平ブレースの設計

屋上の設備架台，あるいは折半屋根など，鉄骨架構で床スラブを打設しない平面には，水平ブレースを設けることが一般的である（**図5**）。その場合，支持する重量が比較的軽く，断面の小さな部材で骨組が構成されることが多いこと，また，耐火パネルなど屋根面と直接取り合う仕上材があるため水平ブレースが柱梁の芯をねらえない場合，止水性能確保のため外装材を貫通できない場合などがある。そのときは，ガセットプレート裏側の補強プレート終始端にスチフナーを設けて，偏心曲げに抵抗できるディテールとする。ガセットプレートのレベルは梁中央とし，鉛直方向の偏心曲げが生じないようにすることが望ましい。

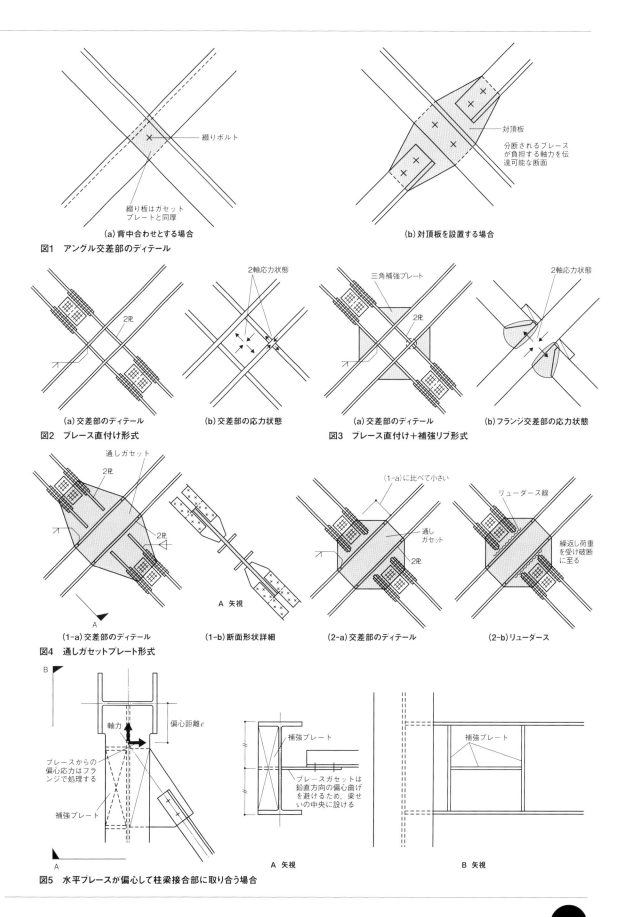

IV. ブレースの設計

IV 2 K型ブレースの設計

　鉄骨架構を合理的に設計するために，耐震要素としてブレースが採用されている。ブレースは，一般的に他のフレームより剛性が高いため，地震力などの応力が集中する重要な部位であり，設計法やディテールが建物の安全性に大きく影響を及ぼす。ブレースは，X型ブレースやK型（V型）ブレースなどがあるが，本稿ではK型ブレースの設計上の留意点について述べる。

圧縮力を負担するブレース

　丸鋼やアングル材などをたすき掛け状に配置したXブレースは，圧縮側の部材は無視して，引張側の部材のみ考慮した設計が一般的に行われているが，K型ブレースでは，圧縮側の部材も考慮した設計が必要となる。許容応力度計算のみを行うルート1および2の場合は，座屈耐力を適切に考慮して設計を行えば問題ない。ただし，保有水平耐力計算を行うルート3の場合は，注意が必要である。ブレースの座屈後の挙動は細長比の影響を受け，細長比が非常に小さいケースを除き，座屈後の耐力低下を適切に考慮する必要がある。圧縮側ブレースの挙動は，圧縮力を受け座屈耐力に達した後，急激に耐力が低下し，その後はある一定の値（座屈耐力の1/3程度）に近づいていく（図1）。この一定の値を，「座屈後安定耐力」と呼んでいる。座屈後安定耐力の算定式については，『鋼構造限界状態設計指針・同解説』（1998年）に提案されている。

　一般的な計算ソフトにおける保有水平耐力計算の増分解析では，降伏後は耐力を一定に保つように計算されており，急激に耐力に低下する部材を考慮して計算されていない。よって，圧縮ブレースが座屈耐力に達する場合は，座屈耐力後も増分解析を続け，保有水平耐力を算定することは適切ではない。圧縮ブレースを含む架構の保有水平耐力計算の方法として，下記の方法が考えられる。

①ブレースの圧縮側の軸力が座屈耐力に達した時点を保有水平耐力時として算出

②ブレースの圧縮側耐力を座屈後安定耐力として設定し，ブレースの圧縮降伏後も増分解析を続行し保有水平耐力を算出

　採用する方法は，ブレースの構面数など，架構の状況に応じて決定するのがよい。

　また，圧縮力が作用しても座屈しない座屈拘束ブレースを採用することも有効であると考えられる。圧縮耐力＝引張耐力となるうえに，圧縮降伏後の急激な耐力低下を考慮しなくてもよく，大変形時においても，ブレースを効率的に抵抗させることができる。

ブレース付帯梁について

　K型ブレースは，梁部材の中央部にブレースが接合されているため，梁部材を介してブレースに力を伝達している。通常，梁部材上部にコンクリートの床スラブが設けられており，剛床仮定により，梁には軸力が発生しないとして設計するのが一般的である。しかし，K型ブレースのように梁中央部にブレースが取り付く場合は，水平力は床スラブから梁を介してブレースへ伝達されるため，梁の断面設計においても軸力を考慮することが望ましい。

　ただし，梁に軸力を考慮する場合は，剛床を解除して応力解析することまでは必要なく，ブレースと梁材の力の釣り合いから算出される軸力を用いればよい。力の釣り合いから算出された軸力を通常の剛床仮定に基づく応力解析により求められた曲げ応力を組み合わせて断面算定することでよい（図2）。

接合部について

❖せん断パネルの設計

　ブレースと梁との接合部には，ブレースの圧縮，引張の両軸力成分により生じるせん断力に対して設計する必要がある。2本のブレースの鉛直成分の差を，伝達できることを確認することが必要となる。鋼構造設計規準のパネルゾーンの計算式基づいて検討し，梁部材のウェブプレートが安全であるか確認する必要がある。ウェブプ

レートが薄い場合は、ダブラープレートによる補強やBH材などを採用しウェブ厚を増厚する必要がある（**図3**）。

❖ 面外座屈に対する保剛

ブレースが期待どおりの軸力負担するためには、取り付く梁部材が健全である必要があり、特に横座屈に対する注意が必要である。通常、梁部材上端には床スラブが存在し、スタッドにて接合されているため、上フランジの面外変形は拘束されている。下フランジは、このような拘束効果がないため、横座屈しないようK型ブレースの交点に小梁や方杖による横補剛材を設け、面外方向の変形を拘束する必要がある（**図4**）。小梁で対応する場合は、下フランジを拘束できるよう適切な小梁せいを確保し、ガセットプレート形状、ボルト本数などについて検討する必要がある。

梁部材とブレースの交点を偏心させた場合、幅方向のガセットプレートのサイズは小さくなるが、鉛直方向のサイズは大きくなり、ガセットプレートが面外座屈をするおそれがある。このため、ガセットプレートの中心や両端にスチフナープレートを配置する必要がある。スチフナープレートの設置により、ガセットプレートの面外方向の剛性を高め、ブレース材の構面外座屈を抑制する配慮が望ましい（**図5**）。交点を偏心させていない場合でも、ガセットプレートサイズが大きくなる場合は、同様の配慮が必要である。

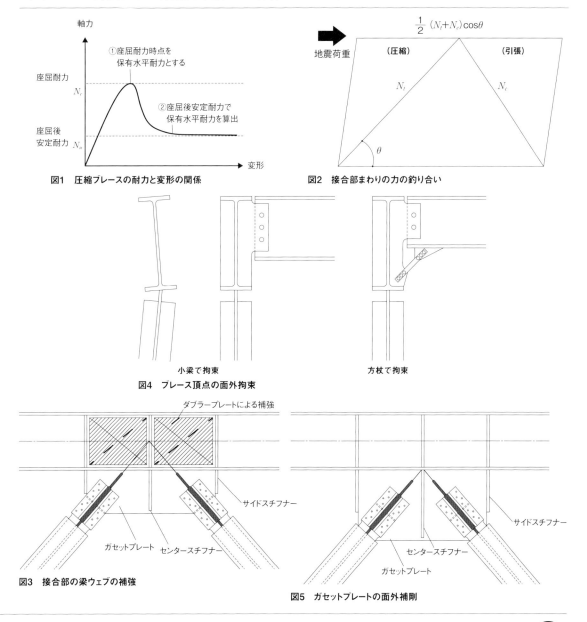

図1 圧縮ブレースの耐力と変形の関係

図2 接合部まわりの力の釣り合い

図3 接合部の梁ウェブの補強

図4 ブレース頂点の面外拘束

図5 ガセットプレートの面外補剛

IV. ブレースの設計

IV.3 屋根面の水平ブレースの設計

屋根面の水平ブレースの役割

鉄骨造で折板などの金属系屋根やALC屋根の場合、建物に作用する強風や地震による水平力を各フレームの耐震要素に伝えるため、屋根面に水平ブレースを設置する。

水平ブレースには、丸鋼やアングル材が用いられることが多く、これらは圧縮力に抵抗できないため引張材として設計する。屋根面に作用する水平力が大きく、引張材として設計できない場合、H形鋼や角形鋼管、円形鋼管などを用いて、座屈耐力の範囲内で圧縮力にも抵抗できる圧縮ブレースとして設計する場合もある。

水平ブレースのガセットプレート接合の留意点

丸鋼やアングル材などの水平ブレースは、ガセットプレート（以下、GPL）を梁などの主材に取り付けて、高力ボルトで接合することが多い。このGPL接合の留意点を以下に述べる。

❖ GPLを取り付ける向きと梁成断面内での位置

GPLは鉛直に取り付ける場合と水平に取り付ける場合がある（表1）が、水平に取り付ける方が加工と精度確保が容易であるために多用されている。

鉛直に取り付ける場合はブレースと梁の軸心レベルを近づけることができるが、GPLを斜めに取り付けるため溶接性が悪くなり、直交する小梁との位置関係によってはボルト締付けが難しくなる（図1）。

GPLを水平に梁の上下フランジに取り付ける場合、ブレースと梁の軸心レベルがずれるため、断面方向の偏心の影響を考慮する必要がある。その場合、梁に作用する応力は、GPLが取り合うフランジ断面のみで処理できるようにしておくことが望ましい。GPLを水平に梁ウェブの中間に取り付ける場合、ウェブに生じる面外曲げに注意する必要がある。補強が必要な場合は、縦リブを入れる方法がある（図2）。

❖ ブレースと小梁の平面納まりと偏心曲げ

ブレースGPLを大梁側に取り付ける場合、ブレースを偏心させないと、建方時に小梁の払い込みができない。この場合、大梁に偏心曲げモーメントが生じるため、通し部材のフランジの面内曲げの検討が必要である（図3(a)）。

ブレースGPLを小梁側に取り付けると、小梁GPLに面外方向の曲げモーメントが作用する。小梁GPLは、弱軸方向の曲げ耐力を確保できる厚みとする（図3(b)）。また、ブレースのGPLには面内偏心曲げが作用するので、納まり上十分な幅が取れない場合は曲げ耐力の検討が必要である。

屋根面での応力伝達

屋根面の架構は鉛直ブレースのある構面まで、地震力が伝達できる耐力と剛性をもたせなければならない。また、梁に作用する軸力に対する検証も必要である。

屋根面を剛床と仮定すれば、屋根水平ブレースに作用する力は略算により求めることができるが、鉛直ブレースが偏って配置され、鉛直ブレースを含む構面内の梁の軸剛性が十分でない場合には屋根水平ブレースの応力が均一にならず、鉛直ブレースに直接取り付く屋根水平ブレースに応力が集中することがある（図4）。そのような場合には剛床仮定を適用せずに、屋根水平ブレースおよび梁の軸変形を考慮した解析により応力と変形を算定する必要がある（参考文献2)、3)参照）。

ブレースはできるだけ45°前後（±10°程度）の角度で均等に割り付けることが望ましい。ブレース角度を不均一とする場合は、その影響の検討が必要である。

【参考文献】
1) 金箱温春：屋根まわりのディテール，建築技術2012年11月号，pp.134-136
2) ビルディングレター 2011年2月号，pp.46-49
3) ビルディングレター 2011年3月号，pp.32-36
4) 大阪府住宅まちづくり部建築指導室：大阪府内の構造計算適合性判定に係る「よくある質疑事項の解説」，pp.1.1-3

表1 GPLの向きと位置[1]

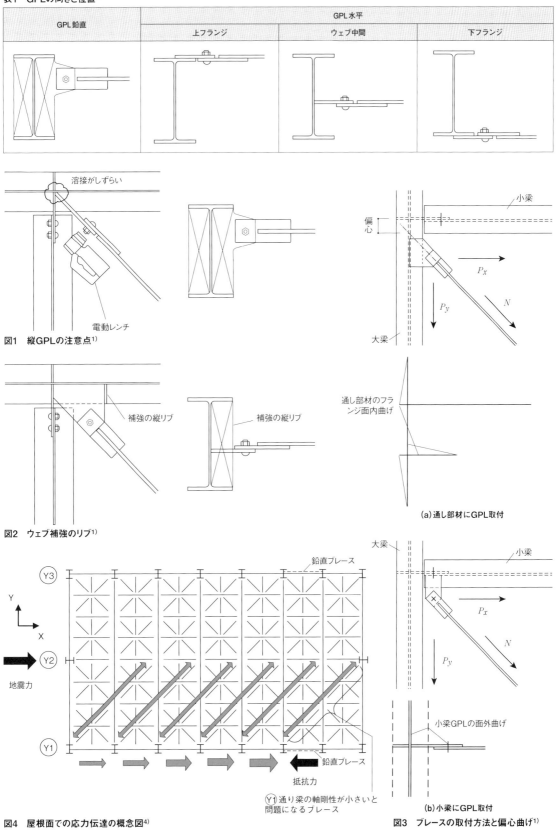

図1 縦GPLの注意点[1]

図2 ウェブ補強のリブ[1]

図4 屋根面での応力伝達の概念図[4]

図3 ブレースの取付方法と偏心曲げ[1]

IV-4 水平ブレースの設計と注意点

水平ブレースに用いられる部材

鉄骨造による低層建物の屋根や庇などの仕上材には、折板などの金属系素材やALC板などのパネル材が用いられることがある。このような場合、地震力や風荷重による水平力を本体の耐震フレームに伝達し、屋根としての水平剛性を確保するため、屋根面に水平ブレースを設置する。

水平ブレースに用いられる部材形状は、**表1**に示すとおり、ロッド、フラットバー、アングルやチャンネルなどの形鋼、円形や角形の鋼管、H形鋼などが考えられる。ロッドやアングルなどは、圧縮力への抵抗機能が小さいため、引張力のみに抵抗するブレースとして設計することが多い。屋根面に作用する水平力が大きく、引張材のみで設計できない場合は、鋼管やH形鋼を用いて、圧縮と引張の両方に抵抗するブレースとして設計する。

水平ブレースの設計上の注意点

水平ブレースに用いる部材は、作用する応力や変形性能、納まりなどの諸条件により、設計者が適切に選定することが重要である。

ロッド材のブレースは、端部接合部の羽子板プレートとの溶接長さやターンバックルが取り付くねじ部分の有効断面積の確認が必要である（**図1**）。実際には、規格化されたJIS認定製品のロッドブレースを使用することが望ましい。また、長さ調整についてはターンバックルがあるので、容易に行うことが可能である[1]。

フラットバーによるブレースは圧縮力に対する座屈耐力が非常に小さいため、引張ブレースとして用いる。引張耐力は、端部接合部のボルト孔欠損を考慮した有効断面積で部材耐力が決まるため、比較的応力が小さい箇所で用いる場合が多い[1]。

アングルやチャンネルなどの形鋼を単材でブレースに用いる場合は、接合部のガセットプレートに対して部材重心が偏心して取り付くため、有効断面積は母材断面積から突出部断面積とボルト孔による欠損断面積を減じた数値で断面を検討する（**図2**）。また、形鋼ブレースをX型で用いる場合は、交差する中央部分で挟み板を用いてボルトで止めておくと、座屈長さが短くなり、圧縮状態になっても座屈による変形を小さくする効果が期待できる（**図3**）[1]。

鋼管ブレースは、**図4**のように端部接合部は、応力をスムーズに伝達するため、鋼管を割り込み、プレートと溶接する納まりとなる場合が多いので、必要溶接長さの確認が必要である。端部プレートは、ボルト孔の断面欠損を減じた有効断面積が鋼管ブレース母材の断面積以上を確保するよう設定する。X型で用いる場合は交差部に十字プレートを挟み込んで溶接するため、応力伝達が確実に行える溶接方法を選定する。

H形鋼ブレースの部材設計は、引張力に対してはボルト孔による欠損断面積を考慮した有効断面による引張耐力、圧縮力に対しては座屈を考慮した圧縮耐力により検討する。

ブレース材共通の注意点として、1本の長さが長くなると自重による変形や、X型配置の圧縮側ブレースの座屈による変形が大きくなる。このような場合は、曲げ剛性が大きい鋼管やH形鋼ブレースにする、小梁の割付を変更して、1本の長さを短くするなど、適切な長さに設定するなどの配慮が重要である。

また、屋根面の水平ブレースに作用する応力は、鉛直ブレースなど本体建物の耐震要素の配置や周辺の梁部材の剛性により、応力集中が発生する水平ブレースが出てくる。特に鉛直ブレース構面に直接取り付く水平ブレースは局所的に応力が増大することがあるので、注意が必要である[2]。

水平ブレースの納まり上の注意点

ロッドやアングルなどの水平ブレースの接合部は、ガセットプレートを介して高力ボルトで接合するため、X型ブレースの場合は中央で干渉しないようにガセットプレート

の上下に水平ブレースを背中合わせにして使用する（図5）。

水平ブレースは梁材で構成された四角形の枠に，ガセットプレートを梁材に取り付けて高力ボルトで接合する方法が多い。ガセットプレートを梁材に取り付ける場合，製作や施工上の納まりの関係から，偏心して取り付けることになり，偏心曲げなどの局所的な2次応力が発生することになる。梁材やガセットプレートの設計では，このような局部応力を的確に把握し，部材検討に反映させることが重要である。参考文献3), 4)に注意点が掲載されているので，参照されたい。

【参考文献】
1) 東京都建築士事務所協会：建築構造設計指針2010
2) 日本建築センター：建築物の構造設計実務のポイント
3) 金箱温春：屋根まわりのディテール，建築技術2012年11月号
4) 辰已佳裕：屋根面の水平ブレースの設計，建築技術2015年11月号

表1　水平ブレースの部材形状

ロッド(丸鋼)	フラットバー(平鋼)	アングル(山形鋼)	チャンネル(溝形鋼)	円形鋼管	角形鋼管	H形鋼
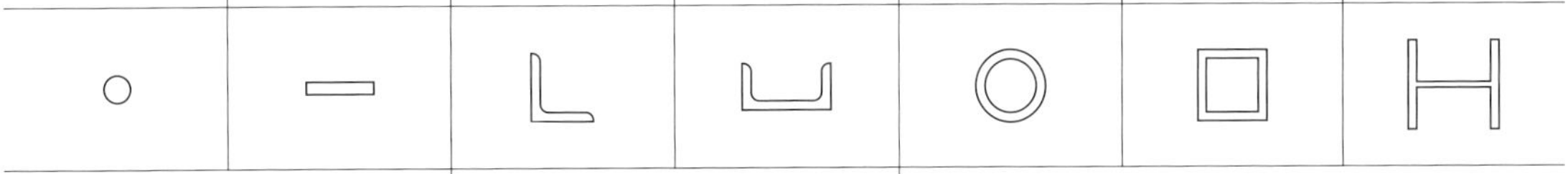 ○	—	L	⊔	○	□	H
引張材として使用	引張材として使用(長さが短い場合は圧縮材でも使用)			引張材，圧縮材として使用		

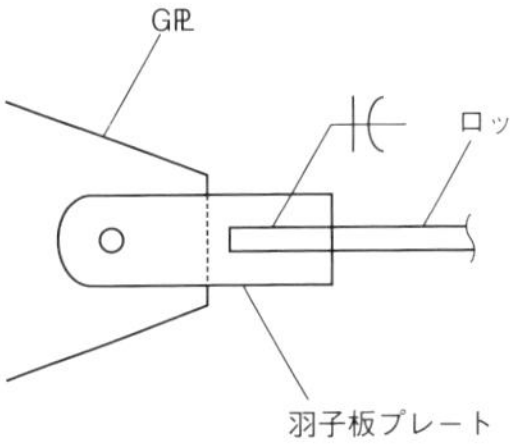

図1　ロッドブレース

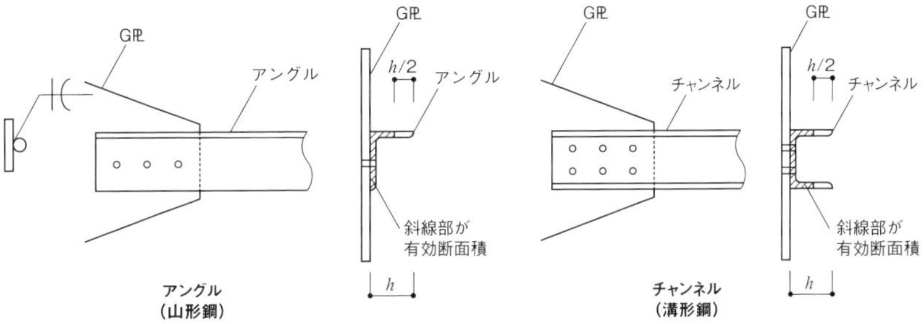

図2　形鋼ブレースの有効断面積の考え方

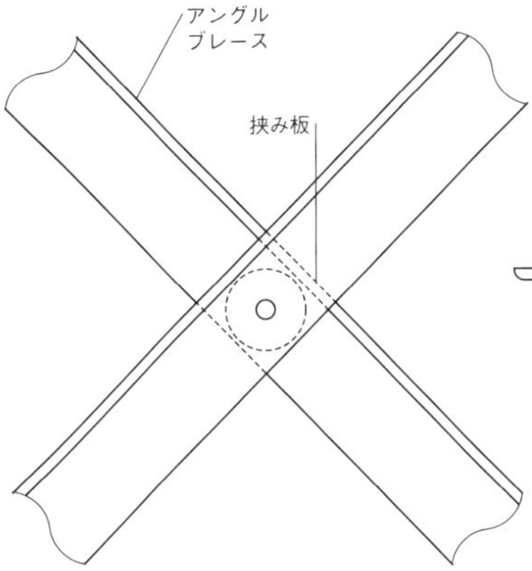

図3　形鋼ブレースのはさみ板

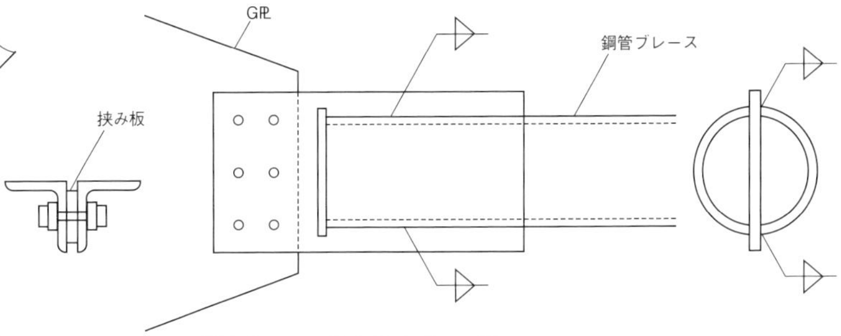

図4　鋼管ブレースの接合部ディテール例

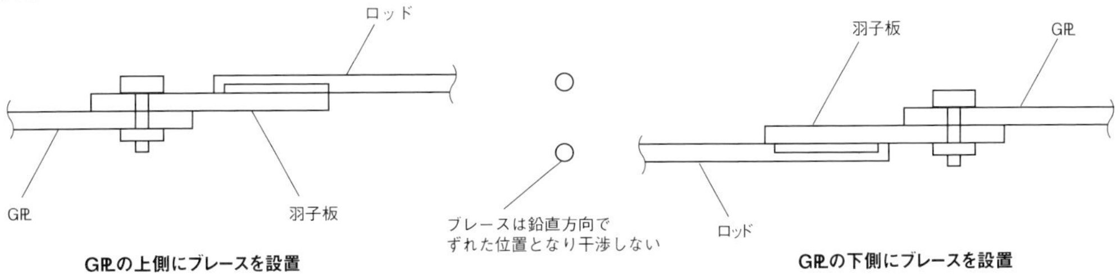

図5　X型水平ブレースの納まり例

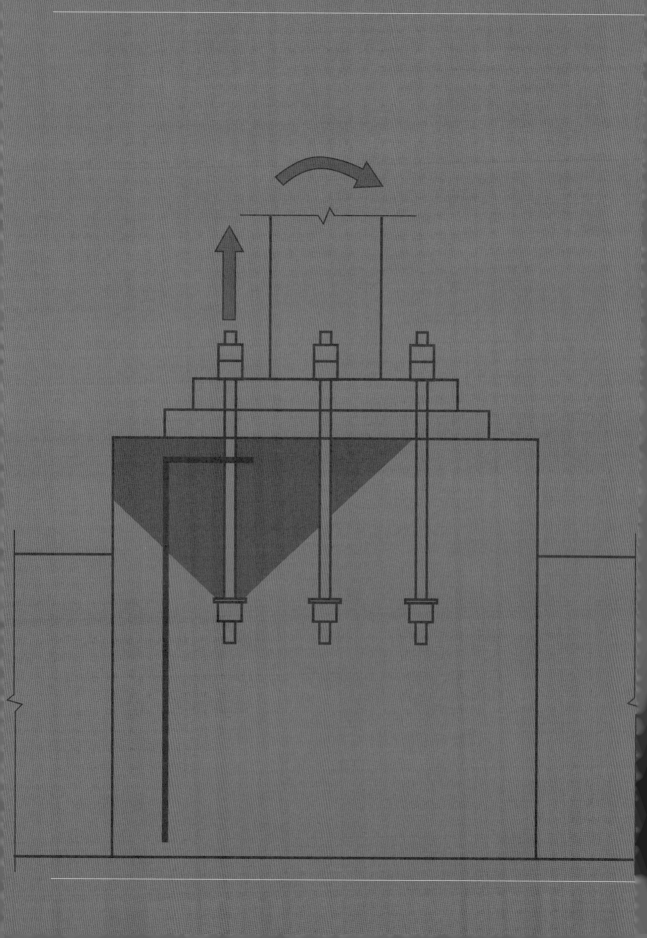

柱脚の設計

　鉄骨構造において，柱脚は基礎に応力を伝達させるうえで重要な要素である。柱脚の計算方法については，柱脚形式ごとにルート，考え方が示されているのが現状である。ただし，実際の施工を考えるとRC部分に埋め込まれたアンカーボルトの取合いは，建方時にその精度が問題となることが多い。

　この問題を解決するためには，アンカーボルトが実際に設置される方法に対する知見を深め，構造設計時に，RC基礎側と柱脚のベースプレート側の両面において，施工性や精度確保を意識した配慮や工夫を行うことに尽きるだろう。

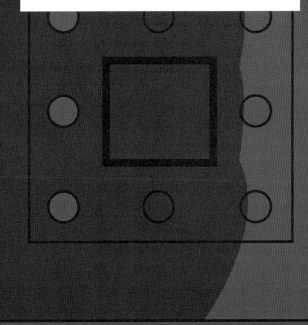

V. 柱脚の設計

柱脚の設計（露出，根巻き，埋込み）

鉄骨構造の柱脚には，露出柱脚，柱脚部を鉄筋コンクリートで補強する根巻き柱脚，および鉄骨柱を基礎梁に埋め込む埋込み柱脚がある。1995年の阪神・淡路大震災では露出柱脚の被害が多く報告され，それを契機として現在の設計法が整備された。

鉄骨造の3種類の柱脚形式について，平成12建設省告示1456号で構造仕様規定が定められている（図1）。ここに示されている規定は小規模な建物を対象としており，許容応力度計算を行えば適用除外とすることができる。ただし露出柱脚のアンカーボルトの戻り止め，基礎に対する定着長さについては省略できない。また根巻き柱脚の帯筋に対する規定は，保有水平耐力計算を行った場合に限り適用除外できる。

露出柱脚

露出柱脚はピン柱脚と弾性固定（半剛接）柱脚があるが，ピン柱脚といっても実際は完全なピンではない。アンカーボルトやベースプレートなどの柱脚部納まりを考慮して半剛接として設計する必要がある。

露出柱脚を用いた建物は，図2に示す設計フローに従って設計する。柱脚部の安全性確保のためアンカーボルトの伸び能力の有無によって設計上の扱いが異なるが，脆性破壊を生じさせないよう伸び能力のあるアンカーボルトを使用するのが望ましい。アンカーボルトの定着長さは$20d_b$以上とし，埋込み部の先端には定着金物を設ける。アンカーボルトの定着板の寸法も，アンカーボルトの軸部が定着板に先行して降伏するよう適切に設計しなければならない。

実験によらない場合，露出柱脚の回転剛性は，実験から導き出されたアンカーボルトの伸び変形量などを考慮した次式で算定する。

$$K_{BS} = \frac{E \cdot n_t \cdot A_b (d_t + d_c)^2}{2l_b}$$

ここで，E：アンカーボルトのヤング係数，n_t：引張側アンカーボルトの本数，d_t：柱断面図心より引張側アンカーボルト断面群の図心までの距離，d_c：柱断面図心より圧縮側の柱フランジ外縁までの距離，l_b：アンカーボルトの長さ（$l_b \geq 40d_b$の場合，$l_b = 40d_b$）である。

ベースプレートの面外曲げ剛性を確保するために，リブプレートを設ける場合がある。この場合，コンクリートの圧縮応力度またはアンカーボルトの引張力によって，生じるせん断力に対して検討する。

また露出柱脚には，ベースプレート，アンカーボルト，アンカーフレームを含む柱脚の構成部品をシステム化した大臣認定工法が柱脚メーカー各社から出ており，それぞれの工法で回転剛性や耐力がカタログ化されている。

根巻き柱脚

根巻き柱脚では，軸力は柱脚部のベースプレートを介して基礎に伝達されるように設計し，曲げモーメントとせん断力は根巻き鉄筋コンクリート部分で伝達されるように設計する（図3）。ただし，全塑性曲げ耐力の算定では鋼柱脚部の負担耐力を加算できる。

根巻き鉄筋コンクリートの高さは鉄骨柱せいの2.5倍以上，かつ$r_l/r_d \geq 1.0$とする。ここでr_lはベースプレート下面から根巻き鉄筋コンクリートの最上部帯筋までの距離，r_dは圧縮縁から引張主筋重心までの距離である。

根巻きコンクリート部は，少なくとも一般の鉄筋コンクリート柱と同程度のせん断補強筋を配置する。根巻き最上部には鉄骨柱からのせん断力が集中力として掛かるため，その力に対し集中して帯筋を配置する必要があるので注意を要する。

ベースプレートの寸法が鉄骨柱より大きくなるので，鉄骨建方時に鉄筋コンクリート柱主筋とベースプレートが干渉しないよう，ベープレートのかぶり厚さは125mm以上確保する必要がある。また，根巻きコンクリート部のせん断耐力は鉄骨柱部を除いた有効幅にて算出する（図4）。設計せん断力については，

$$Q_r = \frac{l}{r^l} Q$$ としたせん断力にて設計する。

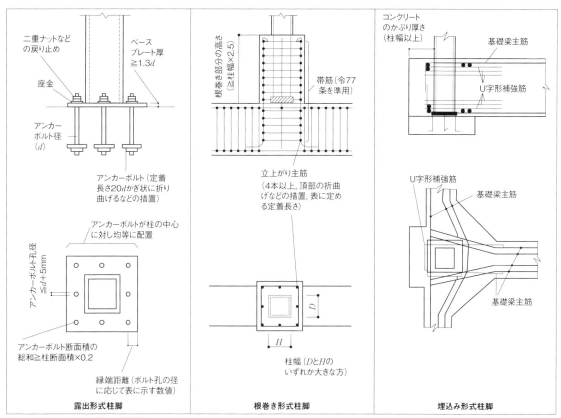

図1 鉄骨造における柱脚の構造形式

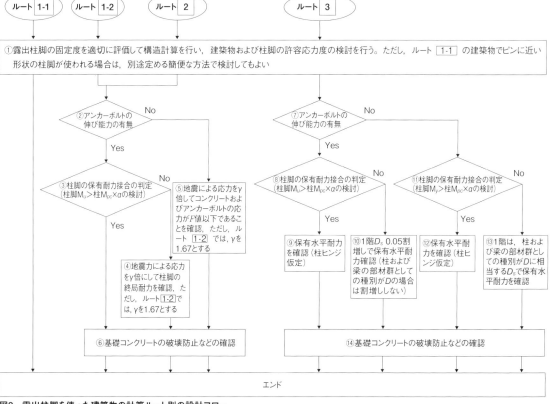

図2 露出柱脚を使った建築物の計算ルート別の設計フロー

V. 柱脚の設計

降伏ヒンジが柱脚に生じる場合，構造特性係数D_sは鉄筋コンクリート柱のD_sを採用する。

埋込み柱脚

埋込み柱脚は他の柱脚形式に比べて固定度が高く耐力の確保が容易であるが，埋込み長さ分の鉄骨が増え，鉄骨柱をかわすように基礎梁主筋を斜めに曲げたり基礎梁幅を広げたりする必要がある。力の伝達はコンクリート内鉄骨の上部と下部の支圧による。したがって，外周柱はかぶり厚の確保に注意し，場合によってはU字型補強筋を配して補強する。

【参考文献】
1) 国土交通省住宅局建築指導課ほか監修：2015年版 建築物の構造関係技術基準解説書
2) 日本建築学会：鋼構造接合部設計指針，2012年

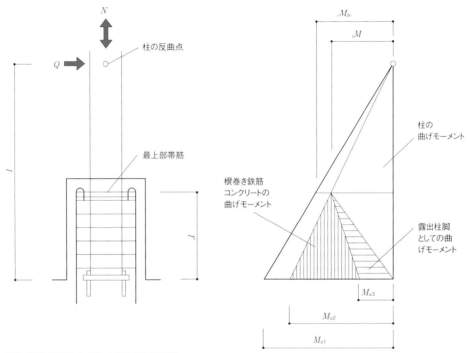

図3 根巻き鉄筋コンクリート部分の応力状態

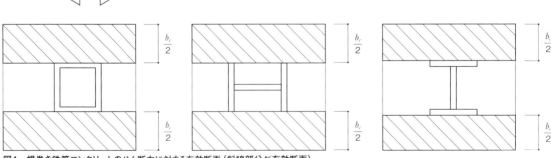

図4 根巻き鉄筋コンクリートのせん断力に対する有効断面（斜線部分が有効断面）

2 アンカーボルト（転造ねじと切削ねじ）

アンカーボルトは，主要構造部に使用する建築材料の一つであるが，法第37条における指定建築材料に規定されていない。建築基準法上は，JIS規格のアンカーボルトもJIS規格材のSS材の棒鋼にねじを加工したアンカーボルト（図1）も，法的な扱いに差はないものとなっている。

伸び能力のあるアンカーボルト

2015年版『建築物の構造関係技術基準解説書』付図1.2-25露出型柱脚を使った建築物の計算ルート別設計フローの②には，アンカーボルトの伸び能力の有無の確認が記されている。ここで伸びのあるアンカーボルトは，軸部の全断面が十分塑性変形するまでねじ部が破断しないような性能であり，これを満たすものとして，日本鋼構造協会規格としてJSS Ⅱ 13-2004（建築構造用転造ねじアンカーボルト，ABR400，ABR490），JSS Ⅱ 14-2004（建築構造用切削ねじアンカーボルト，ABM400，ABM490）などが記されている。また，このJSS規格を基に，2010年にはアンカーボルトのJIS規格，「JIS B1220構造用転造両ねじアンカーボルトセット」と「JIS B1221構造用切削両ねじアンカーボルトセット」が公示されさらに，2015年12月21日には，「JIS B 1220構造用両ねじアンカーボルトセット」に統合改正されている。これは，伸び能力のあるアンカーボルトとして使用できるものである。この規格化以前の鋼棒の両端にねじを切削加工したアンカーボルトは，伸び能力のあるアンカーボルトとは考えにくいが，同解説書には「これらの規格品以外であっても，通常の切削ねじ（並目）の場合は素材の降伏比が0.7程度以下，切削ねじであっても細目ねじでは素材の降伏比が0.75程度以下，転造ねじの場合は，素材の降伏比が0.75程度以下であることが確認できる場合は，伸び能力のあるアンカーボルトと言える旨が記されている。また，ねじ部の有効断面積が軸部と同等以上であれば，素材の降伏比によらず伸び能力のある

SS400 切削ねじ
（並目ねじ）

ABR 転造ねじ
（並目ねじ）

ABM 切削ねじ
（細目ねじ）

図1　構造用アンカーボルトのねじ形状の違い

V. 柱脚の設計

アンカーボルトと言える。」と記されている。

転造ねじと切削ねじ

JIS規格のアンカーボルトには、転造ねじと切削ねじがあり、加工方法が異なる（**図2**）。転造ねじは、強い力を加えて素材を変形させる塑性加工でねじ山を形成するもので、メタルフロー・メタルファイバー（繊維状金属組織）が切断されない、また、塑性変形によって被加工面が塑性硬化するので、ねじ部と軸部の強度差も小さく、軸部降伏後の耐力上昇も可能で、結果として靱性に富んだ性能を確保している。

一方、切削ねじは、ねじ山を軸から削り出すことで形成

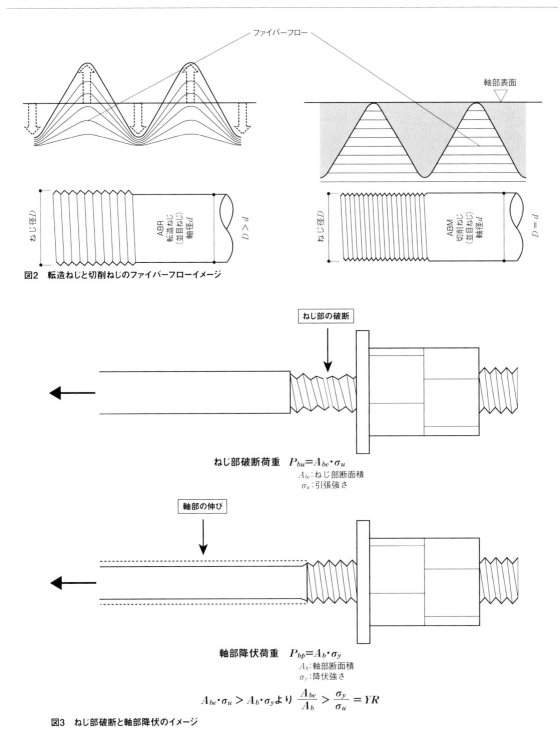

図2　転造ねじと切削ねじのファイバーフローイメージ

ねじ部破断荷重　$P_{bu}=A_{be} \cdot \sigma_u$
A_{be}：ねじ部断面積
σ_u：引張強さ

軸部降伏荷重　$P_{bp}=A_b \cdot \sigma_y$
A_b：軸部断面積
σ_y：降伏強さ

$$A_{be} \cdot \sigma_u > A_b \cdot \sigma_y \text{より} \frac{A_{be}}{A_b} > \frac{\sigma_y}{\sigma_u} = YR$$

図3　ねじ部破断と軸部降伏のイメージ

するため，転造ねじに比べて断面欠損が大きくなるため細目ねじを採用することで，ねじ部有効断面積の軸部断面積に対する比率を並目ねじよりも大きくし，伸び性能を確保している。この加工方法が異なることで，同じ呼び径でもねじ部有効断面積と軸部断面積は異なるので，設計を行う際には注意が必要である。要するにABMは呼び径と軸部径は一致しているが，ABRは呼び径より軸部径が小さくなっているので，容易にABMからABRへ切り替えることはできない（表1，2）。

図4はM36のアンカーボルトを用いて，ABR490とABM490における引張試験結果を比較したものである。ABRでは，軸部断面積はねじ部有効断面積と近似しており，ねじ部と軸部がほぼ同時に降伏し，軸部が十分塑性変形するまで各部の破断が起きないため，ボルト全体の伸び性能は素材の性能に近い約20%の伸びを発揮している。ABMでは，初めに断面積の小さいねじ部が降伏し，ねじ部の歪硬化により応力上昇して軸部降伏耐力に達した後に軸部が塑性変形する様子がわかり，ねじ部の破断までに約9%の伸び性能を発揮している（図3）。

なお，JIS規格においては，アンカーボルト破断までの一様伸び3%以上となることを保証しており，これら詳細については，建築用アンカーボルトメーカー協議会のホームページおよびパンフレットを参照されたい。

寸法データ (M36)		
ABR490	ねじ部有効断面積（転造）	817mm²
	軸部有効断面積	864mm²
ABM490	ねじ部有効断面積（切削）	865mm²
	軸部有効断面積	1,020mm²

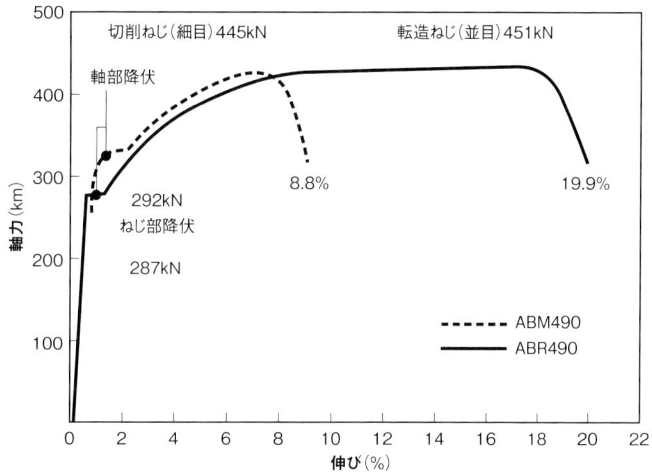

M○○：ねじの呼び径

図4　転造ねじと切削ねじアンカーボルトの比較（出典：JIS規格アンカーボルトのパンフレットー設計資料編ー）

表1　ABR（ABR400：M16〜M48，ABR490：M16〜M49）

ねじの呼び	基準軸径 (mm)	軸断面積 (mm²)	ねじ部有効断面積 (mm²)
M16	14.54	166	157
M20	18.20	260	245
M22	20.20	320	303
M24	21.85	375	353
M27	24.85	485	459
M30	27.51	594	561
M33	30.51	731	694
M36	33.17	864	817
M39	36.17	1,030	976
M42	38.83	1,180	1,120
M45	41.83	1,370	1,310
M48	44.48	1,550	1,470

表2　ABM（ABM400：M24〜M48，ABM490：M24〜M100）

ねじの呼び	軸断面積 (mm²)	ねじ部有効断面積 (mm²)
M24	452	384
M27	573	496
M30	707	621
M33	855	761
M36	1,020	865
M39	1,190	1,030
M42	1,390	1,210
M45	1,590	1,340
M48	1,810	1,540
M52	2,120	1,820
M56	2,460	2,140
M60	2,830	2,480
M64	3,220	2,850
M68	3,630	3,240
M72	4,070	3,460
M76	4,540	3,890
M80	5,030	4,340
M85	5,670	4,950
M90	6,360	5,590
M95	7,090	6,270
M100	7,850	6,990

V. 柱脚の設計

V-3 柱脚の設計と施工上の注意点、ブレースが取り付く柱脚部の設計

柱脚の設計と施工上の注意点

鉄骨構造の柱脚は、露出形式・根巻き形式・埋込み形式の三つに分類される（95頁図1参照）。柱脚は基礎・基礎梁への接合部であると同時に、鉄骨造からRC造への切替え部でもあるので、納まりも複雑である。以下に、各々の特徴や注意点を示す。

❖露出柱脚

曲げモーメントを負担しないピン接合と、固定度を期待した半剛接合がある。ピン接合と仮定しても、実際は曲げモーメントを負担するので、柱脚としては半剛接合としての検討が必要となる。

回転剛性は下式で示され、ベースプレートを剛体と仮定し、アンカーボルトの伸び変形量より算出した理論値を、実験結果に基づき修正し定められている。

$$K_{BS} = \frac{E \cdot n_t \cdot A_b (d_t + d_c)^2}{2L_b} \quad (\text{N·mm/rad})$$

E：アンカーボルトのヤング係数（N/mm²）、n_t：引張側アンカーボルトの本数、A_b：1本のアンカーボルトの軸断面積（mm²）、d_t：柱断面図心より引張アンカーボルト断面群の図心までの距離（mm）、d_c：柱断面図心より圧縮側の柱フランジ外縁までの距離（mm）、L_b：アンカーボルトの長さ（mm）

ベースプレートが薄く、曲げ剛性が小さい場合や、充填モルタルの充填性不良、アンカーボルトの緩みが生じると、目標とした回転剛性が得られなくなる。

アンカーボルトが短すぎる場合は極端に回転剛性が大きくなるので、定着長確保の観点からも径の20倍以上の長さが目安とされている。

剛体と仮定することによりベースプレートは厚くなるので、溶接についても配慮が必要となり、鉄骨製作工場の大臣認定グレードにより適切な予熱が必要となる場合がある。

露出柱脚では、既製品として構成部位の形状を決定・システム化した大臣認定工法が多く用いられる。回転剛性が得やすく、溶接時の入熱にも配慮されたベースプレート形状となっているだけでなく、適用条件として柱型の配筋詳細なども規定されている。

鉄骨柱とRC造の取合いがなく、施工性はよいが、構成部位が多く、荷重の伝達経路が多岐にわたり、塑性化を許容する部位により、設計方法・その対処方法・部位の仕様が異なり多様である。地震時の被害も他の形式と比較して多くなっており、各部位の適切な設計・施工管理が必要である。特にアンカーボルトの被害が多いので、十分に配慮する必要がある。

アンカーボルトは、伸び能力を確保することが原則となっており、降伏比や各部断面積などの必要な性能がJIS化されているので、施工に際しては規格の照合が必要となる。

また、アンカーボルトを適切な位置にセットするには、基礎梁筋・杭頭鉄筋だけでなく、施工上必要なアンカーフレームも含め、干渉しないよう見極める必要がある。他にもベースプレート下部の充填モルタルは周囲に拘束がない（図1）と、早期に亀裂が入り、アンカーボルトの破壊を誘発するので、充填モルタルの周囲を拘束することや、ベースプレートがスラブ下に設置された場合、アンカーボルトが伸びることによってベースプレートが浮き上がり床スラブを壊すことがあるので、配慮が必要である。

❖根巻き柱脚

鉄骨柱をRC柱で根巻きし、鉄骨の曲げモーメントとせん断力を伝達できるよう補強した形式である。鉄骨柱脚部（基礎梁天端）にベースプレートを設け、軸力を伝達する。スタッドを配置し、引張を負担させる場合もある。鉄骨を基礎梁に埋め込まないので、施工性は比較的よいが、RC柱は一般的に大きくなる。

剛性は、鉄骨柱を基礎天端で固定とし評価する。根巻き部分の曲げ降伏を先行することが一般的で、その際のDs値はRC造としての評価となる。

根巻き高さは鉄骨柱の2.5倍以上とし、せん断耐力は鉄骨柱幅を無視したRC断面として算出する。

降伏曲げ耐力については，根巻き頂部で鉄骨柱が降伏した際の脚部の曲げと根巻きRC柱の曲げ耐力との小さい方とし，露出柱脚の曲げ耐力は安全側に無視することが推奨されている（96頁図3参照）。

複数の終局せん断耐力式が提案されているが，研究段階にあり，安全側の評価として下記とするのが一般的である。

$Q_y = b_e \cdot {}_n j \, (F_{csy} + 0.5 F_{wy} \cdot P_w)$

b_e：コンクリートの有効幅，${}_n j$：コンクリート部分の応力中心間距離，F_{csy}：コンクリートの降伏せん断強度で短期許容せん断応力度を用いる，F_{wy}：せん断補強筋（帯筋）の降伏強さ，P_w：帯筋比

曲げ耐力が大きな柱では，根巻き高さを確保し生じるせん断力を抑制することで，RC柱を小さくすることも可能であるが，ベースプレート部分のかぶり厚さ・柱主筋とのあき寸法にも配慮する必要がある。

また，実際のせん断力分布は根巻き頂部が大きくなるので，上部を密に配筋することが重要である。

❖ **埋込み柱脚**

鉄骨柱を基礎梁に埋め込む形式で，剛性・耐力の確保が容易であるが，鉄骨柱と基礎梁筋が干渉しないよう梁端部で梁幅を増す必要があり，施工性はよいといえない。剛性は埋め込まれた鉄骨およびコンクリートにひずみが生じることも考慮し，基礎天端で固定ではなく，天端より$1.5 D_c$下がった位置を固定として評価する。

荷重伝達機構は，曲げモーメントとせん断力を鉄骨柱とコンクリートの支圧で，軸力をベースプレート部分の支圧で評価する。

鉄骨柱の終局曲げ耐力を上まわるように埋込み部分を設計することが原則であり，下式によりコンクリートの支圧応力度が設計基準強度以下であることを確認する（図2）。鉄骨が中空断面の場合は，局部座屈による応力集中（図3）を考慮し，設計基準強度を2/3に低減する。

$$\bar{\sigma} = \frac{Q_{bc}}{D \cdot d}\left\{\left(\frac{2L}{d}+1\right) + \sqrt{\left(\frac{2L}{d}+1\right)^2 + 1}\right\}$$

$\bar{\sigma}$：基礎コンクリートの支圧応力度（N/mm²），Q_{bc}：柱のせん断力（$=M_{pc}/L$），M_{pc}：軸力を考慮した柱の終局曲げ耐力（N・mm），L：全体骨組の崩壊機構での基礎コンクリート上端から柱の反曲点までの高さ（mm），D：鉄骨柱径（mm），d：柱の埋込み深さ（mm）

側柱では，前面コンクリートのかぶり厚さが小さく，パンチングシャー破壊が生じる可能性があり，柱まわりの補強が必要となる場合がある。

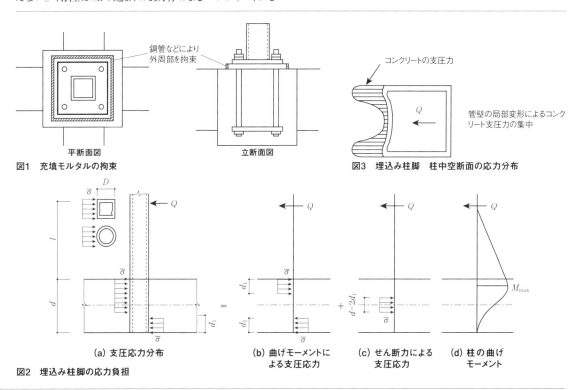

図1　充填モルタルの拘束

図3　埋込み柱脚　柱中空断面の応力分布

図2　埋込み柱脚の応力負担

V. 柱脚の設計

ブレースが取り付く柱脚部の設計

ブレースが取り付く柱脚では，露出形式が一般的である。構成部位が多く，荷重の伝達経路が多岐にわたる露出形式に，さらにブレースが取り付くのでより複雑となり，各所に局部的な応力集中がないよう取付け方に配慮することが重要となる。RC造への応力伝達となるアンカーボルトには，過酷なせん断力に加えて引張力が作用するので，特に配慮が必要となる。また，RC柱型の側面破壊については，これまで見落とされがちであったので，体育館の置屋根でも被害が多かったことより，十分に配慮すべき点となっている。

❖ ブレースの取付き方への配慮

ブレースが取り付くことにより，柱脚にせん断力と引張力が作用するだけでなく，偏心（図4：e_V）して取り付くことによる偏心曲げモーメント，平面的ずれ（図4：e_H）による柱へのねじりモーメントが生じる場合がある。また，アンカーボルトの必要数が増えることにより，柱芯とアンカーボルト群の芯がずれ（図5），偏心曲げモーメントが生じることにも，注意が必要である。

安易に偏心を許容すると，一部のアンカーボルトに過度な応力が作用し，被害が生じる可能性が高くなるので，可能な限り偏心は避けたい。

❖ ブレースから伝達される応力

ブレースから伝達される地震時応力は，存在応力でなく，伝達可能と想定される最大軸力を設計応力とする。想定される設計用応力の例を，以下に示す。

1) 引張ブレースや座屈拘束ブレースの場合

ブレース降伏後の変形を期待するため，降伏後の応力上昇や強度のばらつきを考慮した接合部係数aを乗じた接合部設計用ブレース軸力を用いる。

$${}_jN_a = a \cdot N_y$$

${}_jN_a$：設計用軸力，N_y：降伏軸力

2) 圧縮・引張ブレースの場合

ブレース設計軸力≦曲げ座屈耐力＜引張降伏耐力より，設計用ブレース軸力は引張降伏耐力でよい。

❖ 引張とせん断への対処

1) 引張力を受ける場合の最大せん断耐力

露出形式における最大せん断耐力Q_uは，ブレースの有無にかかわらず，ベースプレート下面の摩擦抵抗力Q_{fu}とアンカーボルトのせん断耐力Q_{bu}の大きい方として評価され，アンカーボルトのせん断耐力はアンカーボルトに生じる引張力との組合せで決定される。以下に，軸力に応じたせん断耐力を示す。

$$Q_u = \max(Q_{fu}, Q_{bu})$$

① $N_u \geq N > N_u - T_u$：全アンカーボルト未降伏

$Q_{fu} = 0.5 N_u$　摩擦係数は0.5

$$Q_{bu} = n_c \cdot q_{bu} + n_t \cdot q_{bu} = \sqrt{1 - \left(\frac{P^*_{bu}}{P_{bu}}\right)^2}$$

n_c：圧縮側アンカーボルト数，n_t：引張側アンカーボルト数，q_{bu}：アンカーボルトのせん断耐力，P_{bu}：アンカーボルトの引張耐力，$(P^*_{bu}/P_{bu})^2 + (q^*_{bu}/q_{bu})^2 = 1$，（*存在応力），$N$：軸力，$N_u$：基礎コンクリートの最大圧縮耐力，$N_u = B \cdot D \cdot F_b$，$B, D$：ベースプレートの幅・長さ，$F_b$：基礎コンクリートの支圧強度，$F_b = 0.85 F_c$，$T_u$：引張側アンカーボルトの最大引張耐力

② $N_u - T_u \geq N > -T_u$

$Q_{fu} = 0.5(N + T_u)$

$Q_{bu} = n_c \cdot q_{bu}$

③ $-T_u \geq N > -2T_u$：引張側アンカーボルト全降伏後

$Q_{fu} = 0$

$$Q_{bu} = n_c \cdot q_{bu} \sqrt{1 - \left(\frac{P^*_{bu}}{P_{bu}}\right)^2}$$

ブレースが取り付くことにより引張力が大きくなり，せん断耐力が著しく小さくなる場合があるので，シアプレートを設け，せん断耐力を確保することが望ましい。

2) RC柱型部の配筋

アンカーボルトの引抜破壊を防止するため，コンクリートのコーン状破壊耐力に加え柱型主筋を有効とする方法として，主筋頂部の定着（図6）とせん断補強筋を十分に配筋することが提案されている。

$${}_cT_u = T_a + 0.7 T_r$$

${}_cT_u$：コーン状破壊によるアンカーボルト引抜耐力，T_a：コーン状破壊耐力，T_r：柱型主筋の引張降伏耐力

柱型主筋による補強は，コーン状破壊面に効果的な位置に配筋する必要がある。柱型の大きさを基礎と同形とすると，アンカーボルト位置が柱型主筋と遠く，コーン状破壊に効果がなく，引抜耐力が十分得られない場合があるので注意する。既製品柱脚においても，同様で大きすぎる柱型は適応条件を満足しないことに，注意が必要である。

【参考文献】
1) 国土交通省住宅局建築指導課ほか監修：2015年版　建築物の構造関係技術基準解説書
2) 日本建築学会：鋼構造接合部指針, 2012年
3) 秋山宏：鉄骨柱脚の耐震設計, 技報堂出版, 1985年
4) 建築技術2012年11月号

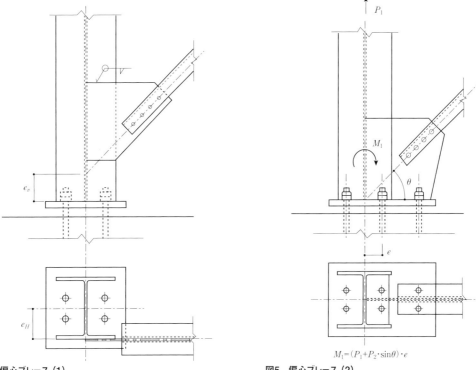

図4　偏心ブレース（1）　　　　　図5　偏心ブレース（2）

$M_1 = (P_1 + P_2 \cdot \sin\theta) \cdot e$

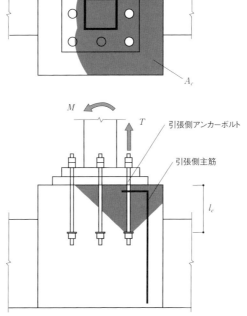

アンカーボルトの引張力による支圧力とコーン状破壊面
図6　柱型主筋によるコーン状破壊防止

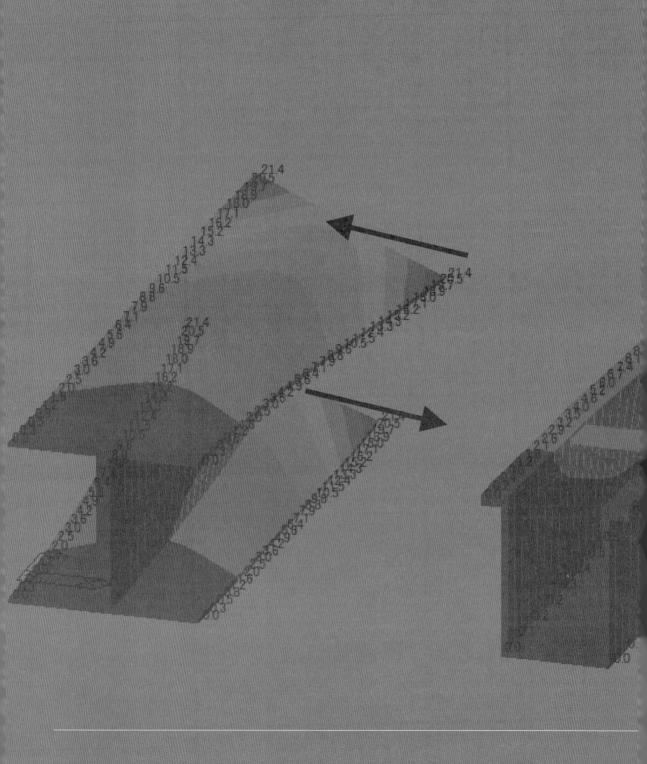

VI 各種部材の設計

近年，H型鋼やボックス断面，鋼管以外の断面形状として，フラットバーを利用した建築事例も多数みられる。ただし，フラットバーが曲げを受ける場合の設計方法について，具体的に記載したものは，指針などを含めて少ないのが現状ではないだろうか。

鉄とコンクリートのハイブリッドであるCFT柱は，超高層建築を支える重要な構造要素であろう。品質確保の観点から，施工性に十分に配慮した設計が求められる。また，合成梁も鉄骨梁とコンクリートスラブによるハイブリッドであるが，その構造性能を発揮させるためには，施工上の工夫や配慮が重要となる。

VI. 各種部材の設計

VI-1 曲げを受ける板材の設計と注意点

構造骨組を設計する際には、柱、梁に既製のボックス断面やH形断面によって構成することが一般的である。しかし、加工技術の進化やクライアントニーズに伴い、既製のボックス断面やH形断面と異なる溶接により組み立てた特殊な形鋼、フラットバーのような板材、曲げ加工などにより製作した鉄板を構造体に取り入れる場合がある。鋼構造設計規準などの規定は主にボックス断面、円形断面、H形断面を対象に策定されており、適用には留意が必要である。圧縮力による軸座屈については、強軸・弱軸方向の細長比を用いた設計となるため、規準で包絡できていると考えられるが、各種座屈を許容応力度の設計などに適用することができない。しかし、それらの材も横座屈や局部座屈を考慮し、安全に設計することが重要である。本稿では、過去に経験した案件で適用した検討手法を紹介する。ただし、塑性領域の座屈挙動を追跡するためには実験などにより、安全性を確認することが好ましく、弾性設計を行う部材に限定する。

単板材（フラットバー）の設計

❖強軸曲げモーメントに対する設計

単板材はカーテンウォールの方立や無目で使用されることが多く、横座屈の影響を考慮せずに材料強度を使用した設計例もみられる。単板材は局部座屈＝圧縮による軸座屈あるいは横座屈となるため、ここでは横座屈を対象とし、指針と座屈解析結果を比較した。

【2015年版 建築物の構造関係技術基準解説書】

$$f_b = \text{MAX}\left(F \cdot \left(\frac{2}{3} - \frac{4}{15} \cdot \frac{\left(\frac{l_b}{i}\right)^2}{C \cdot \Lambda^2}\right), \frac{89{,}000}{\left(\frac{l_b \cdot h}{A_f}\right)}\right) \text{かつ} F/1.5 \text{以下}$$

※ A_f および i では単板材の1/6の領域の断面性能を採用

【鋼構造設計規準 日本建築学会2005】

$$f_b = \begin{cases} F/v & (\lambda_b \leq {}_p\lambda_b) \\ \left(1 - 0.4 \cdot \frac{\lambda_b - {}_p\lambda_b}{{}_e\lambda_b - {}_p\lambda_b}\right) \cdot F/v & ({}_p\lambda_b < \lambda_b \leq {}_e\lambda_b) \\ \frac{1}{\lambda_b^2} \cdot \frac{F}{2.17} & ({}_e\lambda_b < \lambda_b) \end{cases}$$

【鋼構造設計規準 日本建築学会2005】

弾性横座屈モーメント（補剛区間内で曲げ最大）

$$M_e = C\sqrt{\frac{\pi^4 \cdot EI_y \cdot EI_w}{l_b^4} + \frac{\pi^2 \cdot EI_y \cdot GJ}{l_b^2}}$$

検討では一般的な単板材FB-16×200、FB-40×200に加え、H-200×200×8×12（いずれも400N/mm²

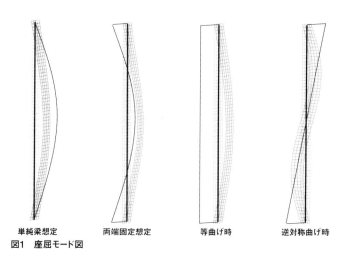

単純梁想定　両端固定想定　等曲げ時　逆対称曲げ時
図1　座屈モード図

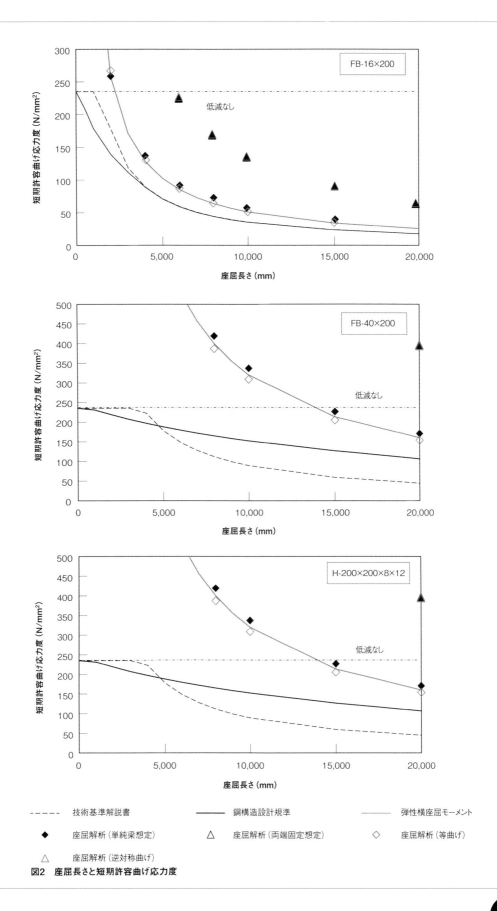

図2 座屈長さと短期許容曲げ応力度

級)についても許容曲げ応力度および横座屈耐力を計算した。座屈解析ではモーメント形状による違いをみるために単純梁・両端固定を想定した形状,等曲げ,逆対称曲げの4通りを計算した。計算結果は図2のように弾性横座屈モーメントと単純梁想定,等曲げ時の座屈解析結果はよい対応関係を示し,両端固定想定や逆対象曲げに対しては非常に安全側の評価となる。許容曲げ応力度の設定としては,鋼構造設計規準の方が弾性横座屈耐力に対して約1.45倍の安全率とよい相関性があるといえるが,現実的な座屈長さ範囲で技術基準解説書でも安全な評価となっていることを確認できる。ただし,細長い単板材において,材料強度で設計した場合には横座屈のおそれがあり,留意が必要である。

❖弱軸曲げモーメントに対する設計

単板材の弱軸方向(=板厚面外方向)の曲げに対しては座屈のおそれがないことから,低減は不要である。また,単板材は全塑性モーメント(降伏モーメントの1.5倍)近くに達するまでほぼ線形的に挙動するため長期許容応力度の設定は$F/1.3$まで許容されている。しかし,短期許容応力度に達したときには一部が塑性状態になるため鋼材の靱性・変形能力を十分に考慮し,適宜は1.3を1.5に置き換えることが望ましい。

溶接組立形鋼・曲げ加工形鋼の設計

溶接組立や曲げ加工による特殊な形状の形鋼は,構造設計上の問題以外に製作上の難度もクリアすべき課題であるが,採用により設計上の自由度が増すこともある。構造設計上は,やはり座屈に対していかに安全に設計されているかが鍵となる。

❖横座屈に対する検討

許容応力度設計では単板材の設計で確認した鋼構造設計規準による方法により,十分追跡することが可能である。しかし,大梁に使用した場合には保有耐力横補剛を別途確認しなければならない。図3では,保有耐力横補剛を満足するH形鋼と対象とする特殊形鋼(図4中央)について,横座屈耐力に関係する反り・ねじれに対する抵抗性能を比較し,H形鋼以上の性能であることを確認する方針とした。

❖局部座屈に対する検討

特殊形鋼に対する局部座屈規定は,限界状態設計指針や塑性指針に規定されている(表1)。しかし,曲げ加工による形鋼など周囲の拘束条件が曖昧なケースでは座屈解析を併用し,他の条件と相対的に比較することが好ましい。

ま と め

単板材,特殊な形鋼においては弾性設計領域においては,原理を理解したうえで鋼構造設計規準やその他の指針を活用し,ある程度は安全な設計をすることが可能である。しかし,特殊性のある場合には簡易予測が難しいことも明らかであり,初期不正を見込んだ座屈解析や実験を併用するなど,各設計者の判断が重要なものとなる。

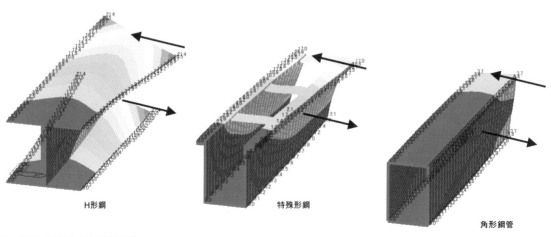

図3 反り・ねじれに対する剛性確認

表1 板要素の幅厚比

			技術基準解説書			限界状態設計指針				塑性指針
			FA	FB	FC	P-I-1	P-I-2	P-II	P-III	
柱	H形鋼	フランジ	$9.5\sqrt{235/F}$	$12\sqrt{235/F}$	$15.5\sqrt{235/F}$	SN400：0.49,1.5　SN490：0.57,1.4	SN400：0.60,1.9　SN490：0.73,1.7	SN400：0.71,2.3　SN490：0.88,2.1	$0.82\sqrt{E/\sigma_y}$	$b/t_f \leq 0.33\sqrt{E/\sigma_y}$ または $B/t_f \leq 1.0\sqrt{E/\sigma_y}$
		ウェブ	$43\sqrt{235/F}$	$45\sqrt{235/F}$	$48\sqrt{235/F}$				$3.5\sqrt{E/\sigma_y}$	曲げ負担する場合：$2.4\sqrt{E/\sigma_y}$ 軸力のみの場合：$1.5\sqrt{E/\sigma_y}$
	角形鋼管	熱間・溶接	$33\sqrt{235/F}$	$37\sqrt{235/F}$	$48\sqrt{235/F}$	$1.1\sqrt{E/\sigma_y}$	$1.3\sqrt{E/\sigma_y}$	$1.6\sqrt{E/\sigma_y}$	$1.8\sqrt{E/\sigma_y}$	$1.0\sqrt{E/\sigma_y}$
		冷間				24	28	36	36	
	円形鋼管		$50\sqrt{235/F}$	$70\sqrt{235/F}$	$100\sqrt{235/F}$	36	54	90	90	円形鋼管：$0.057E/\sigma_y$ 遠心鋳造・継目なし：$0.077E/\sigma$
梁	H形鋼	フランジ	$9\sqrt{235/F}$	$11\sqrt{235/F}$	$15.5\sqrt{235/F}$	SN400：0.49,3.2　SN490：0.57,2.6	SN400：0.60,3.8　SN490：0.73,3.2	SN400：0.71,4.6　SN490：0.88,3.9	$0.82\sqrt{E/\sigma_y}$	$b/t_f \leq 0.33\sqrt{E/\sigma_y}$ または $B/t_f \leq 1.0\sqrt{E/\sigma_y}$
		ウェブ	$60\sqrt{235/F}$	$65\sqrt{235/F}$	$71\sqrt{235/F}$				$6.0\sqrt{E/\sigma_y}$	$2.4\sqrt{E/\sigma_y}$
	角形鋼管	熱間・溶接	—	—	—	$1.4\sqrt{E/\sigma_y}$	$1.5\sqrt{E/\sigma_y}$	$2.0\sqrt{E/\sigma_y}$	$2.3\sqrt{E/\sigma_y}$	—
		冷間	—	—	—	30	35	43	43	—
	円形鋼管		—	—	—	38	56	92	92	—
筋かい	山形鋼		—	—	—	$0.375\sqrt{E/\sigma_y}$				—
	T形鋼	フランジ	—	—	—	$0.44\sqrt{E/\sigma_y}$				—
		ウェブ	—	—	—	$0.53\sqrt{E/\sigma_y}$				—
母屋胴縁	山形鋼		—	—	—	$0.44\sqrt{E/\sigma_y}$				—
	T形鋼	フランジ	—	—	—	$0.44\sqrt{E/\sigma_y}$				—
		ウェブ	—	—	—	$2.19\sqrt{E/\sigma_y}$				—

※限界状態設計指針のH形鋼2変数は右式のαとβに適用 $\dfrac{(b/t_f)^2}{(\alpha\sqrt{E/\sigma_y})^2}+\dfrac{(d/t_w)^2}{(\beta\sqrt{E/\sigma_y})^2}\leq 1$

塑性指針における規定はH形鋼フランジ＝突出する板材，角形鋼管＝周辺単純支持に適用

VI. 各種部材の設計

VI-2 CFT柱のディテール設計と施工上の注意点

はじめに

　CFT造は，鋼管の靱性は大きいが剛性が小さいのと，コンクリートの剛性は大きいがせん断耐力と靱性が小さいのを，充填コンクリートが鋼管の局部座屈を抑制し，同時に鋼管がコンクリートを拘束することによって，軸圧縮耐力および変形能力が増大する構造形式であり，年々採用件数が増加している。

設計において考慮する点

❖告示

　CFT造の技術的基準として，平成14年国土交通省告示第464号，改正平成19年国土交通省告示第610号が示されている。

　告示で水抜き孔について，「コンクリートの打継ぎをする部分は，柱とはりの仕口から30cm以上の間隔をあけた部分とし，該当打継ぎ部分に径10mm以上20mm以下の水抜き孔を設置すること」と示されている。

　ここでは打継ぎ部分の水抜きを考えているが，最下部のベースプレート部にも水抜き孔を設ける必要がある。溶接ビートなどで，横に水が抜けない場合は，底面から水を抜くなど（図1）の検討を行う。

　また，蒸気抜き孔について「一　径10mm以上20mm以下の蒸気抜き孔を柱頭及び柱脚の部分に，かつ，同じ高さに柱の中心に対して均等に二箇所設置すること。二　蒸気抜き孔を垂直方向の距離で5m以下の間隔で設置すること」と示されている。

　一については，柱脚の蒸気抜き孔がコンクリートに埋まる位置とならないようにする。

　二については，階高が高くなることが多い1階で追加を忘れないように注意する。

❖鋼管の厚さ

　鋼管の厚さについては，コンクリートの打込み時に変形・ひずみの問題がない厚さが必要になる。特に，圧入工法の場合には，板厚により，コンクリートの打込み高さが制限されることがあるので，検討が必要となる。

❖ダイアフラム

　柱に取合う梁のせいが違う場合や，スラブ段差を鉄骨梁で設ける場合には，ダイアフラムに段差ができる。段差が小さいと，ダイアフラム間のあき（図2）が小さくなるので，ダイアフラム間のコンクリートの充填が難しくなる。コンクリートの充填性を確保できるあきを設けられない場合は，アングルでスラブ段差をつくる，ハンチを設けるなどの納まりとする必要がある。

　通しダイアフラムの間隔が狭い場合には，鋼管柱の板厚によっては，超音波探傷試験に支障をきたすことがある（図3）。一般的には，L（探傷子移動可能距離）/t（板厚）<6の場合，通常使用される屈折角70°の探傷子では探傷不能範囲が発生する。この場合は，屈折角の小さい探傷子を使用して可能になることがあるが，あらかじめ内ダイアフラムやハンチを設けるなどを検討する。

❖屋上の納まり

　屋上の納まりは，落し込み充填工法の場合には打設孔を設ける必要があるが，圧入工法の場合でもダイアフラム下部に空気溜まりができないように，コンクリートをオーバーフローさせるため，打設孔と空気抜き孔を設ける。

　また，屋上に冠壁や設備架台を建てる場合，屋上までのCFT柱のコンクリート打込みに支障がない納まりとする。落し込み充填工法でホースが下りない，圧入工法で打上がり高さの測定ができないことがないよう，コンクリート打込み後に建てられる納まりにする。

❖圧入口

　圧入口は，鋼管のシーム部の位置と床面および梁下から1m以内の位置には設けないようにする。

❖ひずみ防止材

　鋼管の断面形状および寸法精度を確保するために，ひずみ防止材を取り付ける場合は，コンクリート充填の障害にならない形状にする。補強材は設計図になくても取り付けることがあるので，事前に指示をしておく必要がある。

❖ブレース取合い

ブレース端部と柱梁接合部の納まりはガセットプレートを鋼管内に延長すると，コンクリートの流動に影響を及ぼす可能性があるので，ダイアフラム形式のリブなどで応力伝達を図る形式とする（図4）。

施工時の注意点

❖偏心柱

柱の断面が上階で小さくなる柱で，偏心している場合は，ホースが下りる大きさで打設孔が通っていないと，落し込み充填工法は採用できない。

❖斜め柱

斜め柱は打込み用ホースが基本的に下りないので落し込み充填工法は採用できない。そのため，圧入工法でコンクリートを打ち込む。落し込み充填工法で計画していても，斜線制限などで最上部が斜め柱となる部分がある場合は圧入口を設ける必要がある（図5）ので注意する。

❖コンクリート

設計基準強度F_cに構造体強度補正値$_mS_n$とダイアフラム近傍での強度低下を考慮した補正値S_dとの和である補正値S_cを加えた強度以上のコンクリートを使用する。また，鋼管内に密実に充填できる流動性および材料分離抵抗性が必要であり，通常はスランプフロー管理のコンクリートを使用する。

CFT造の施工では，所定の強度でスランプフロー管理のコンクリートが工事場所に供給できることを事前に確認しておく必要がある。

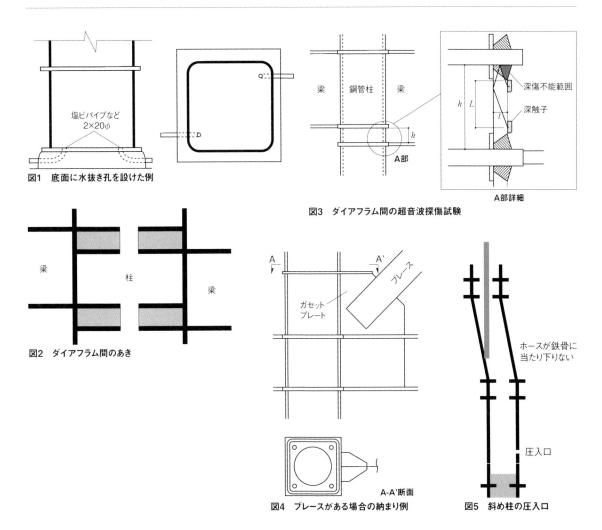

図1 底面に水抜き孔を設けた例

図2 ダイアフラム間のあき

図3 ダイアフラム間の超音波探傷試験

図4 ブレースがある場合の納まり例

図5 斜め柱の圧入口

VI. 各種部材の設計

VI-3 合成梁の設計と施工に関する注意点

合成梁の定義

　鉄骨造において，鉄筋コンクリートのスラブは鉄骨梁に支持される。スラブを鉄骨梁の上に載せかけるだけではなく，両者にズレが生じないよう頭突きスタッドなどシアコネクターを用いて一体化し，曲げに抵抗する構造にしたものが合成梁である（図1）。合成梁は，建築構造物のみならず橋梁などの土木構造物にも用いられている。

　ズレを生じさせないためのシアコネクターのせん断耐力に応じて，合成梁は「完全合成梁」と「不完全合成梁」に分類される。全塑性モーメントを発揮するのに必要なシアコネクターのせん断耐力を有する梁を完全合成梁といい，完全合成梁に必要なせん断耐力には満たないが完全合成梁に必要なせん断耐力の半分以上を有する梁を不完全合成梁という。

合成梁の特徴

　シアコネクターを介してスラブと鉄骨梁が一体となった合成梁は，T形梁などと同じように，鉄骨梁単体より大きな有効幅や有効厚さの断面性能とすることができる（図2）。

　合成梁に作用する曲げモーメントのうち，鉄筋コンクリートスラブ側が圧縮を受ける場合を正曲げモーメント，その逆を負曲げモーメントという。合成梁が正曲げモーメントを受ける場合，中立軸に関して圧縮側の鉄筋コンクリート断面を考慮し，ヤング係数比を用いて等価な鋼断面としたものを有効等価断面という。この場合は梁の横座屈を考慮する必要はなく，スラブに接する鉄骨梁フランジは局部座屈が起こらないものとすることができる（図3）。

　一方，負曲げモーメントを受ける場合，コンクリートの引張剛性は無視しスラブ内の鉄筋のみを有効とする有効等価断面となる。梁の横座屈や圧縮側の鉄骨梁フランジの局部座屈についても，考慮が必要となる。

合成梁の構造設計の注意点

　曲げモーメントの正負により断面性能が異なる合成梁は，鉛直荷重に対して正曲げモーメントが有効に作用する単純梁に用いるのが合理的である。正曲げモーメントを受ける既成ロールH形鋼を用いた合成梁では，鉄骨単体に比べ断面係数で1.5倍程度，断面2次モーメントで2倍程度大きな値となる部材がある。そのため，同じスパン，支配面積，荷重条件においては，鉄骨単体で設計する場合に比べ，より小さな鉄骨部材にて支持することが可能となる。

　ここで留意すべき点として，合成梁は硬化したコンクリートと鉄骨梁が一体になって，初めて性能を発揮する点が挙げられる。実際の施工手順は，鉄骨梁の建方を行い，デッキプレートを敷き込み，頭突きスタッドを溶接し，スラブ鉄筋を配筋し，コンクリートの打設を行う（写❶）。ここまでの過程において，梁に生じる鉛直荷重いわゆる自重と施工時荷重は鉄骨梁単体で負担することとなる。この間はスラブによる合成効果が見込めないことから，横座屈やフランジの局部座屈に対しても考慮が必要となる。

　やがてコンクリートが硬化し，頭突きスタッドを介して鉄骨梁と一体となることで合成梁となる。設計用荷重のうち，仕上荷重，積載荷重は合成梁に対して作用することとなる（図4）。

　鉄骨梁の断面算定においては，施工手順に応じて荷重条件，断面性能を変えて検討を行う必要があり，梁のたわみの算定に対しても同様である。トータルの設計用荷重に対して，合成梁の断面性能を用いてたわみを算定した場合，その値は過小評価となる可能性がある。梁下の配管や天井とのクリアランス不足が生じないよう，適切にたわみの算定を行う。

　なお，スラブ打設時に生じる応力に対して，鉄骨梁単体では負担ができない場合には，仮設支柱により梁の支持を行う。この場合，梁の支持条件を施工状況に合わ

せて応力算定などを行う必要がある（図5）。

また，正負繰り返しの曲げモーメントが生じる大梁に合成梁を用いる場合には，曲げモーメントの向きに応じて梁の断面性能が異なることから，フレーム解析を行う場合には梁部材のモデル化に対して適切な剛性評価，耐力の設定が必要となる。

その他の注意点として，エレベータや階段室，設備開口などによりスラブが取り付かない場合（将来対応を含む）は，有効幅を実状に合わせて適切に設定する。

合成梁の施工の注意点

合成梁の設計において仮設支柱による施工時の支持を前提に設計された梁の場合は，仮設支柱の設置箇所，存置期間などを設計者に確認し施工を行う。

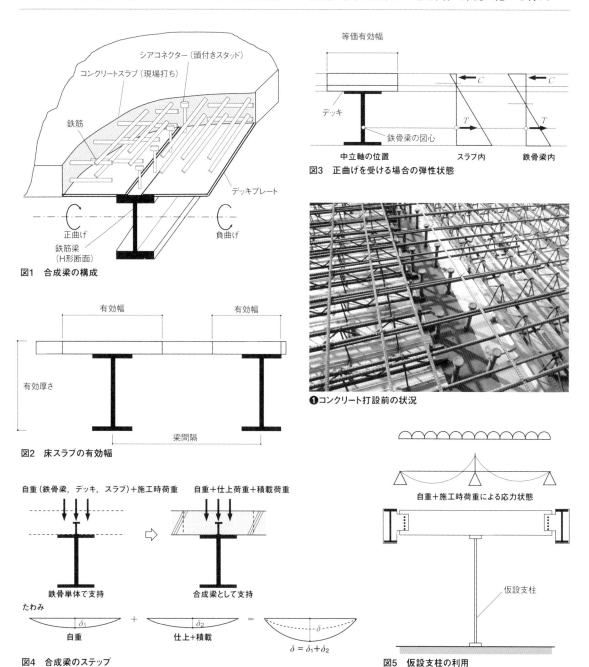

図1　合成梁の構成

図2　床スラブの有効幅

図3　正曲げを受ける場合の弾性状態

❶コンクリート打設前の状況

図4　合成梁のステップ

図5　仮設支柱の利用

VI. 各種部材の設計

VI 4 外部露出部材の設計上の注意点

建物の主架構を構成する大部分の部材は，屋内に配置される一方，屋外設備機器架台，屋外避難階段，エントランス，屋上目隠し壁支持部材，庇・外装支持部材などの二次部材の一部は外部に露出される。本稿では，外部に露出される鉄骨部材の防錆方法，それに対応した接合方法および，各種取合い部の設計上の注意点について述べる。

外部鉄骨の防錆と接合方法

外部へ露出する鉄骨の防錆方法は原則，①溶解亜鉛めっき，②亜鉛溶射，③重防食塗装，④外部仕様の耐火被覆（＋仕上げ）となる。以下に，各々の特徴を述べる（表1）。また，防錆方法により継手ボルトの強度や納まりが異なることに注意する。

❖溶融亜鉛めっき

外部へ露出する鉄骨の防錆方法として，最も一般的な手法である。鉄骨製作工場で製作された鉄骨部材を，めっき工場へ持ち込んでめっきを施す。めっき部材同士の接合方法は，原則，溶融亜鉛めっき高力ボルトを用いた摩擦接合とする。溶融亜鉛めっきとする場合の注意点などは，VII5「溶融亜鉛めっき部材の設計と注意点」（128頁）を参照いただきたい。

❖亜鉛溶射

ブラスト処理した下地に，亜鉛アルミニウム合金を溶融し，吹き付ける。溶融亜鉛めっき部材の接合部を現場溶接とする場合に用いられることが多いが，めっき槽に部材が入らない場合にも用いられる。

❖重防食塗装

ブラスト処理した下地に，無機ジンクリッチ，エポキシ樹脂塗装，ふっ素樹脂塗装を塗り重ねる。

❖外部仕様の耐火被覆（＋仕上げ）

セラミック系耐火被覆，耐火塗料などを施す。もしくはロックウール吹付け後，防水性のある仕上げを施す。部材同士の接合方法は屋内と同様となる。

外部鉄骨と内部鉄骨との取合い部の注意点

搭屋支持鉄骨や最上階鉄骨と屋上設備機器架台や屋上目隠し鉄骨との取合い部や，一般部の鉄骨と各階室外機置場との取合い部および，庇支持部材との取合い部では，必ず部材が屋内外を貫通する箇所が生じる。当該箇所では構造安全性を確保することはもちろん，建物の水密性を確保するための配慮が必要となる（写❶❷）。

具体的には，屋内外の仕上げを貫通する部材は，GPLあるいは開断面のブラケットのみの単純な形状とし，外壁止水ラインに水切りプレートを設け，シール施工性に配慮するほか，周辺に取り合うブレースなどが偏心して取り合う納まりとしたうえで，その偏心により生じる曲げモーメントも伝達可能なディテールとする（図1）。

外部鉄骨同士の取合い部の注意点

目隠し壁支持鉄骨と外装仕上材との取合い部，屋上設備機器架台支持部材と屋外階段・屋外手摺との取合い部での注意点について述べる。

屋上目隠しや屋外機器置場のルーバーなどの壁面仕上げの自重は，アルミを用いた軽量なものから，PCを用いた重量なものがあり，梁取合いのファスナーのディテールもさまざまである。そのため，条件を確認し，耐力と剛性が適切かつ溶接施工性に配慮したファスナーを設計する。梁芯とファスナー位置との離れ距離による偏心曲げにより生じる梁のねじれや，地震時慣性力による梁フランジの弱軸曲げに注意し，必要に応じて小梁を追加するなど対応する（図2）。また，耐風梁として設けた横使い梁の自重によるたわみなどに注意する。

外装支持材は，精度調整のためのルーズホールを設けることが一般的である。屋内であれば位置決め後に溶接で固定することができるが，屋外では溶接で固定できないため，ルーズ方向と荷重作用方向が一致しないよ

う注意する。やむを得ず方向が一致する場合は、高力ボルトを用いるなど想定される外力まで滑らない工夫が必要となる。

屋外手摺との取合い部については、群衆荷重など大きな荷重を想定する必要がある場合は、手摺が取り合う梁のねじれ変形に注意し、必要に応じてねじれ止めの小梁を設けるなどの対応をする。

【参考文献】
1) 日本建築学会：建築工事標準仕様書 JASS 6 鉄骨工事, 日本建築学会, 2018年

表1 防錆方法と接合方法

防錆方法	施工場所	接合方法		備考
		現場溶接	高力ボルト摩擦接合	
溶融亜鉛めっき	めっき工場	ー	溶融亜鉛めっき高力ボルト	裏板金のシール溶接（あるいは裏はつり溶接）、縁端部の回し溶接、めっき抜き孔の配置に注意する
亜鉛溶射	製作工場,現場	可	ー	溶射下地はブラスト処理する必要もあり、溶融亜鉛めっきよりも一般に高価となる
重防食塗装	製作工場,現場	可	溶融亜鉛めっき高力ボルト	塗装下地はブラスト処理とするが、ボルト接合部はブラスト不可なため、めっきボルトを用いる
耐火被覆（＋仕上げ）	現場	可	高力ボルト	防水性能のある耐火被覆あるいは仕上げとし、防錆を兼ねる

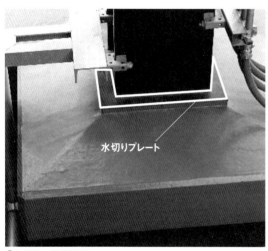

❶外部柱　柱脚納まり

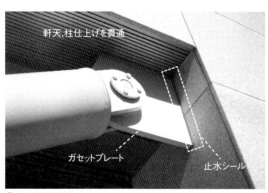

❷内外貫通梁納まり

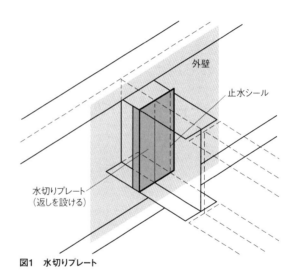

図1　水切りプレート

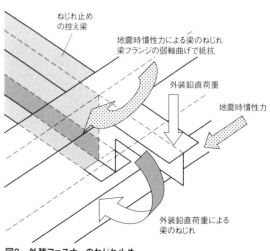

図2　外装ファスナーのねじれ止め

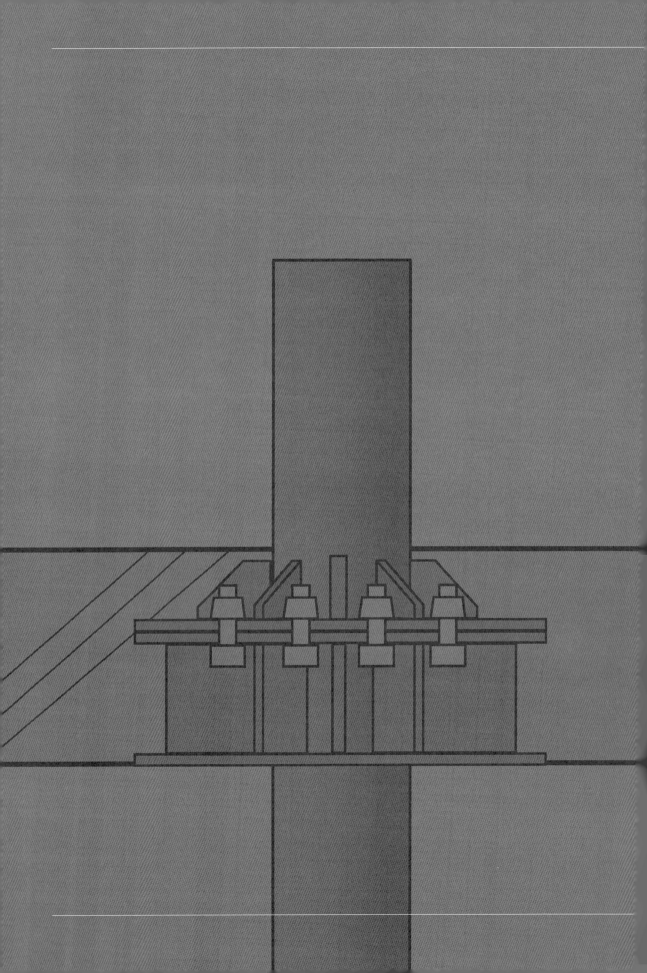

VII その他

　本章では，温度応力，異種金属材料との接合，溶融亜鉛めっき，無垢材の利用，耐火被覆などの鉄骨仕上げ，非構造部材に対する注意点についてまとめている。

　温度応力に対しては，地震や風荷重などの外力に比べて特殊な課題といえる。ただ，いつ，どのような状況で，どのような場所で，温度応力に起因する問題が生じるのか，理解しておきたい。また，溶融亜鉛めっきは，高い防食性が求められるような部分で採用され，その防食に対する性能やメリットに関しては広く認識されているだろう。ただし，溶融亜鉛めっきのデメリットや加工時の制約などは，正しく認識できているだろうか。

VII. その他

温度応力に対する設計と注意点

はじめに

「建築は息をしている」20数年前，先輩から教えてもらった表現である。施工時から竣工，建物を使用している期間に渡って，建物は温度（気温）の影響を受けて常に伸縮しているという意味であり，各部分で伸縮の度合いが異なることに注意しなければならない。

建築における注意すべき「温度」に関連する項目というと，火災時の温度，鉄骨のめっきによる割れや，コンクリート打設時のマスコンの温度ひび割れなどを思い浮かべる場合もあると思うが，日々の気温差による温度応力，強制変位に注意が必要なケースがあることを忘れてはならない。

温度応力に注意を要するもの

昼夜・季節で寒暖の差がある地域に建設されるもの，気温変化の影響を無視できない大規模建築の鉛直ブレース，特殊な温度環境にさらされる用途の建物（冷凍冷蔵庫建物，ボイラー建屋など），直射日光を受ける屋根面の部材などが挙げられる。また，いくつかの条件が組み合わされる場合，例えば大規模物流倉庫（建物長辺100m以上）における直射日光を受けるトラックバースの庇などにも，特に注意が必要である。

温度応力と他の要因の組み合わせによる被害にも，注意が必要である。例えば，コンクリート部材の乾燥収縮と温度応力の組合せによるひび割れや，振動源による繰返し荷重と温度応力の組合せなどが挙げられる（図1）。

建物が崩壊するような被害になることはないと予想されるが，経年劣化との組合せにより，雨漏りや建物の要求性能を阻害する場合があるので，注意が必要である。

温度応力に対する対策

仮に，構造物の拘束がまったくなければ，温度の変化に応じて自由に伸縮するのみであり温度応力は発生しない。つまり，各部分の接合部に温度による変形・変位を逃がす，拘束しない部分を計画することが対策の基本となる。接合部がない場合は効果的な位置や，建築計画との整合を図れる位置に変位を吸収できる接合部（緩衝部分）や，エキスパンションジョイントによる明快なクリアランスを設ける必要がある。緩衝部分の具体的な計画としては，RC壁・床であれば目地の計画，鉄骨部材であればジョイント部分でのルーズホールを適切に計画する場合が多い。変位を吸収できるゴム的素材やすべり素材として，テフロンを適所に挟むなどの対策も可能である。

また，部分的に適度な剛性を付与することも重要である。鉄骨部材のガセットプレートの面外方向曲げが問題となる場合が多く，リブプレートを設けて補剛することや（図2），2面せん断の接合ディテールとしてスプライスプレートの剛性を活用するなどの配慮が効果的である。

温度応力の不具合事例

温度応力の不具合事例を，写❶❷に示す。不具合は，温度差による変形量が大きくなる建物・構造物の端部に生じる場合が多い。建物の用途によっては，鉄骨部材の接合面がずれる場合に生じる「音」が問題となることもある。安全性への影響は小さいと想定されるが，使用者の心理面にも配慮する必要があり，ジョイント部分の変形を吸収する部位にすべり板を挟むことで，音鳴りを防止することが可能である。

温度応力の検討例

昨今では，解析プログラムを用いて検討する構造物をモデル化し，適切な拘束条件を設定して温度荷重を与えて解析する方法が一般的と思われる。部材には材料に応じた線膨張係数を設定して温度差を与えれば，節点変位，反力，応力が出力されるので，長期荷重や他の外乱との組合せを行って安全性を検証することができる（図3）。

与える温度差の設定が重要であるが，気温の場合は

建設地近傍にある気象庁の記録地点の温度計測記録を用いるのが便利である。各月平均気温や平年値を参考に設定するとよい。

拘束条件を固定とすると，実情に合わない場合があるので，周辺フレームや地盤，杭など，検討する構造物を拘束している部分の剛性を評価して，ばね支持として解析する場合もある。

温度応力への配慮

温度応力は，すべての建物で検討を要する項目ではないため，忘れられがちな側面もあるが，温度応力に起因する不具合事例の情報を収集し，また，経験を積むことによって，あらかじめ注意すべき部位や詳細な解析にて詳細に検討すべき部位の勘所が養われてくるはずである。

地震や台風と比較すると，温度応力による特に大きな被害例は少ないと思うが，設計時に配慮することで「落とし穴」にはまらないよう，頭の片隅に常に置いておきたい検討項目であるといえる。

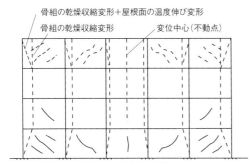

図1 コンクリート外壁の変形とひび割れの例
(温度応力と他の要因(乾燥収縮)の組合せにも，注意が必要)

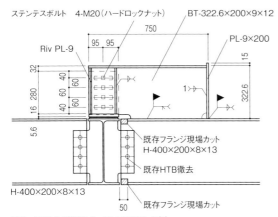

図2 不具合部分をカットして補強した例
(上部にルーズホールを有した補強部材を取り付けた補強例)

❶**不具合事例(庇のガセットプレートの面外方向割れ)**

❷**温度応力で座屈したアングルによる引張りブレース**

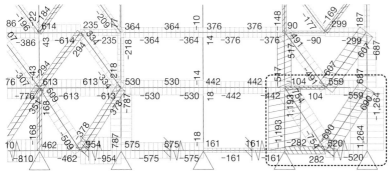

温度差Δt＝20℃の場合の部分軸力図を示す。1階の端部スパンのブレースには約690kNの圧縮応力が発生しており，その追加応力を考慮して断面設計を行っている。

図3 建物長辺200m(1スパン10m，階高6m)ブレース構造建物の温度応力解析例

VII.2 温度応力に関する設計上の留意点

温度応力は，直接日射を受ける屋外構造物や熱溜りとなる小屋裏，構造体ごと冷却される冷蔵・冷凍倉庫などで影響が大きく，ひずみが蓄積・集中する長大な構造物や固定端に不具合が発生しやすい。ここでは，事故例をもとに温度応力に関する留意点を紹介する。

温度荷重については，『建築物荷重指針・同解説』（日本建築学会）などに詳しく解説されているので，そちらを参照されたい。

長い・広い構造物での温度影響

鋼材の線膨張係数は$1.2×10^{-5}/℃$である。これは100mの鋼材が1℃の温度変化を受けたときに，1.2mmの長さ変化が発生することを意味する。図1のような長い鉄骨フレームを考える際，長さ100mの鉄骨梁が30℃の温度変化を受けると長さ変化量は36mm，両側への均等な伸縮は片側18mmである。軒高さ6m程度を想定すると層間変形角は$18/6,000=1/333$となり，仕上材の追従性を考慮して層間変形角を1/300程度に抑えることを考えると，フレーム長さが60～100mを超えない程度には熱応力対策用にエキスパンションジョイントを設置する必要がある。

また，鉄骨造ブレース構造の場合，図2のようにフレームの両端にブレースを設置すると，梁には温度ひずみが蓄積されやすい。梁の曲がりや，写❶のような接合部の破断などの事故例がある。また，ブレースが引張ブレースとして設計されている場合には，圧縮側ブレースが面外にはらみ，仕上材に障害を及ぼすなどの事象が起こり得る。このようなケースは，建屋本体だけでなく，屋上目隠し壁やパイプラックなどにも見受けられ，注意が必要である。

スタジアムや体育館，ホール，格納庫などの広い空間の屋根架構に鉄骨トラスが用いられることはよくある。トラスせいが数mから10mほどにもなるトラスでは，日射で高温になる屋根面に近い上弦材と，比較的温度変化を受けにくい下弦材との間に温度差が生じやすい。フレーム解析などで，温度影響は部材設計に適切に考慮されなければならない。

外部庇の事故例

物流センターなどでは，写❷のように長大な屋外庇が計画されることがある。日射や気温の変化にさらされる屋外庇と主建屋との温度差が多くなる場合，屋外庇の長さ方向の伸縮が，庇の元端である柱面と屋根面ブレース交点との短い距離に集中する（図4）。庇と柱との取合いはピン接合としてウェブのガセットプレートのみの接合とされることがあり，ガセットプレートの面外応力で溶接部が破断するなどの事故例が発生している。写❸は，庇元端ガセットプレート溶接部での破断事故例である。

温度応力を繰返し応力と捉え，フランジ剛接合による強度確保や，庇にエキスパンションジョイントを設置するなどの疲労破壊対策も必要である。同様な現象は屋上目隠し壁の下部，屋根面との間などにも発生しがちである。

ルーズホール

エキスパンションジョイントには，構造物同士の縁を切る場合とルーズホールが使われることがある。ルーズホールには，鉄骨精度誤差の吸収と，建物の相対変形や伸縮を吸収する機能があるが，温度荷重対策でのルーズホールは後者で，ボルトはだぼとしての機能が期待されている。工事の間違いで，高力ボルト摩擦接合とされて破断した不具合の例がある。写❹は，ルーズホールが期待どおりにすべった例である。

また，すべり面の摩擦抵抗が大きいと，伸縮によりすべりが発生する際に大きな音が発生することがある。居住者に不安感や不快感を与えないよう，ステンレス板などのすべり抵抗が小さい材料を挟むなどの配慮が必要となる。

写❺の屋上ゴンドラレールのコーナー部では，温度による伸縮が2方向からの影響を受ける。このような箇所では伸縮が部材方向ではなくなるので，ルーズホールは部材のひずみを蓄積しない方向に設けられる必要がある。

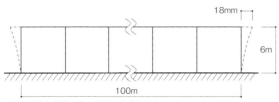
図1 温度変化による鋼材の伸縮

図2 温度変化によるひずみが蓄積しやすい

図3 温度変化によるひずみが蓄積しにくい

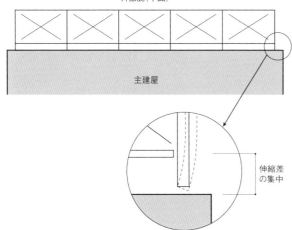
図4 屋外庇での温度ひずみの集中

❶温度応力で破断したガセットプレート

❷屋外吊り庇の例

❸屋外庇の元端で面外に破断したガセットプレート溶接部

❹ベースPL形式のルーズホールが期待通りにすべった例

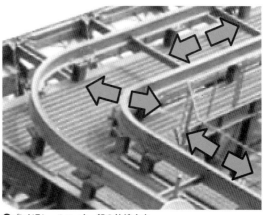
❺ゴンドラレールコーナー部の伸縮方向

VII. その他

VII-3 異種金属材料の接合時の設計(防食)

はじめに

建築構造物のおかれる環境はさまざまであり、設計者は環境に応じてより適切な材料を選択して設計している。その中で、海岸に近い立地の建物や風雨に直接晒される部分などには、耐久性に優れた材料が選定されている。ここでは、このように建物の部位によりさまざまな種類の材料を併用して使用する場合、材料間で異種金属接触腐食が生じる危険性があるため、異種金属を接合する場合の設計において、配慮すべき注意点について紹介する。

異種金属材料の接合の事例

建築鉄骨構造物の躯体は一般には炭素鋼である。近年、ステンレス鋼やアルミニウム合金などが使用されるケースも見られるが、その多くは炭素鋼による構造物の一部として、一つの構造物の中で混在して使用されている。

これらの場合において、異種金属が接合される事例は大きく分けて下記の2通りと推察する。

①建物用途の一部で、屋外環境となる庇やガラス製カーテンウォールの支持部材などで、意匠上あるいは耐久性の観点でステンレス鋼やアルミニウム合金あるいは経済的なめっき部材(ここでは一般的な溶融亜鉛めっきの意)が使用されるケース(写❶)。

②主要構造部材ではないが、外装や屋外階段などの手摺に意匠上あるいは耐久性の観点でステンレス鋼やアルミニウム合金を使用するケース(写❷❸)。

異種金属接触腐食について

異なる金属材料を接触させる場合、つまり接合する場合、金属材料には固有の自然電位があり、それらの電位に一定程度の差がある場合、異種金属接触腐食が生じる可能性がある。建築構造物において異種金属接触となる材料の組合せは、主に図1に示すケースと想定される。これらの組合せにおいて、異種金属接触腐食が生じる条件は、二つの金属材料が直接接触すること、二つの金属材料の自然電位差が大きいこと、二つの金属材料の表面が水などの電解質により覆われて通電が確保されること、の3点である。

各種金属材料の自然電位は種々の参考文献[1]～[3]などに掲載されているが、建築物にかかわりそうな金属に限定して示すと図2のとおりである(参考文献1)より作図)。これは常温海水中における腐食電位であり、二つの金属の電位差が大きい場合、卑側の金属の腐食が促進されることになる。なお、ステンレス鋼の中で異なる種類のステンレス鋼の組合せの場合は、その電位差は小さく異種金属接触は生じにくい[2]。例えば、亜鉛と鋼材(軟鋼)を比較すると、電位差として約0.35mVであり、より卑な金属である亜鉛の溶出が促進されることになる。溶融亜鉛めっきの犠牲防食としての機能である。同様に、ステンレス鋼と亜鉛の間にはさらに大きな電位差があり、亜鉛の溶出が促進される。

また、異種金属接触腐食の場合、異種金属の面積比の影響も大きい。例えば、ステンレス鋼の壁パネル材に対して、その取付けボルト類にめっきボルトを使用する場合、貴な金属(ステンレス鋼)の表面積に対して卑な金属(亜鉛めっき)の面積がきわめて小さく、めっきの部分の腐食(溶出)が集中的に生じることになり、その腐食は一段と加速される場合がある[4]。このような事例はよく見かけられるため、十分な注意が必要である(写❸)。

異種金属を接合する際の注意

本来、異種の金属を腐食し得る環境下(例えば、雨掛かりのある屋外など)で接合することは、避けることが望ましい。しかし、現実の設計では意匠性、耐久性を考慮して、さらに経済性を加味して材料選定されるため、異種の金属を接合することを完全に排除することは難しいと思われる。その場合は、以下に示す対策などを講じることが望ましい。

❖ 接合位置による対策

炭素鋼の鉄骨部材に対して，外部露出となる鉄骨に溶融亜鉛めっき鋼材やステンレス鋼を使用する場合では，その接合部を屋内側の位置に設ける。屋内側の環境であれば，湿潤環境とはなっていないはずであり，異種金属接触腐食を避けることができる。

❖ 異種金属の接触部分を絶縁する対策

やむを得ず異種金属を屋外環境などで接合する場合は，接合される部分に絶縁材を挿入する方法がある。これは，ボルト接合などの場合において講じることのできる対策で，電気的に絶縁するためのボルト類も市販されている。ただし，高力ボルト摩擦接合部では適用できない。

一方，炭素鋼とステンレス鋼の部材を屋外環境で溶接接合あるいは高力ボルト摩擦接合する場合は，接合部での絶縁は不可能であり，外表面における通電を避ける方法として，炭素鋼部材に施す塗装をステンレス鋼側に数cmから10cm程度伸ばして施工（タッチアップ）することにより，塗膜の健全性が保てる期間において異種金属接触腐食をある程度避けることも可能である。なお，溶融亜鉛めっき部材とステンレス鋼を接合する場合は，めっきの溶出を加速してしまうことから望ましい接合ではなく，さらに両者を溶接接合することは，ステンレス鋼の溶接部近傍の亜鉛脆化割れを伴う危険性があり，別の観点から避けるべきである。

おわりに

建築物における主要構造部材，手摺や階段などの建築施設，外装材などの仕上材には，さまざまな材料が使用されている。ここで紹介したとおり，異なる金属を屋外環境で接合する場合は，異種金属接触腐食を防止する対策を講じておくことが肝要である。溶融亜鉛めっきやアルミ合金の腐食は金属系の赤錆ではなく，白色の錆が見られ，あまり目立つことはない。外観では目立たないため放置されることも多いが，腐食は確実に進むため，建築後のメンテナンス（状況確認）を行うなど，十分に配慮することが肝要である。

最後に，一般の大気環境では降雨時のみに部材表面が濡れ状態となるわけであり，異種金属接触腐食が軽微な場合もあるので，使用環境を総合的に判断することも必要である。

【参考文献】
1) 日刊工業新聞社：ステンレス鋼便覧第3版，p.297
2) 大阪科学技術センター付属ニューマテリアルセンター編：損傷事例で学ぶ腐食・防食，1990年10月
3) 腐食防食協会編：腐食防食ハンドブック，2000年2月
4) 日本鉄鋼連盟：塗装／亜鉛系めっき鋼板の接触腐食とその防止方法，2013年3月

❶建物の庇にSUS部材を使用した例（鉄骨本体／炭素鋼との異材接合と想定）

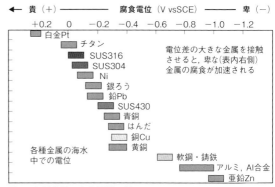

図2　各種金属の腐食電位の例

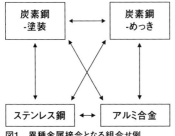

図1　異種金属接合となる組合せ例

❷アルミ製手摺をステンレス鋼ボルトで締結した事例

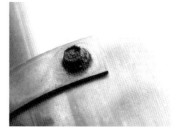

❸ステンレス柱（円形）にステンレス部材をめっきボルトで締結した事例

Ⅶ. その他

溶融亜鉛めっきに関する設計上の注意点

はじめに

溶融亜鉛めっきは，優れた耐食性と経済性を有しており，建築鉄骨の分野でも適用が増えつつある。

亜鉛めっき工程のフローを図1に示す。このうち，溶融亜鉛めっきは部材を450℃前後の溶融亜鉛浴槽に浸漬させる工程であり，この過程で部材は急速加熱され，その次の温水冷却工程で急速冷却される。亜鉛めっきでは，このように部材全体が特殊な熱履歴を受ける。

この過程において，構造によっては部材に大きな熱応力が発生し，また残留応力が一部解放され，めっきによる変形（曲がり，はらみ，ねじれ）が生じる場合がある。また，溶融亜鉛中では鋼材の延性が著しく低下する液体金属脆化が生じ，溶接熱影響部などに溶融亜鉛割れ（めっき割れ）が発生することがある。また，使用鋼材の化学成分などが適当でない場合，鉄－亜鉛合金層が異常に成長し，外観品質を損ねるめっき焼けを起こす場合がある。

ここでは，上記の溶融亜鉛めっきに特有の技術的課題も含め，めっき鉄骨構造の設計上で考慮すべき注意点について述べる[1]。

部材の最大寸法

溶融亜鉛めっき鉄骨部材の設計においては，使用するめっき槽の寸法による制限を考慮する必要がある。部材寸法はめっき槽に一度づけでめっきできる寸法とする。二度づけは浸漬している部位と未浸漬部位の間に400℃近くの温度差が生じ，過大な熱応力の発生による部材の変形やめっき割れが発生するため避けなければならない。国内の大型めっき槽の寸法を表1に示す。大きなめっき槽がない地域もあるので，設計段階で調査し部材寸法を検討する必要がある。めっき可能な最大寸法は，部材長さ15m，高さ3m，幅1.5mがおおよその限界である。また，部材重量の面からも制限を受けることがあるので，注意が必要である。

めっき槽への部材の浸漬は，図2に示すように部材をクレーンで吊り下げ，亜鉛液面に対して10～20°の角度を付けて行う。浸漬時間は部材全体が亜鉛浴温度になった後1～2分で引上げ，亜鉛の垂れ切り後，水冷する。

閉断面部材の開口

めっき浸漬時の熱応力・熱変形にはめっき浸漬速度が影響を及ぼす。図3に鋼管鉄塔部材（φ660.4×18，全長4m）のめっき時における熱変形解析結果として，浸漬速度0.2m/minと非常に遅い場合の例を示す。なお，変形状態を見やすくするために，全体変形では全解析ステップにおける最大変形量を300mmに拡大し，断面変形は変形量を20倍に拡大して示している。めっき浸漬により先に浸漬した下方部の熱膨張が大きいため，部材は下に凸の大曲がり変形が生じる。管断面で見ると，例えばNo.13断面では浸漬前の円形→縦長楕円（浸漬位置④）→横長楕円（浸漬位置⑥）と複雑な変化をすることがわかる。この場合は，弾性解析のため最終的には部材が自由膨張した状態となるが，実際の部材では曲がり変形が残留する場合もある。一方，浸漬速度5.5m/minでは変形量はきわめて小さい結果が得られている。また，発生する引張熱応力の最大値は，浸漬速度0.2m/minの場合には$465N/mm^2$であるのに対して，浸漬速度5.5m/minでは$40N/mm^2$以下と小さな値であった。

したがって，めっき時の熱応力・熱変形を小さくするためには，部材を亜鉛浴に浸漬する速度をできるだけ速くすることが望ましい。送電鉄塔では約5.5m/min以上，橋梁のボックス断面部材では約4m/min以上を目標としている。

鋼管や角形鋼管などの閉断面部材において，内ダイアフラムやベースプレートが2か所以上取り付く場合，これらに開口部が少ないと部材内部に亜鉛が流入するのに時間がかかり，部材が浮かんだ状態となり，浸漬速度が極端に遅くなる。スムーズにめっき浸漬するためには，

図4に示すような開口部を設ける必要があり，開口部の合計面積は30%以上が望ましい。また，ダイアフラムの4隅には亜鉛流出入および空気溜り防止兼用の円形孔またはスカラップを設ける必要がある[2]。めっき浴槽からの引上げ時には，これらの孔は溶融亜鉛を速やかに流出させ，温水冷却工程にスムーズに移行する役割を果たす。

H形断面部材のような開断面部材においても，リブプレートが取り付いて，フランジとウェブおよびリブプレートに囲まれた隅角部ができる場合には，図5に示すような空気溜り防止および亜鉛垂れ切り用の孔またはスカラップを設ける必要がある。

部材内の板厚差

部材内に板厚差がある場合には，浸漬速度を速くしても板厚ごとの昇温特性の差に起因する熱応力が発生する。図6に，橋梁I桁試験体（フランジ厚32mm，ウェブ厚9mm）のめっき前後のウェブのはらみ変形量を示す。めっき前の溶接によるやせ馬変形に比べて，めっき後

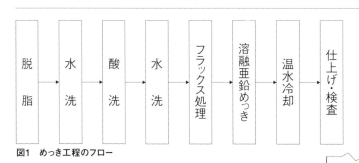

図1 めっき工程のフロー

表1 代表的なめっき槽の諸元

社名	寸法・重量			
	幅(m)	深さ(m)	長さ(m)	部材重量(tf)
A社	2.1	3.3	16.6	15
B社	1.8	3.6	17.0	15
C社	1.8	3.6	16.0	15
D社	1.6	2.3	13.5	4
E社	1.5	2.9	13.5	8

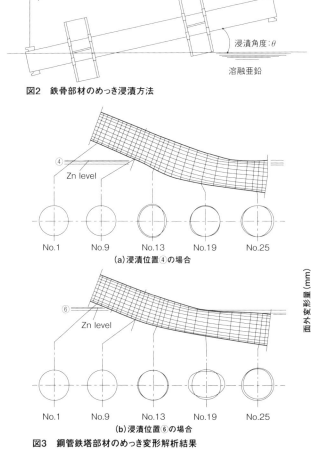

図2 鉄骨部材のめっき浸漬方法

図3 鋼管鉄塔部材のめっき変形解析結果

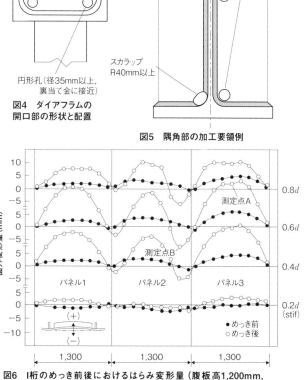

図4 ダイアフラムの開口部の形状と配置

図5 隅角部の加工要領例

図6 I桁のめっき前後におけるはらみ変形量（腹板高1,200mm，ウェブ厚9mm，フランジ厚32mmの場合）

VII. その他

には座屈モードの波状の大きな面外変形が生じている。この試験体のめっき時における面外変形の経時変化測定結果を，図7に示す。面外変形は浸漬開始直後に急激に増加し，約30秒で最大値を示した後漸減して一定値となり，冷却後もこの変形が残る。I桁を構成する各板厚のめっき浸漬時の昇温特性を，図8に示す。薄板のウェブは温まりやすく速く昇温し，厚板のフランジは温まりにくく昇温も遅いため部材内に温度差が生じ，浸漬後約30秒後に最大約180℃となる。浸漬初期には，ウェブは熱膨張しようとするが，フランジがそれを拘束してウェブには圧縮熱応力が発生する。

上下フランジとスチフナーで囲まれたパネルの座屈強度を4辺単純支持と仮定して，熱応力分布に基づきDIN4114式で計算すると約80N/mm^{2}程度である。一方，ウェブの圧縮熱応力は最大温度差の時に約360N/mm^{2}であり，座屈強度をはるかに上まわる。図7で，ウェブの面外変形が急激に増加する浸漬開始後約10秒の時点は，熱応力が座屈強度を上まわる時点である。したがって，めっき中の面外変形は熱座屈によるものと考えられる。

このように，板厚差の大きい部材では，薄板側の面積が大きい場合には座屈変形をして大きなはらみ変形が残留することになる。この防止のためには，部材内の板厚差を2倍以下にするよう設計することが望まれている[2]。また，スチフナーなどを追加して薄板側の面積小さくすることも変形防止に有効である。

溶接要領

めっき構造の柱梁接合部などの完全溶込み溶接については，JASS 6では裏はつりを併用する両面溶接で施工し，その両端は端部をはつり，回し溶接を行う規定になっている。その処理方法を図9に示す。また，隅肉溶接は全周を溶接して未溶接部を残さないように施工する。一般的な裏当て金形式の片面溶接を採用して，これをめっきすると溶融亜鉛はぬれ性の関係で裏当て金の隙間に浸入せずに不めっきとなり，時が経つと隙間から錆汁がでてきて外観を損ねることになる。

鋼材

めっき焼けには鋼材の化学成分のうち，ケイ素（Si）の含有量が影響することが知られている。めっき焼けに及ぼすSi量と空中保持時間の関係を，図10に示す。Si量が0.2％のときにめっき焼けが最も発生しにくく，それより少なくても多くても焼けが発生しやすくなる。したがって，焼け防止の観点からはSi量が0.2％前後の鋼材を使用するのが望ましい。また，空中保持時間が長くなるといずれのSi量でも焼けが発生しやすくなるので，前述のように亜鉛の流出がスムーズにできる構造が望まれる。

溶接部（熱影響部）のめっき割れにも，鋼材成分が影響する。一般的に，高強度鋼になるほどめっき割れが発生しやすくなる。送電鉄塔用590N/mm^{2}級鋼材では，溶融亜鉛めっき割れ感受性炭素当量CEZと，その上限値の規定がされている。建築構造用鋼材では，鋼材成分の影響についての研究はされておらず，明らかでない。

冷間成形角形鋼管を使用する場合には，写❶に示すような鋼管の角部内面にめっき割れが発生することがある。冷間曲げ加工時の応力分布と除荷後の残留応力分布を図11に示すが，曲げ加工の内面は除荷後にはスプリングバックにより図11（b）のように引張応力が残留する[3]。めっき割れは，この引張残留応力とめっき時の断面変形に伴う熱応力が重畳して作用し，溶融亜鉛脆化により発生すると考えられる。角部内面のめっき割れには鋼材ミクロ組織や曲げ半径が影響するとの報告もあり，発注時にめっき仕様であることを明記しておく必要がある。

めっき後の溶接

めっき部材を現場溶接する場合には，溶接部近傍をあらかじめ不めっき処理しておく。めっきのままで溶接すると亜鉛が蒸発して，ブローホールなどの欠陥が発生して健全な溶接部を得ることはできない。めっき後に溶接する場合には，溶接する箇所の周辺のめっきをグラインダーで完全に除去する必要がある。

突合せ継手の場合には，溶接後の超音波探傷検査で探触子の走査範囲は不めっき処理を施す。溶接後，不めっき面を亜鉛溶射または高純度亜鉛末塗料の塗布により防錆処理を行う。

なお，めっき部材に不めっきやきずが生じた場合の補修にも，高純度亜鉛末塗料の塗布が使用される。

おわりに

以上，溶融亜鉛めっきに特有の技術的課題を含め，

めっき鉄骨構造の設計上で考慮すべき基礎的な注意点について述べた。めっき鉄骨構造の設計上の参考になれば幸いである。

【参考文献】
1) ㈱巴コーポレーション,㈱巴技研:－解説－溶融亜鉛めっき大型構造物のめっき割れ現象とその防止法, 2001年1月
2) 日本建築学会:鉄骨工事技術指針・工場製作編, 2007年2月
3) 日刊工業新聞社:新プレス加工データブック, p.123, 1993年5月

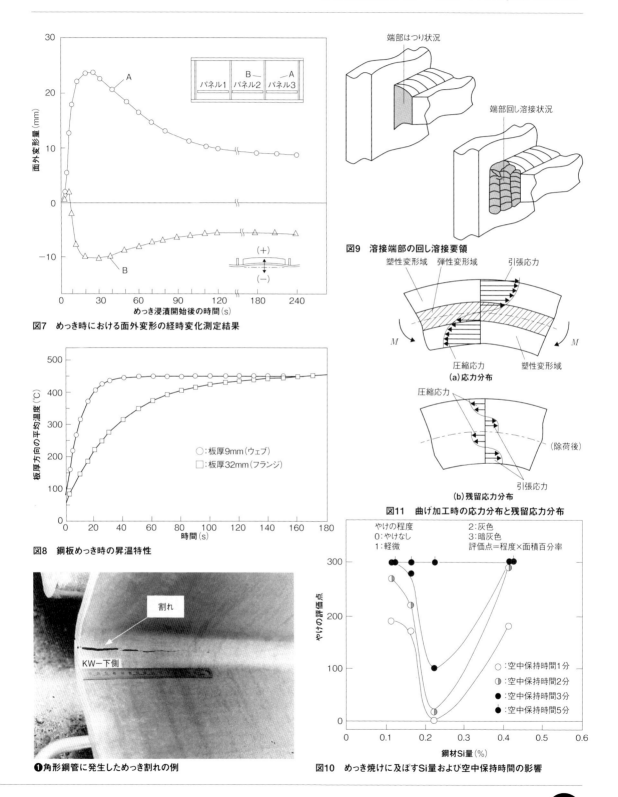

図7　めっき時における面外変形の経時変化測定結果

図8　鋼板めっき時の昇温特性

❶角形鋼管に発生しためっき割れの例

図9　溶接端部の回し溶接要領

図11　曲げ加工時の応力分布と残留応力分布

図10　めっき焼けに及ぼすSi量および空中保持時間の影響

VII-5 溶融亜鉛めっき部材の設計と注意点

　鉄骨造は鋼材の安定した機械的性質，製作工場における加工精度がよい点もあり，これまでも多くの建物が建設されている。一方で，鋼材の弱点の一つとして「発錆」「腐食」という性質が存在し，これが鉄骨造建物の安全性を阻害するものとなる。

　本稿では，これらを抑制させる方法の一つとして，防食性能に優れる「溶融亜鉛めっき」を紹介したうえで，それを用いるときの設計上の注意点について述べる。

溶融亜鉛めっきの特徴

　鋼材の表面に溶融亜鉛めっきなどで亜鉛を被覆した際の利点について述べる。
1）耐食性が優秀である
　これは亜鉛そのものではなく，亜鉛の表面に生じる生成物の耐食性が良好なためであり，この性質は一般大気中のほか，水中，土中，コンクリートの中においても発揮される。
2）犠牲防食作用がある
　亜鉛が鉄よりイオン化傾向が卑なために生じる作用であり，鉄素地がひっかき傷のように一部露出しても，大気中においては幅2mm程度あれば，周囲の亜鉛が露出部を保護する（図1）。
3）機械的性質がほとんど変わらない
4）溶融亜鉛めっきの上に塗装ができる
　長期防食を期待する場合には，めっきの上に塗装を施すことは有効である。

溶融亜鉛めっき脆性

　溶接や冷間曲げ加工を行った一般的な鋼材，また高張力鋼を溶融亜鉛めっきした場合，溶接熱影響部や冷間加工部，また鋼材表面に割れが発生することがあり，この現象を溶融亜鉛脆化割れと呼んでいる。要因としては，主に三つ挙げられる。①鋼材の化学成分，②鋼材製造時や溶接時，冷間加工時に発生する残留応力，③めっき浸漬過程と引上げ過程，浸漬中の板厚差や形状不連続（曲り・ねじれ）によって生じる部材内の不均一温度分布により発生する熱応力などの集中が考えられる。

　これらの影響を低減することを目的に，以下に設計時における注意点を述べる。

めっきする部材の設計時の注意点

❖溶接接合

　部材の組立を溶接で行う場合は，めっきする以前に溶接することが原則である。めっきを施した部材に溶接すると溶接熱の影響で付着亜鉛が飛ばされ，機械的性質も不安定になり，場合によってはブローホールが発生する。このことから，やむを得ず現場溶接する必要がある場合は溶接線から100mm程度離れた部分まで不めっき処理し，溶接後に溶射などの防錆処理を行うしかない。

❖高力ボルト接合

　めっき部材の高力ボルト接合は，特に注意が必要である。詳細は別に譲るが，高力ボルトは製法の違いにより遅れ破壊を起こす可能性が大きいことに加えて，めっきが施された高力ボルトとナットの嵌め合いも円滑にいかず，オーバータップの問題も絡んでくる。また，接合面に関する問題としてすべり係数が低いことや，高力ボルトの導入張力が徐々に減少するリラクゼーションの問題もある。繰返し加力数の増加に伴って，すべり係数は大きくなるが，初期値が小さくては摩擦接合として使えず，リラクゼーションで軸力が減少しては摩擦力が得られない。そのため，設計時にはあらかじめ初期導入張力の約20%が減少すると想定しておくことが必要となる。以上より，接合面はブラスト処理を行うなどすべり係数0.40以上を確保し，ナット回転法によるF8T級のものを使用することが慣例となっている。

❖部材の最大寸法

　めっきを施す部材寸法がめっき槽のサイズを超える場合，二度漬けすることも可能であるが，部材に過大な応力が負荷され，変形，溶接部の割れ，外観上の焼けな

どの不具合を起こしやすくなる。したがって，一度漬けが原則であり，部材の長さ，幅，高さはめっき槽を超えないように，事前に確認しておくことが重要である。また，部材の最大重量は，めっき業者のクレーン揚重能力により決まることにも留意する必要がある。

❖ **板厚の組合せ**

部材をめっきした場合，部材に曲がりやねじれ変形が生じ，部材に取り付けたスチフナー，ガセットプレート，金物の溶接部には割れが発生することがある。

これは，熱応力が複合的に発生していることに起因する。特に板厚差が大きい場合，温度上昇速度の差から熱応力の影響が最も大きい。したがって，直接組み合わせる部材は，板厚差を少なくすることが理想である。板厚が薄い場合ほど，板厚差の影響度合いが大きくなるため，溶接H形鋼では少なくともウェブ板厚9mm以上を原則とし，幅（高さ）が1,200mmを超える薄板材では12mm以上確保することが望ましい。

❖ **その他留意事項および具体例**

① 現場溶接部の防錆処理は，原則として亜鉛溶射とする。高濃度亜鉛粉末塗装では，溶融亜鉛めっきと同等以上の防錆性能を得られ難いため，安易に「塗装仕様」としない。

② 角形鋼管をめっきした場合，角部内面に割れを起こす可能性が多々ある。この割れの発生メカニズムに関しては過去の事例と実験から，不均一な熱応力の分布が原因と考えられている。したがって，めっき割れしにくい材料を選定することや，めっき漬けする条件を定めたり，施工面で注意したりする意味でも，めっきを行う部材が明確になるように設計図に明記し，鉄骨製作工場（鋼管製造メーカー）が意識できる図面とする。

③ めっき抜きは原則として孔とする。正円でないスカラップの場合，めっき浸けの際に生じる熱応力，および熱膨張・収縮による強制変形に対して割れを生じやすくなる。また，熱膨張・収縮量が急変する境界にて割れが発生しやすくなるため，構成要素の板厚差が大きい場合には，スカラップを設ける位置や大きさなどに留意する必要がある（図2）。

④ 溶融亜鉛めっき部は，原則として裏はつり方式とする。裏当て金方式を採用する場合には，不めっきが生じないように，溶接部と母材に隙間が生じないように全周溶接を施すことが必要となる（図3）。また，ガセットプレート，母屋・胴縁部材など，通常，断続溶接しか行わないものでも，めっき部材では不めっきの要因となるため，母材との接合は裏当て金同様，全周溶接する必要がある（図4）。

⑤ 溶融亜鉛めっきが施されている部材の表面からは，完全溶込み溶接部を精度よく超音波探傷試験（UT）を行うことができないため，UTを行う範囲については不めっき処理を施す必要がある（図5）。

| おわりに |

上記の注意事項は，あくまでも設計者が考えていくうえでの一つの指標である。設計者として，めっき部材を用い

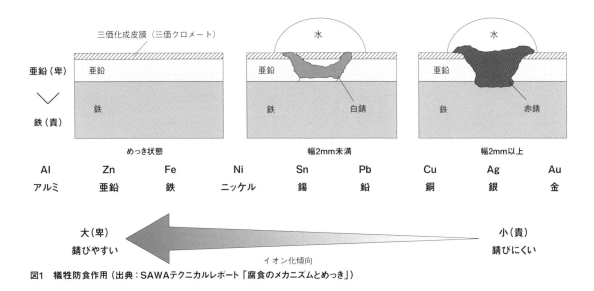

図1　犠牲防食作用（出典：SAWAテクニカルレポート「腐食のメカニズムとめっき」）

VII. その他

る場合の施工上の注意点をよく理解し，設計者・施工者・鉄骨製作工場・めっき業者とともに，よりよい品質をつくり上げるという意識が最も重要であることを忘れてはならない。

【参考文献】
1) 橋本篤秀，他：建築用溶融亜鉛めっき構造物の手引き，日本亜鉛需要研究会・日本溶融亜鉛鍍金協会，1985年12月
2) 日本建築学会：建築工事標準仕様書JASS 6鉄骨工事，2018年

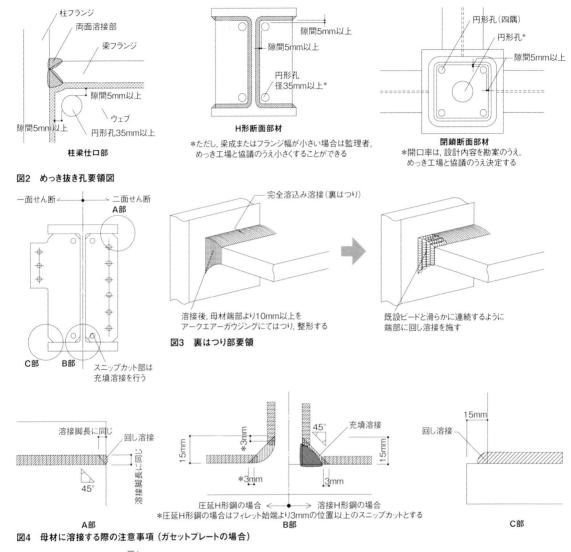

図2 めっき抜き孔要領図

図3 裏はつり部要領

図4 母材に溶接する際の注意事項（ガセットプレートの場合）

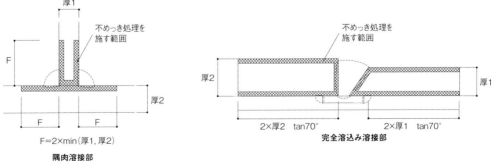

図5 不めっき処理範囲

VII 6 丸鋼・角鋼など，無垢材の利用

棒鋼柱（鉄骨無垢柱）の建築への適用

ここ10数年来，丸鋼や角鋼を建築用の柱材として使用した建物が多く見られるようになった。その一例を**写❶❷**に，太径丸鋼断面を**写❸**に示す。"鉄骨無垢材"は意匠設計者や一般人が用いる俗称であり，正式な名称は"棒鋼"（steel bar）である。

棒鋼柱はその細長比に応じて部材の鉛直支持能力を適切に評価し，設計することができる。棒鋼柱を有する架構の弱点は水平抵抗力の欠如で，一般的な柱梁架構が有する剛性や耐力，塑性変形能力を期待するわけにはいかない。そこで別途設けた耐震要素がほとんどの水平力を担うものとすれば，明解な構造設計ができる。すなわち，

- 棒鋼柱は長期圧縮軸力のみを負担する（引張なし）
- 水平力は剛強な耐震要素が負担する

このように役割分担すれば，柱頂部の水平変位は必然的に微小なものとなる。いうまでもなく棒鋼柱架構は大地震時にも弾性であることが前提であり，塑性変形の期待は論外である。既往の適用例は，ほぼこの基本原則によっている。

さて，こうした材料上の制限は設計を困難にするだろうか。否。棒鋼柱を長期圧縮材として使う限りにおいては，上記制約は何ら設計上の支障にはならない。以下，棒鋼素材の素性から見ていこう。

棒鋼（鉄骨無垢材）とはどういうものか

異形棒鋼以外の棒鋼は断面形状より**表1**のように分類され，径が100mmを超えると大形棒鋼に区分される。本稿では，このうち建築で柱部材として主に用いられる丸

❶ストロングビルディング（外観）

❷ストロングビルディング（内観）
●−200mm 耐火被覆なし 仕上なし

❸太径丸鋼●−200mm

VII. その他

鋼および角鋼について記述する。

丸鋼の製法はφ250程度までなら圧延で，それより太径の場合は鍛造になる。圧延製品は元の鋼塊の断面積比1/4まで絞る必要があるので，製鋼時に連続鋳造したブルームのサイズ（350×560mm）から自ずと最大径が決まる。φ120mm程度以下の小径丸鋼の場合は，ブルームを板状に圧延した後で切断成型したビレットをもとに圧延する（図1）。

太径丸鋼は，軸方向と直交方向（厚み方向）に不均一な材料である。つまり表面と比べて芯近傍は十分な圧延が施されないので，素材は表面から中心に向かうほど組織が粗く脆くなる。この傾向は太径になるほど顕著であり，φ150mmを超えると著しい。つまり，ほぼ均一に組織が微細化し，高靱性となる細径丸鋼や，形鋼・鋼板の圧延とは組織の様相がまったく異っている。材料の衝撃値は鋼板と比較して低く，靱性にも乏しい。

部材の精度としては，φ120mm程度以下であれば，製造工程の最後に矯正がかけられるので材の曲がりはほぼなくなるが，太径ではロール矯正機が適用できず，圧延したままでは曲がりが残る場合があるので，厳密な直線性を求める場合はそのレベルに応じて，別途プレス矯正，ピーリング処理ないしは長尺旋盤による表面加工などが必要である。

角鋼の製法は，140角程度までであれば圧延できるが，厚板をガス切断で短冊切りしてもよい。

建築基準法上の取扱い

平成12年建設省告示第2464号において，構造用鋼材のF値は厚さ100mmまでしか規定がないので，角鋼の場合，単一の素材としては小口径が100mm以下でなければならない。100mm以上の部材せいが必要な場合は，100mm未満の厚板による部分溶込みの組立断面とする方法もある。

丸鋼では，SR材ならば寸法に応じた告示規定はないが，SS材の場合はたと困る。板厚という概念が断面形状に適合しないからだ。そこで200の棒鋼は半径が100，板厚100，中空部なしの極厚鋼管と解釈できる，という理屈を押し通さねばならない。

棒鋼柱（鉄骨無垢柱）の接合

棒鋼柱の現場接合に際しては，溶接・ボルトの適用が多いが（図2，写❹），現場建方が容易な球座支圧接合の適用事例もある（図3）。ただし球座支圧接合は建築基準法施行令第67条の2【接合】に定めた仕様規定を満たさない（法が想定していない）ので，法令に抵触しないためには，個別に評定を受ける（時刻歴応答解析）か，許容応力度等計算以外の方法（限界耐力計算あるいはエネルギー法）によって仕様規定の縛りを解除する必要がある。

棒鋼の溶接における留意点

棒鋼部材の溶接継手は部分溶込み溶接が基本であり，全断面の完全溶込み溶接は不要かつ現実的ではない。芯部においては非破壊検査の方法もない。

棒鋼の溶接継手や棒鋼にリブやガセットPLなどを溶接する際に意識しておかねばならないのは，鋼板と違って棒鋼は熱容量が大きいため，溶接部が急冷しやすいことである。溶接部に割れを発生させないためには，適切な予熱を施すことが望ましく，特に冬期の溶接計画に際しては留意が必要である。

一方，棒鋼の熱容量が大きいということは，無耐火被覆の可能性が高いということでもあり，耐火検証法により柱無耐火を実現した事例も多い。

棒鋼柱の建築材料認定（建築構造用太径丸鋼）

従来は棒鋼柱材の材料としてSS400を用いることが多かったが，建築用柱材に太径棒鋼材料が用いられること自体前例に乏しく，上述のようにF値の設定根拠などにも法的な曖昧さが否めず，特定行政庁によっては判断しづらい場合もあった。

そこで，棒鋼素材をより広範に使いやすくするために，新日鐵住金が2006年1月に建築構造用太径丸鋼（NS-LRB400）の大臣認定を取得した（SS400相当，F値215N/mm^2）。この規格の最大径はφ250mmで，これまでφ200mm程度としていた外径制約を拡大するとともに，建築材料として使用範囲が明確かつ合法的となったため，それ以前と比べて格段に適用がしやすくなった。

表1 棒鋼製品の分類（単位：mm）

名称	形状					
	丸鋼	角鋼	六角鋼	平鋼	八角鋼	半円鋼
大形棒鋼	a＞100	a＞100	a＞100	a＞100	a＞100	a＞100
中形棒鋼	100≧a≧50	100≧a≧50	100≧a≧50	130≧a≧65	100≧a≧50	130≧a＞65
小形棒鋼	a＜50	a＜50	a＜50	a≦65	a＜50	a≦65

＊出典：『鉄鋼製造法』日本鉄鋼協会，1972年

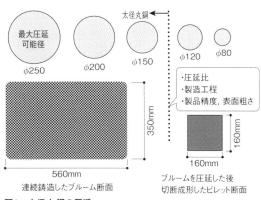

図1　太径丸鋼の圧延

❹部分溶込溶接マクロ試験

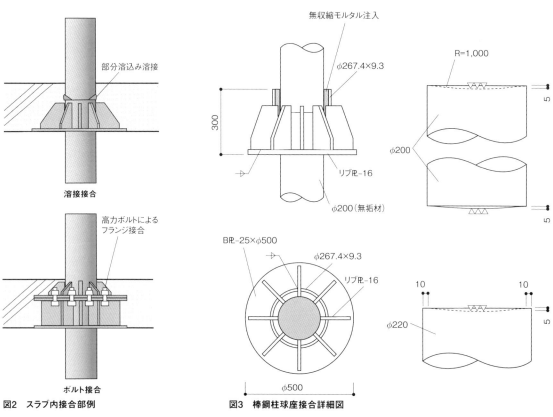

図2　スラブ内接合部例

図3　棒鋼柱球座接合詳細図

耐火被覆・耐火塗装・錆止め塗装などの鉄骨仕上げに関する注意点

本稿では，耐火被覆，耐火塗装，錆止め塗装などの鉄骨の仕上げに関する注意点について述べる。

耐火被覆

耐火被覆は吹付け工法，巻付け工法，成形板張付け工法など，さまざまな工法が普及している。この項では現在，最も主流となっている半乾式吹付けロックウールの注意点について述べる。

耐火被覆は一般に錆止め塗装のない上に施すが，鉄骨の耐久性向上の観点から錆止め塗装を行った上に耐火被覆を施工する場合がある。この際，耐火被覆の付着性能が錆止め塗装により，阻害される可能性が懸念される。この点について，既往の実験[1]では，吹付け工法の場合では，被覆材は錆止め塗装との界面剥離ではなく，被覆材の凝集破壊により剥離が生じており，錆止め塗装が耐火被覆の付着性に与える影響は少ないことが報告されている。

一方，既往の鉄骨腐食調査[2]では，建物内部で空調運転がなされ，相対湿度が70％程度以下に保持されていれば，竣工後の腐食進行は少ないとされている。

以上のことを鑑みると，一般の室内環境であれば半乾式ロックウールの下に錆止め塗装は不要であると考えられる。ただし，建築物完成後に湿潤状態の環境となる場合や，建方から被覆施工までの期間の周辺への錆飛散の問題が懸念される高層建物の外周部などは，耐火被覆下に錆止め塗装を行うことが適切と考えられる。

また，その他の留意点として，耐火被覆は要求される耐火性能に応じて被覆厚さを確保する必要がある。例えば，梁貫通孔小口などについても被覆厚さを確保する必要があるため，鉄骨梁の梁貫通孔径には配管・ダクトの実径に被覆厚さを加味する必要がある。

耐火塗装

耐火塗装は薄い厚さで耐火性能を確保することができるとともに，着色も自由に行えることから意匠性に優れており，また下塗り塗料によっては高い防錆性能を発揮させることが可能で，屋外環境での使用にも対応することができるなど，非常にメリットの多い耐火被覆工法である。

耐火塗装は，下塗り，耐火塗装（主材），中塗り，上塗りで構成されている。下塗りは，鉄鋼面との付着と防錆性能の確保が主な役割であるが，屋外仕様の場合はジンクリッチプライマーなどを用いて，より高い防錆性能を確保する。ここで屋外での使用に限らず，例えば屋内プールなど，常時湿気にさらされる室内などの環境では屋外仕様とするなど，使用環境に応じて適切な仕様を設計者が決定する必要がある。また，素地調整，下塗りは工場での施工が一般的であるが，JIS K 5674などの一般的な錆止め塗装が施されて，鉄骨が現場搬入されるケースも見受けられる。この場合，錆止め塗装を現場で除去するなどの対応が必要となるため，鉄骨製作段階で鉄骨製作工場とも鉄骨仕上げに関して，十分に情報共有しておくことが大切である。

上塗りは意匠性向上や耐候性確保のほか，主材への水分浸入の遮断が主な役割である。耐火塗装主材は水分に弱く，水分が浸入すると膨張して塗装の膨れや剥離を発生させるため，特に屋外において上塗りの役割は重要であり，例えば耐火塗装端部は主材に対して上塗り10mm程度増し塗りを行うなどの配慮が必要である（図1）。なお，他の耐火被覆との取合い部は原則として耐火塗装側を先行して施工し，耐火塗装を他の耐火被覆の下にのみ込ませて重ね代を確保する（図2）。また，横使いのH形鋼のウェブ面など，水が滞留すると膨れや剥離の原因となるため，水抜き孔を設けたり，カバープレートにより閉鎖断面とするなど，鉄骨部材の製作にも配慮が必要である。

その他の注意点として，日の字断面梁などの閉鎖断面においては閉鎖断面内側には塗装施工ができないため，小口に塞ぎプレートを設けるなどの対応が必要であることは耐火被覆の場合と同様である。

また，耐火塗装は適用できる部材寸法・部材断面が

大臣認定で規定されており，特に2時間耐火を適用できる部材はある程度のサイズ以上に限定されているため，設計段階において適用の可否について十分に確認する必要がある。

錆止め塗装

鉄骨の錆止め塗装は一般塗装系と，より高い耐久性を有する重防食塗装系に大別されるが，この項では重防食塗装を中心にその注意点を述べる。

重防食塗装はジンクリッチペイントや溶融亜鉛めっきなどの防食下地の上に，下塗り・中塗り・上塗りを塗り重ねることで構成される。防食下地の犠牲防食作用により，厳しい環境下でも長期間の防食性を期待することができるが，その性能を発揮させるためには，次のような点に配慮する必要がある。

例えば，部材角部や溶接ビードの不規則な凹凸，孔あけ部のまくれ，トルシアボルトの鋭利なピンテール跡は塗膜厚さが確保されにくいため，角部は2R程度の面取りを行ったり，溶接表面やピンテール跡をグラインダーなどにより平滑に仕上げる必要がある。また，良好な施工品質を確保するためには，極力狭隘部のない鉄骨納まりとするなど，素地調整含めて塗装作業を容易に行えるよう配慮するべきである。

高力ボルト継手は，摩擦係数確保のためボルト締付け後，現場塗装とする。このとき仮設までの一時的な防錆を目的として，防食下地まで工場塗装を行う。先行塗装端部は塗り重ね順序を厳守するため，図3のように先行塗装に段控えを設けて対応する。また，高力ボルトは塗装の付着性確保や一時的な防錆のため防錆処理高力ボルトを用い，ボルトが千鳥配置の場合は防錆の弱点となりやすいプレート間の隙間を生じさせないような納まりとすることが望ましい。（図4）。

【参考文献】
1) 近藤照夫ほか：さび止め塗装を施した鉄骨に対する吹付岩綿の付着性，日本建築学会大会学術講演便概集（中国），1990年10月
2) 近藤照夫：既存鉄骨造建築物における鉄骨の腐食実態調査と竣工前後の建築物における鋼材の腐食実験〜鉄骨造建築物内部における鋼材の腐食傾向に関する調査研究その1〜，日本建築学会構造系論文集，第465号，1994年11月
3) 日本建築仕上学会：耐火塗料の施工指針（案）・同解説，2010年10月
4) 日本建設業連合会：耐火塗料の適切な設計・施工・維持管理について，2014年7月
5) 日本道路協会：鋼道路橋塗装・防食便覧，2005年12月
6) 日本鋼構造協会：重防食塗装—防食原理から設計・施工・維持管理まで—，2012年2月

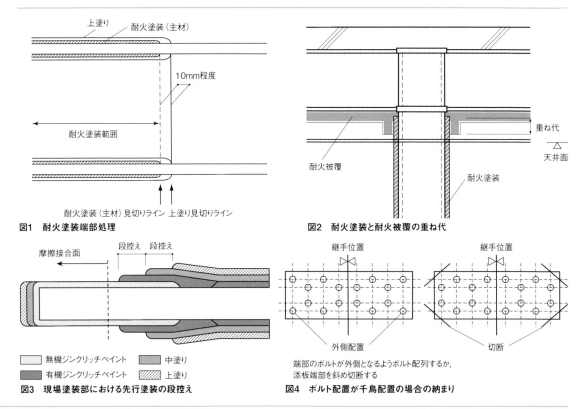

図1 耐火塗装端部処理

図2 耐火塗装と耐火被覆の重ね代

図3 現場塗装部における先行塗装の段控え

図4 ボルト配置が千鳥配置の場合の納まり

VII-8 非構造部材の注意点

　鉄骨造における非構造部材,外装材やサッシは,自重,風圧力,地震力をいかに本体の鉄骨に伝達するかにある。一般的に本体の柱や大梁に直接取り付けられる部分は少なく,外装材専用の間柱や小梁を介して本体鉄骨に力の伝達を行うこととなり,構造体側で外装材近辺まで迎えに行ってやらなければならない（図1）。また,非構造部材の施工業者は溶接技術のグレードが低い場合があり,ファスナー溶接部には捨てプレートを設けて鉄骨躯体を保護しておく必要もある。

　仕上材は見た目の高い精度を要求されるため,非構造部材側で鉄骨の施工誤差吸収も可能な調整機能が設けられる。したがって,間柱や小梁はこの調整代を逃げた位置に設けられなければならない（図2）。

カーテンウォール・サッシ

　天井ふところが深い部分に取り付くガラスカーテンウォールや金属カーテンウォールは,天端の受け鉄骨が欠落してしまうことがある。特に,軸組から外れた場合に注意が必要である（図3）。

　また,風除室の室内側のスクリーン上部も同様に落としがちである。安易に小梁を入れても,その小梁を支持する部材がない場合が多く,小梁の受けも含めて見積落ちとならないよう注意しなければならない（図4）。

横連窓の場合は特に注意が必要

　外装がPCa板を使用していれば,サッシはPCa板にもたせることができるが,ALC版や押出成形セメント版(以下,ECPパネル)などの場合には外装材とサッシそれぞれに受け材が必要となり,通常はサッシと外装材の荷重を受ける耐風梁を設ける。耐風梁が柱で受けられない場合は,間柱を設けて躯体と緊結する。外装材が横張りの場合には,さらに胴縁が必要となる。この耐風梁は,意匠的に室内側に大きく張り出してくる。間柱はフロア・ツー・フロアで設けられることもあるが,開口部で分断されることが多く,デザインとの整合が必要となる（図5）。

　通常,カーテンウォールはマリオンごとに,アンカーが必要である。サッシではサッシバーの断面性能に合わせて支点間距離を変え必要な耐風圧性能を確保するため,ライン状の受け材を設けてアンカーピッチの調整ができるようにしておく必要がある。

天井下地

　階高の高い建物で部分的に天井が低く張られる場合,吊りボルトを長くする方法もあるが,天井の耐震ブレース,設備の振止めなどを設けることができず,安全とはいえない。このような場合には,天井面のすぐ上にぶどう棚を設けて,そのぶどう棚から天井を吊ることが一般的な解決法である。また当然であるが,ぶどう棚に対しも四隅を柱に固定したり,ブレースを設けて構造体と一体に挙動するような耐震設計が必要である。

　屋根が折板の場合,折板専用の吊り金具で天井を吊ることが多いが,ブレースを設けても耐震性能は期待できない。耐震性能が必要な場合には,在来天井の天井野縁受けのピッチ900mmごと,システム天井ではTバーのピッチ1,200mmごとに下地材を流して,そこから天井を吊るなどの対策が必要となる（図6）。天井ふところが大きい場合には上述のとおり,ぶどう棚が必要となってくる。

耐火被覆

　PCa板やカーテンウォールのファスナーは,ロックウールで耐火被覆を行う。ALC板の取付け下地は,耐火被覆なしの間柱やコンクリート打込みアングルに取り付ける場合は,耐火被覆不要であるが,耐火被覆を必要とする鉄骨部材に取り付く場合は必要となる。

　被覆なしの図で耐火の大臣認定がとれている場合もあるが,審査機関によって扱いが異なるため,その都度確認が必要となる。内装の防火区画に使用されるALC板上部の取付け下地は,当然耐火被覆が必要となる。

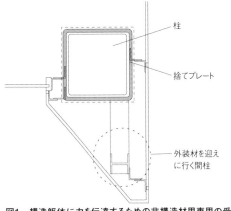

図1　構造躯体に力を伝達するための非構造材用専用の受け鉄骨

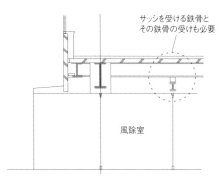

図2　施工誤差調整機能

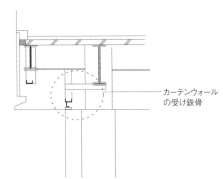

図3　カーテンウォールの受け

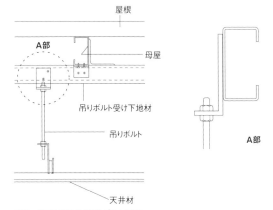

図4　風除室内側の受け材

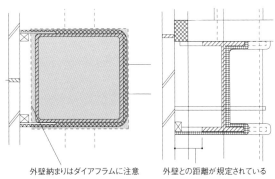

図6　折板の場合の吊ボルト受け

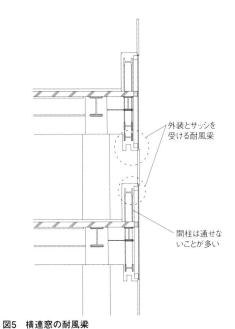

図5　横連窓の耐風梁

図7　合成耐火被覆

VII. その他

合成耐火

　鉄骨本体と外壁で合成耐火とする場合，外装材から躯体までの寸法が規定されており，それ以下とすることが必要である（図7）。外装材と梁との寸法を詰めすぎると，柱のダイアフラム部分で納まらなくなることがあるので，十分に注意しておく必要がある。

　外壁PCaパネルの目地を含む合成耐火では，各メーカーが耐火時間ごとに大臣認定を取得しており，使用する部位によって耐火時間に合わせたガスケット製品を指定する必要がある。また，オープンジョイントでは合成耐火で使える目地材がないのが現状である。

　ECPパネルは合成耐火の大臣認定が2時間までしかなく，2時間耐火はロックウールのかさ比重が一般的な0.28ではなく，メーカーによって0.3または0.34で認定を取得しているので，注意が必要である。

層間変位

　非構造材の層間変位は一般的に1/100で設計されるが，レベル2の地震で構造体はそれ以上に変形する場合があり，構造体と非構造部材で地震時の層間変位追従性能にずれのある場合がある。費用対効果，目地のデザインを含めて，人体に危害が及ばない範囲でスペックを決める必要がある。

　PCa板はロッキングかスウェイ，ハーフロッキングなど，ファスナーで層間変位に対する追従性能が設計される。ファスナーはすべて変位しやすいように，さまざまな工夫がなされている。施工誤差の吸収機構は前述と同様である（図8）。

　一方，ECPパネルはZクリップで受け，鋼材に4点で挟み込まれて固定される。縦張りの場合，上端のZクリップはロッキング時に回転しないように受け鋼材に溶接されており，Zクリップのルーズホールで変位を吸収する。下端のZクリップも同様の考え方であるが，固定されていないため，受け鋼材とZクリップの間ですべることでも変位を吸収することとなる。間違って上下とも溶接してしまうと，大地震時にECPパネルに大きな力がかかり，パネルが破損してしまうおそれがあるので，注意が必要である（図9）。最近では，無溶接タイプのファスナーも開発されいる。

ALC板の変位

　ECPパネルは一般的に上下4点で固定されるが，ALC板はパネルの上下中央各1点で固定されており，容易に回転してロッキングすることができる（図10）。

シャッター受け金物

　外装と絡む場合は，間柱を兼用してシャッター受けの横架材が設けられる。室内に設けられる場合も含め，構造設計で図面にされることはほとんどなく，サブコンによって標準的な断面で設計されたものを，構造設計者が確認してディテールを決める。ただし，コストは見込んでおく必要があり，雑鉄骨として数量を見込んでおく必要がある（図11）。

スラブ段差

　小さなスラブ段差部の構造的な処理は，図面化されない場合が多い。その場合，現場で構造設計者の確認を得てディテールが決められるが，これも雑鉄骨として数量を見込んでおく必要がある（図12）。

本体鉄骨をそのまま仕上げにする場合

　エレクションピースやタラップ用パイプピースなどの仮設材を切断して研磨するかどうか，または溶接を必要としないエレクション用治具を使うかなど，仮設ピースの処理方針を決めておく必要がある。さらに，ジョイント部の溶接ビードも研磨するかなど，コストに大きく影響するので，ファブも入れて意匠設計者と十分協議しておく必要がある。仕上材でカバーした方が，安価ですっきり見える場合もある（図13）。

　また，複雑な仕口や特殊な形状の構造体では鋳鋼にせざるを得なくなるが，仕上げには注意が必要である。鋳鋼の表面は鋳型の砂粒による粗い肌となる。さらに，鋳型からはみ出したバリなどをグラインダーで削りとるため，そのままでは表面の肌が不均一で見苦しいものとなる。また，鋼材との肌合いも異なってくる。塗装仕上げを均一に見せたい場合は，凹凸のあるゆず肌仕上げとするか，グラインダーで研磨したあと，全体にショットブラストをかけるか，研磨仕上げをするなどの処理が必要であり，当初から費用を見込んでおく必要がある。

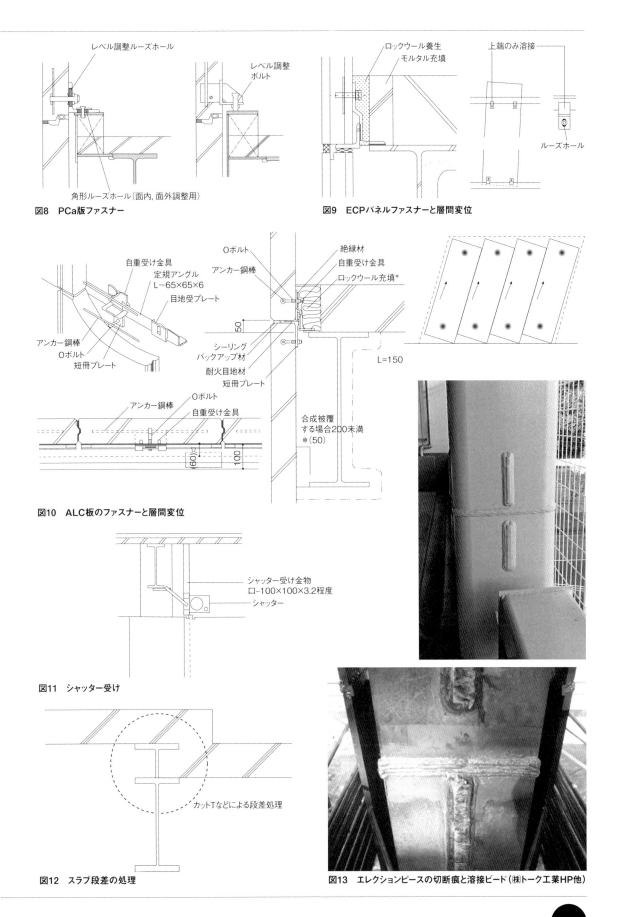

図8　PCa版ファスナー
図9　ECPパネルファスナーと層間変位
図10　ALC板のファスナーと層間変位
図11　シャッター受け
図12　スラブ段差の処理
図13　エレクションピースの切断痕と溶接ビード（㈱トーク工業HP他）

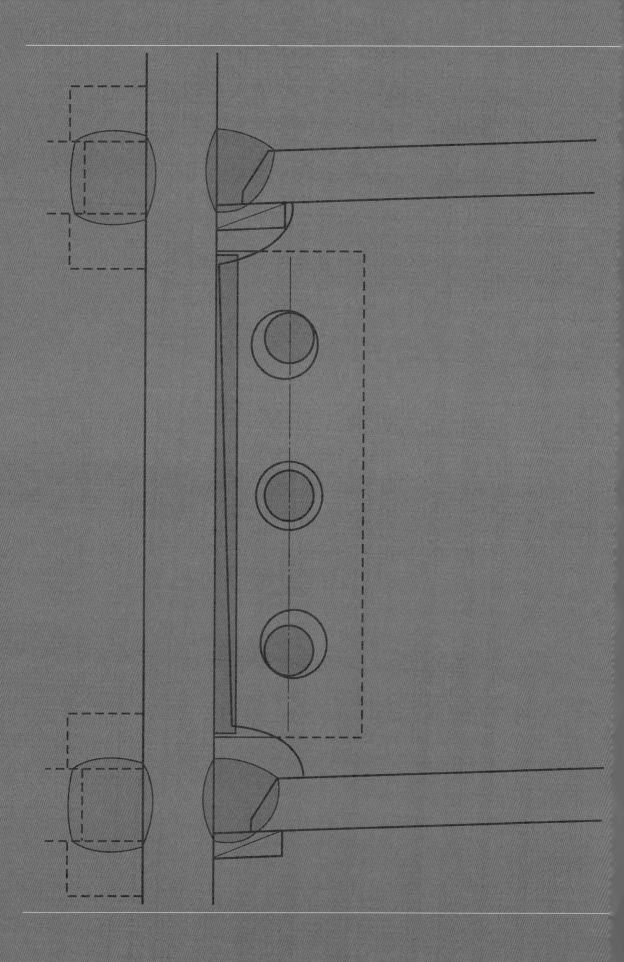

VIII

鉄骨構造設計の製作と施工, 監理, 検査

　建築物は実際に形があるものであり, 工場での製作や, 現場での施工など, 実際の「もの」をみて, その素材感や製作方法, 施工方法に対する理解を深めることが構造設計において, 最も大切なことだと考える。

　構造設計された建物が実際に想定通りの性能を発揮するためには設計監理や検査が重要となることは当然であるが, 製作, 施工, 検査等の知識を深め, 構造設計の段階で少しの工夫や配慮を行うことで, 構造性能や安全性が飛躍的に向上するのではないだろうか。製作・施工に対する興味をもち, 工場や現場へ積極的に足を運んでほしい。

工場での組立手順と溶接方法

建築鉄骨では、鉄骨製作工場（以下、FAB）が、設計図書を基にそのFABに適した施工が可能となる鉄骨製作図（工作図ともいう）および鉄骨製作要領書を作成して、施工管理者および設計監理者の承認を得てからFABが鉄骨を製作する。本稿では、FABが鉄骨製作するうえで、基本的な組立手順や、溶接技能者による溶接手順などを紹介する。

鉄骨製作の一般的な組立手順

日本建築学会編集『鉄骨工事技術指針－工場製作編』において、角形鋼管柱を図1に、溶接組立箱形断面柱を図2に、十字形柱を図3に、一般的な組立手順が示されている。柱形状の違いで組立手順が少々異なるが、どの柱でも、仕口部と柱幹部を別々に製作してから組み立てる。FABでは、この組立手順に応じて、効率よく製作ができるように工場ラインを組み立てている。

なお、組立手順内で溶接施工する場合は、下向姿勢か横向姿勢となるような手順としている。

箱形断面柱の柱梁仕口部の組立

角形鋼管柱の場合、柱梁仕口部はパネルゾーンと通しダイアフラムを溶接施工することとなる。この溶接には写❶に示すとおり、溶接ロボットにより溶接施工することが多くなっている。これは建築鉄骨にしては溶接線が長く、板厚も厚いことが多いため、溶接が半日以上掛かることから効率よく施工するためにロボット化されていることが多い。

溶接組立箱形断面柱（以下、ビルトBOX）の場合、スキンプレート4枚を組み合わせる際、内ダイアフラムを組み込んで製作（写❷）するため、柱幹の製作時にはダイアフラム位置が決定していなければならない。また、スキンプレートと内ダイアフラムの溶接は閉鎖断面溶接となり、大入熱のエレクトロスラグ溶接で行うため、写❸に示すように溶接時はスキンプレートが赤くなるまで熱が入る。そのため、スキンプレートは22mm以上であることが望ましく、スキンプレートとダイアフラムの板厚差は3サイズ以内とし、それ以上の場合は施工試験などにより、溶接時にスキンプレートの材質劣化がない施工条件になっているかを確認する必要がある。

角形鋼管柱に取り付く梁フランジのある箇所には通しダイアフラムを設けるが、梁のレベルおよび梁せいの違いにより、パネルゾーン内に何枚かのダイアフラムを設けることがある。その場合は溶接施工を考えると、図4のh寸法は150mm以上が必要となる。さらに、UT検査が必要とする場合は、探触子が動かせるL寸法が必要となる。この寸法はパネルゾーンの板厚tに依存し、$L≧6t$を確保する必要がある。また、平成12年建設省告示第1464号により、梁フランジは通しダイアフラムの板厚内に納まっていなければならないため、施工誤差を考慮し、通しダイアフラムは梁フランジに対し、2サイズ以上の板厚で通しダイアフラムとすることが一般的である。日本建築学会編集『鉄骨工事技術指針－工場製作編』が推奨している通しダイアフラムの出寸法は、スキンプレートの板厚が28mm以内の場合は25mm、それ以上の場合は30mmとある。通しダイアフラムの板厚アップは、溶接時の傘折れが生じて食い違いが生じやすいためである。これに対し、内ダイアフラムの場合は、傘折れがないので施工誤差のみの1サイズ以上の板厚とする。

十字形柱の柱梁仕口部の組立

主に鉄骨鉄筋コンクリート構造などに使用される十字形柱の場合はH形鋼にT形鋼を取り付けて溶接接合される。溶接接合には炭酸ガス半自動シールドアーク溶接で行うことがほとんどで、溶接機の構成を図5に示す。溶接技能者がこの溶接トーチを使って溶接するため、接合面が視覚的に見え、溶接トーチが操作できる空間がなければならない。そのため、溶接加工する部材形状は、出来上がりだけではなく、この施工空間を確保する必要がある。

部材形状を決定する際に、最低限必要な部材形状を、図6に紹介する。図6のC1はH形とT形を接合し

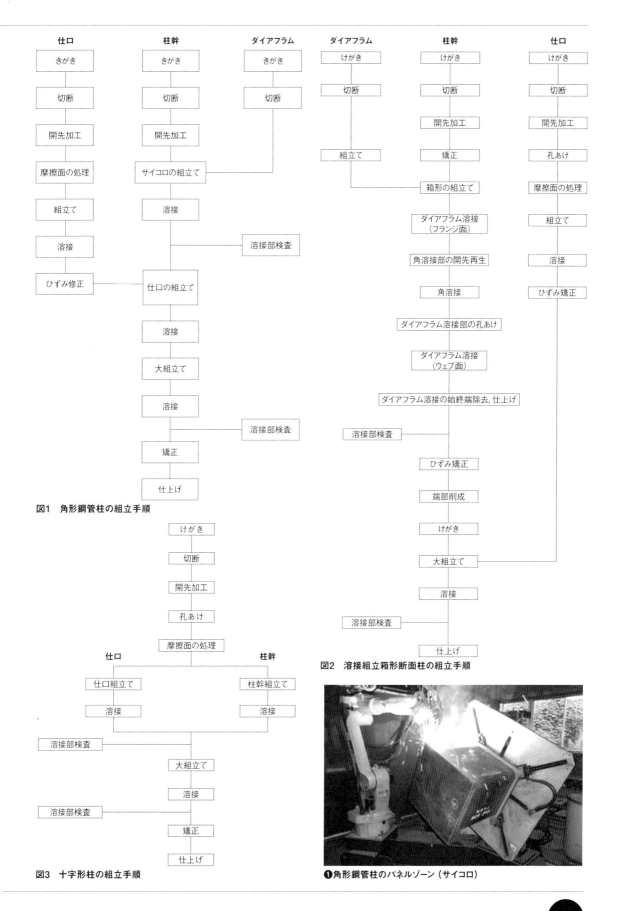

図1 角形鋼管柱の組立手順

図2 溶接組立箱形断面柱の組立手順

図3 十字形柱の組立手順

❶角形鋼管柱のパネルゾーン（サイコロ）

て十字形状に加工する際、それぞれのフランジ端部の離間は最低200mm以上必要となる。この寸法以下であると、H形とT形を接合する部位の他、梁フランジが取り付くレベルに取り付ける水平スチフナーを溶接接合するために離間が必要となる。図6内のC2は、梁フランジのレベル差は板厚表面で150mm以上の離間が必要となる。これは、箱形断面柱と考え方は同様である。図6内のC3は柱と梁の接合位置における離間で、梁ウェブ面に十字形柱のウェブを取り付けるために、150mm以上の離間がないと、溶接施工が難しい。図6内のC4とC5は、H形とT形を接合する際に離間が必要である。

ただ、これらの離間が取れていても溶接施工可能かどうかは十分に検証する必要がある。離間が狭い無理な溶接施工は、溶接欠陥を生み出す原因ともなることを留意しておくべきである。また、SRCの場合、鉄筋を通す孔位置も考慮しておく必要がある。

溶 接 接 合 部

建築鉄骨では施工効率を考え、レ形開先の裏当て金の完全溶込み溶接接合にすることがほとんどである。この溶接接合部を健全に施工するため、図7に示すように、溶接アークが不安定となる溶接始終端にはエンドタブを設け、溶接初層となる側には溶接される板幅よりも少し長い裏当て金が必要となる。エンドタブは鋼製エンドタブと代替エンドタブがあるが、鋼製エンドタブは30mm程度、代替エンドタブは10mm程度、溶接始終端それぞれに取り付ける。裏当て金はエンドタブに+5mm程外側に長くするため、鋼製エンドタブでは板幅より70mm程度、代替エンドタブで板幅より30mm程度長い裏当て金を設置することになり、溶接部の仕上がりはこの寸法を考慮しておく必要がある。

ボ ル ト 接 合

ボルト接合する際、ボルト長さとボルト締付機の寸法を考慮して、ボルト孔位置を設定しなければならない。

ボルト接合部で離間に気を付ける部位について、図8に示す。十字形柱の接合でフランジ板幅内にウェブのボルト孔がある場合の必要離間はC6およびC7である。十字柱の接合でフランジ板幅外にウェブのボルト孔がある場合の必要離間はC8およびC9である。十字柱のフランジのボルト孔では、ボルト締付機を十字形外側からの締付でよいため、ボルトを挿入（図8のC10）できれば施工できる。また、H形とH形のボルト接合でフランジのボルトがウェブのボルトと干渉しないことや、貫通孔と干渉しない（図8のC11）ことに留意しなければならない。

お わ り に

鉄骨製作図を設計図書から作成する際、鉄骨が加工できることを考慮して検証することが肝要である。鉄骨製作図では主要構造部材の他、胴縁・根太・階段・庇・間柱・建具支持材をはじめとする二次部材や仮設部材についても書き込んで製作する前に加工できるかの検証が必要である。また、複雑な溶接部の場合は、溶接トーチが入りかつ溶接技能者が視覚的に接合部が見えるかを確認しておく必要があり、さらに溶接接合部では溶接熱によりひずみを考慮して出来上がり寸法を想定した設定が必要となる。

以上のことから、加工前に製作可能か十分な検証を行うことが肝要となる。ただ、この技術は経験が必要で、FABが個別に保持していることから、設計者、監理者、施工管理者、溶接技術者で十分な打合せを行って品質のよい鉄骨製品を製作することが望ましい。

❷ビルトBOXの組立途中

❸ビルトBOXのエレクトロスラグ溶接

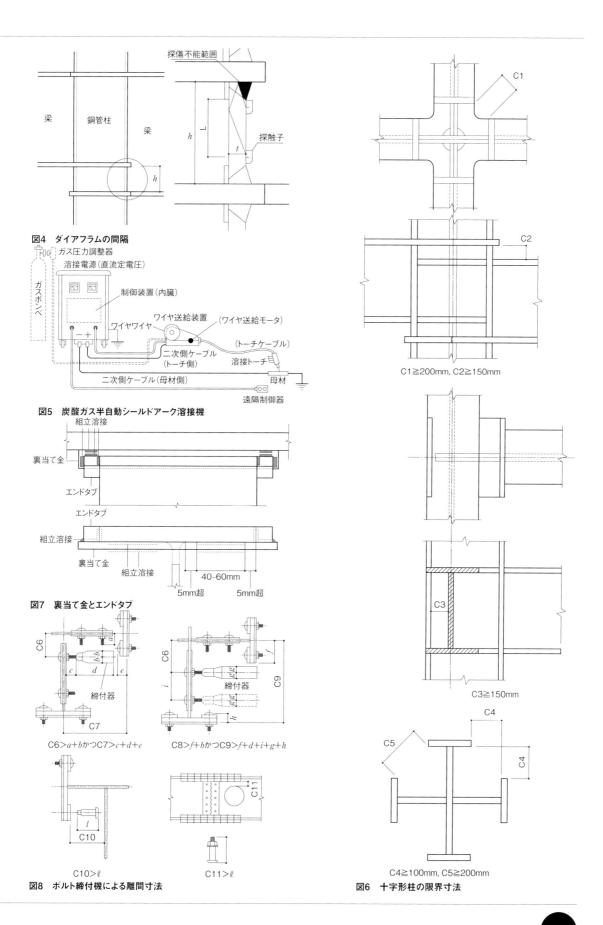

VIII. 鉄骨構造設計の製作と施工，監理，検査

2 製品検査でのチェックポイント

はじめに

鉄骨製作工場での検査は，鉄骨製作工場が自主的に行う「社内検査」，製作途中の材料・部材に対して施工者（ゼネコン）が行う「中間検査」，工場製作の完了した部材に対して施工者（ゼネコン）が行う「受入検査」がある。「製品検査」は，工場製作が完了した部材を対象として「社内検査」と「受入検査」により行われている。ここでは，主に「受入検査」について説明する。

受入検査での監理者の役割は，施工者が受入検査を確実に実施し，要求品質を満足している製品を受け取っているかどうかを確認することである。そのために立ち会うのだが，その際に押さえておくべきポイントを以下に説明する。

製品の受入検査とは

受入検査は，鉄骨製品の発注者（通常は施工者）が，工場製作されたものが設計図書の要求品質を満足する製品となっているか，建方が問題なく行えるかといったことを確認し，その製品を最終的に受け取るかどうかを判断するために行う。

通常，受入検査は製品のロットを構成して抜き取りで合否判定を行うため，最初に検査対象ロットを構成する製品の範囲を明確にし，把握しておく必要がある。鉄骨製作工場に行ってみたものの，検査する製品ができていなくて検査にならないということがないよう，事前に施工者から検査当日の出来高の報告を受けておいたほうがよい。出来高の確認手段として，部材別に対象となる数量，その数量に対し各工程（加工，大組立，溶接，社内検査など）の進捗が整理されている出来高表など（表1）がある。

すべての製品について社内検査，検査会社による溶接部の受入検査が完了していることが理想であるが，設計や施工に伴う変更などにより製作が間に合わなくなる場合もあり得る。出来高が非常に低く，残りの製品に対して品質などの担保ができないと判断されるような場合は，残りの製品を別の検査日に実施させるなどの判断も必要となる（図1）。

受入検査の項目は，出来高，寸法精度，取合部，外観，溶接部の内部欠陥，材質，スタッド溶接部，付属金物類などがあり，以下に各ポイントを説明する。

各検査項目におけるチェックポイント

◇出来高検査

鉄骨製作工場から出来高表などを用いて出来高の報告を受け，その内容を確認する。

◇寸法精度検査

寸法精度は，構造耐力や仕上げ，さらに建方精度にも影響するため重要な確認項目であり，鉄骨製作工場の社内検査記録を確認する「書類検査」と，実際の製品寸法を確認して行う「対物検査」がある。

日本建築学会「鉄骨工事技術指針・工場製作編」（以下，技術指針）では，「書類検査」と「対物検査」

表1 出来高表の一例

Aビル1節1工区出来高表（○月○日現在）

部材	主材加工	大組立	溶接	仕上げ	社内検査
柱	9/9 (100%)	9/9 (100%)	9/9 (100%)	9/9 (100%)	9/9 (100%)
大梁	12/12 (100%)	12/12 (100%)	12/12 (100%)	12/12 (100%)	12/12 (100%)
小梁	8/8 (100%)	8/8 (100%)	6/8 (75%)	6/8 (75%)	6/8 (75%)

表2 寸法精度の受入検査方法の概要

書類検査	1	管理許容差，限界許容差を超える割合で合否を判定
	2	ロット内の寸法誤差の分布を統計的に推定し判定
対物検査	1	10個サンプリングし，管理許容差を超えるものの個数で判定
	2	5個サンプリングし，社内検査記録中の測定値と実測値の差から，通常の測定で生じる誤差範囲かどうかを判定
	3	5個以上サンプリングし，社内検査結果とサンプルの測定結果を比較し，片寄りとばらつきの差が大きいかどうかで判定

注）柱の長さ，階高といった検査項目ごとに，書類検査は社内検査記録数について，対物検査は検査対象箇所数について300個以下で1検査ロットを構成し判定する

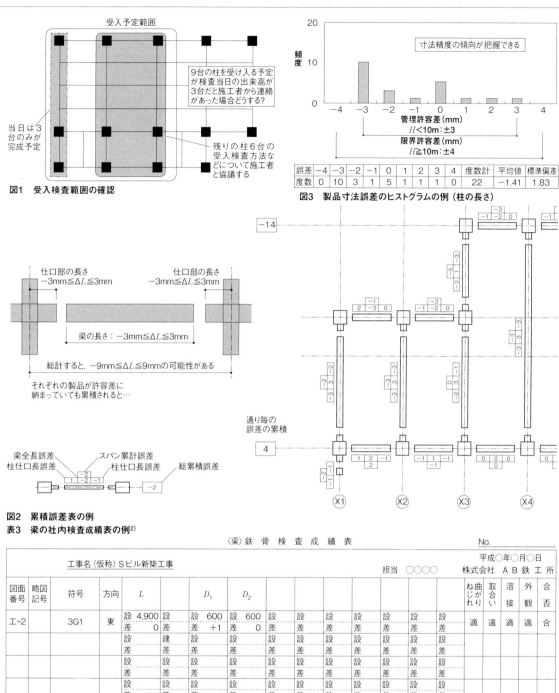

図1 受入検査範囲の確認

図2 累積誤差表の例

図3 製品寸法誤差のヒストグラムの例（柱の長さ）

表3 梁の社内検査成績表の例[2]

〈梁〉鉄骨検査成績表

図面番号	略図記号	符号	方向	L		D_1		D_2										ねじれ	曲がり	取合い	溶接	外観	合否
エ-2		3G1	東	設	4,900	設	600	設	600	設		設		設		設		設		設		設	
				差	0	差	+1	差	0	差		差		差		差		差		差		差		適	適	適	適	合
				設		設		設		設		設		設		設		設		設					
				差		建		設		差		差		差		差		差		差					
				設 差		設 差		設 差		設 差		設 差		設 差		設 差		設 差		設 差					
				設 差		設 差		設 差		設 差		設 差		設 差		設 差		設 差		設 差					
エ-2		3G4	東	設	5,700	設	600	設	600	設		設		設		設		設		設		設					
				差	+1	差	0	差	+2	差		差		差		差		差		差		差		適	適	適	適	合
				設 差		設 差		設 差		設 差		設 差		設 差		設 差		設 差		設 差					
				設 差		設 差		設 差		設 差		設 差		設 差		設 差		設 差		設 差					

の方法（**表2**）と検査項目やその方法の特記有無，対物検査実施の特記有無に応じた「書類検査」と「対物検査」の組合せを提案している。

JASS6「付則7.寸法精度受入検査基準」では，「対物検査」は特記により実施し，実施する場合の標準的な方法として「対物検査1」「対物検査2」が示されている。

実際には代表的な柱，大梁製品1台ずつの寸法を測定し確認する場合もあり，建物の規模，要求性能に応じ寸法精度の受入検査をどのように行うかを，あらかじめ図面に特記しておきたい。

書類検査は，鉄骨製作工場の社内検査成績表（**表3**）をもとに行う。通常は，JASS6「付則6.鉄骨精度検査基準」に示されている検査項目および許容差によるが，建物の要求性能や仕上げの取合いなどから，さらに厳しい精度を要求するような場合は，事前に施工者や鉄骨製作工場と検査項目および許容差について協議をしておく必要がある。

検査項目の社内検査成績表への記入要領は，技術指針で，次の①～③の3種類に区分し，検査項目ごとの記入方法（①～③のいずれか）を例として示している。①寸法計測を行い測定値と設計値との差を記録に残す，②寸法計測は行うが測定値と設計値の差ではなく適否で記録，③確認はするが記録は省略。

JASS6では特記がない場合，柱の長さ，階高，仕口部の長さ，柱のせい，仕口部のせい，梁の長さ，梁のせいの7項目について全数検査し，測定値と設計値の差を記録するとしている。「対物検査」では，この7項目について実際の製品寸法を確認する。これらの項目以外に測定値と設計値の差を残してほしい項目がある場合は，施工者や鉄骨製作工場と測定位置，測定方法および許容差について事前の協議を行う。

次に，建物規模・形状などによって作成したほうがよい資料をいくつか紹介する。いずれも作成にあたっては，事前の指示が必要である。

- 累積誤差表（**図2**）
  許容差内に納まっている個々の製品の誤差が，累積された場合の寸法が把握できる。
- 仕口部の相対誤差表
  工事現場接合部の相対差を事前に把握できる。
- 製品寸法精度ヒストグラム（**図3**）

寸法精度の傾向を把握できる。

❖ **取合部検査**

工事現場で接合される高力ボルトや，工事現場溶接部について行う。高力ボルト接合部では，孔位置の寸法精度や摩擦面の状況を確認する。高力ボルト摩擦接合は，摩擦力によって応力を伝えるので必要なすべり係数が確保できる摩擦面になっているか，部材間の密着を阻害するものがないかが確認のポイントとなる。工事現場溶接部は，工事現場において取り付けた際に適切な開先形状になるか，適切な溶接ができるかを確認する。**写❶～❻**に，取合部の確認ポイントを写真で示す。

❖ **外観検査**

外観検査は，部材表面，切断面，高力ボルト接合面（取合部検査で説明），溶接部の表面欠陥およびスタッド溶接部などについて行う。**写❼～❽**に，確認ポイントを写真で示す。

溶接部は，告示1464号「鉄骨造の継手又は仕口の構造方法を定める件」に仕口のずれ・突合せ継手の食違い，アンダーカットの許容差が規定されており，表3に示した社内検査成績表に入っているべき項目である。また，外観ではないが，検査記録の項目として「パス間温度・入熱量」といった溶接条件も同様である。

❖ **溶接部の内部欠陥検査**

溶接部の内部欠陥検査は，超音波探傷で行うことが一般的である。受入検査時には，鉄骨製作工場が実施する社内検査結果と，施工者が発注している検査会社（ごく稀に建築主が発注）の受入検査結果の報告を受ける。社内検査結果と受入検査結果に違いがあるような場合は，理由を確認したほうがよい。

通常，受入検査は抜取りで行い，その検査方法，抜取り率およびロットの合否判定はJASS6による場合が多い。別の方法で抜取り検査を行う場合は，具体的に特記しておく必要があるが，抜取り率だけを特記し，ロットの合否判定方法を記載していないということがないようにしたい。

後から超音波探傷検査が難しい部分，例えばコラム柱仕口の内ダイアフラム（**写⓮**）は，閉鎖され確認できなくなる前に受入検査を行う必要がある。また，溶接部近傍に連続したピースが取り付けられ，探触子操作範囲が十分に確保できない場合，探傷不能範囲が生じる可能性がある（**図4**）。

❖材質検査

建築で使用される鋼材は種類が多く，構造図に記載している鋼材が正しく使用されているかの確認は重要なポイントになる。規格品証明書（ミルシート）の原本およびコピー（裏書きミルシート（**図5**））により，確認するのが基本である。

鉄骨製作工場では鋼板の切断を，専門の切板会社に外注するのが一般的である。ミルシートにより確認する前提は，この切板会社および鉄骨製作工場の材料管理（トレーサビリティの確保）が適切に行われていることである。鋼材等の流れを（**図6**）に示すが，どのような管理がされているのかを把握しておいてはどうか。受入検査時に鋼材のトレーサビリティについて鉄骨製作工場から管理帳票をもとに説明を受けるのも，一つの方法である。

補助的な材質確認方法として，サムスチールチェッカーによる確認，マーキングなどによる確認，端面塗色による確認などがある（**写⓯～⓱**）。

一部に異なる材質を使用している，通常とは異なる材質を使用しているなど，製作管理上，間違いやすい部分がある場合は，特に注意して確認したほうがよい。

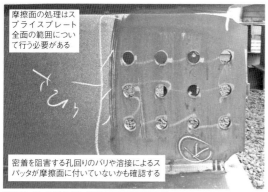

❶高力ボルト接合部：摩擦面処理範囲不足

❷高力ボルト接合部：摩擦処理面の黒錆

❸高力ボルト接合部：孔まわりの油分

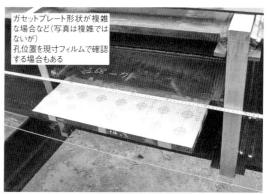

❹高力ボルト接合部：孔位置の確認

❺工事現場溶接部：開先加工面の粗さ

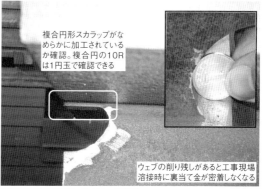

❻工事現場溶接部：スカラップ形状

VIII. 鉄骨構造設計の製作と施工，監理，検査

❼部材表面きずの確認

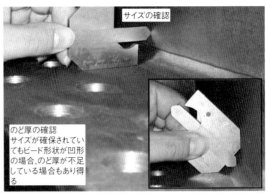

❽溶接部外観：隅肉溶接

❾溶接部外観：回し溶接の角落ち

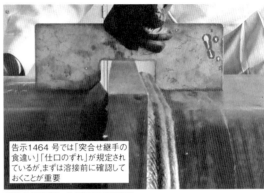

❿溶接部外観：告示1464号関係

⓫溶接部外観：裏当て金・エンドタブの取付状況

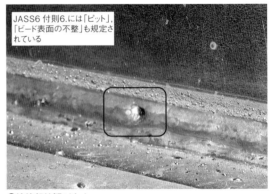

⓬溶接部外観：ピット

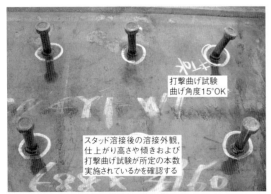

⓭スタッド溶接：打撃曲げ試験

⓮内ダイアフラム

おわりに

主に受入検査について述べてきたが，完成した製品の確認だけでは判断できないこともある。必要に応じて，中間検査も実施するとよい。

【参考文献】
1) 日本建築学会：建築工事標準仕様書JASS6
2) 日本建築学会：鉄骨工事精度指針
3) 日本建築学会：鉄骨工事技術指針・工場製作編
4) 日本建築学会：鉄骨工事技術指針・工事現場施工編

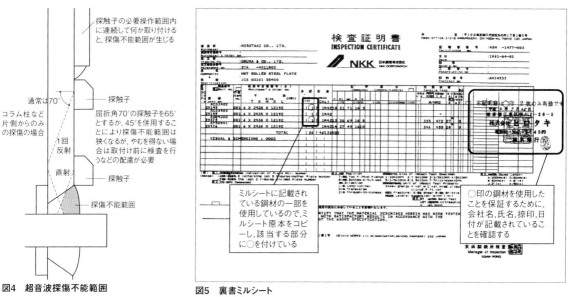

図4　超音波探傷不能範囲　　　図5　裏書ミルシート

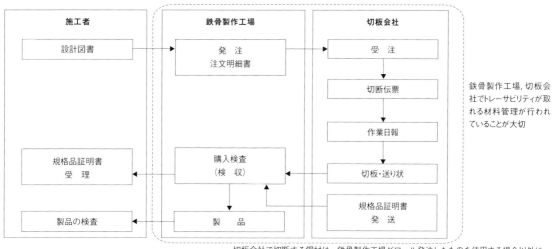

図6　切板会社および鉄骨製作工場における鋼材の流れ

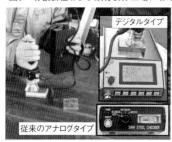

⓯サムスチールチェッカー

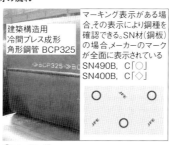

⓰マーキング

⓱端面塗色

VIII. 鉄骨構造設計の製作と施工，監理，検査

VIII-3 建方検査でのチェックポイント

はじめに

建方検査は，建方精度だけでなく，定着，現場接合，デッキプレートやスタッドについても，品質と安全を確認しなければならない。ここでは，建方検査におけるチェックポイントを**表1**に示し，特に重要なチェックポイントについて記述する。

アンカーボルトのおよびモルタルの精度

JASS6では，アンカーボルトの位置のずれや出の高さ，ベースモルタルの高さについて，施工精度を確認するよう定められている。アンカーボルトの位置ずれの許容値は，鉄骨精度測定指針の改定（2014年10月）により，建方用，構造用とも同じ値に統一されたので，注意が必要である（**写❶**）。

建方用アンカーボルトでは，位置のずれが許容値を超えても，台直しなどによる修正が可能な場合があるが，構造用アンカーボルト（特に，引張力を負担するもの）には適用できない。ベースプレートの孔の拡大，孔あけ直しなどの方法があるが，関係者で十分協議して修正方法を決定しなければならない。

なお，ハイベースなどの大臣認定品の場合には，施工手順や管理項目が個別に定められているので，遵守して施工する。

ベースモルタルには，構造体として必要な圧縮耐力，建方時に必要な圧縮耐力，下部構造との密着性，上端の高さ精度などが求められる。一般的な後詰め中心塗り工法では，中心塗りモルタルを適切な大きさで施工し（**写❷**），3日以上養生して強度を確保する。

建方の精度

❖仮ボルト

鉄骨建方時，本締めまたは溶接完了までの間，骨組を安定させる目的と高力ボルト摩擦接合面を密着させる目的で，仮ボルトを用いる。仮ボルトには，本ボルトを使用してはならず，本ボルトと同軸径で，損傷や油の付着がない中ボルトなどを使用する。本数は，仮ボルト一群に対して，高力ボルト継手の場合には1/3程度かつ2本以上，混用接合あるいは併用継手の場合には1/2程度かつ2本以上をバランスよく配置する。ただし，エレクションピースに用いる仮ボルトは，高力ボルトを使用して全数締め付ける。また，亜鉛めっき部材の場合には，錆汁がめっき面に付着しないよう，仮ボルトもめっきされたものを使用する。

❖スパン調整

建入れ直しワイヤで引っ張ると，スパンが小さくなる方向になるため，建入れ直しに先立ち，あらかじめ鋼製の矢やジャッキを用いてスパン調整を行っておくことも多い。特に，現場溶接の場合には，溶接収縮を考慮してスパン調整を行う。

❖建入れ直し

1節目の柱の建方を行う際には，建入れ直し用のワイヤを柱の4方向に配置し，2節目以降には，建入れ調整治具を用いることが多い。治具を使用する場合は，メーカーの計算書の内容が，実際の建方手順，現場の外周養生や現場での仮ボルトの本数・配置などと合っていることを確認し，建方時はこれを遵守する（**写❸❹**）。

なお，ターンバックル付き筋かいを有する建物では，その筋かいを建入れ調整に用いてはならない。

❖建方精度の計測

建方精度は，JASS6付則6で，工事現場継手階の階高，梁の水平度，柱の倒れ，さらに建物の倒れ・わん曲が許容値以内であることを確認することとなっている。一般的に柱の倒れ，建物の倒れ・わん曲は各節の柱頭の柱芯からの位置ずれを計測して確認している。しかし，現場継手階の階高や梁の水平度については，現場で直接計測することは少なく，各節の柱頭の高さの測定すら不十分な現場が多いのが現状である。これは，柱ボルト接合では階高や梁の高さは製品精度で決まるの

で問題となることが少なく，柱溶接接合（冷間成形角形鋼管柱）では裏当て金を鋼管に差し込む形式が多く，この場合裏当て金のストッパーの取付精度で高さがほぼ決まってしまうためと考えられる。なお，計測のタイミングは，建入れ直し後，本締め完了後，溶接後に日射の影響を受けない早朝に測定するなど，当該工事の建方方法に応じて決定する。

ただし，高層建築では，製品や建方誤差の累積と現場溶接や鉛直荷重による各柱間の収縮量の差が無視できない値になることがあり，節ごとに，柱高さの実測結果と製品の柱長さを考慮しながら，次節の柱高さを建入れ調整治具を用いて調整することが必要である。

現場接合部の検査

❖高力ボルト接合部

建入れ直し前後に，接合部の組立精度を確認する。摩擦面の状態を確認し，肌すきの有無，ボルト孔の食違いが，JASS6 付則6の管理許容差内であることを確認

❶アンカーボルト

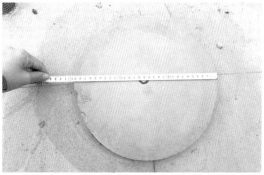
❷ベースモルタル

❸柱の建方

❽ルート間隔，継手の食違い，UTの確認サインなど

❹建入れ調整治具

❺トルシア形高力ボルトの良好な締付け状況

❻共回り（ナットと座金がともに回転）

❼軸回り（ボルトが回転）

する。

　高力ボルトの締付け手順は、1次締め、本締めとも接合部の中央から外側へ向かって行う。本締めを完了した高力ボルトの検査は、使用ボルトの適正長さおよび1次締め後に行ったマーキングの目視によるナット回転角、共回り・軸回りの有無などの確認により行う（写❺）。

①高力ボルトの適正長さ

　高力ボルトは全ねじではないため、ボルトの余長が長ければよいというわけではない。ねじ山を使い切るとそれ以上締め付けられなくなるため、適正な余長（1山～6山）となるボルトを使用する。

②ナットの回転角

　トルシア形高力ボルトでは、ナットの回転角がボルト群の平均回転量に対して±30°の範囲内にあるものを合格とする。判定は目視とし、回転量の最大と最小の差が30°以下であれば群は合格であるが、差が30°を超える群に対しては、ナット回転量を実測して平均値を計算する。マーキングをナットの角にすると、回転量がわかりやすい。回転角のばらつきを少なくするには、仮ボルトや本締めボルトの手締め後に板が密着していることが重要である。

③共回り・軸回りの有無（写❻❼）

　高力ボルトは通常、ナットにのみ潤滑処理が施されており、ナット回転時にナットと座金間が回転摩擦することにより、正規のトルク係数値が発揮されるように設計されている。よって、共回り・軸回りがなく、上記の機構により正しく締め付けられていることを確認することが重要である。

④その他

　現場では、高力ボルトの保管状態に注意し、締付け前のボルトに錆、水、油などが付着していないことを確認する。降雨、積雪の影響を受けず、塵埃などの付着を防止でき、温度変化の少ない場所（専用コンテナなど）に保管する必要がある。

❖現場溶接部の検査

　建入れ直し前後に、接合部の組立精度を確認する。開先の状態を確認し、ルート間隔、食違い・仕口のずれが、JASS6 付則6の管理許容差内であることを確認する。また、裏当て金やエンドタブの取付状況および溶接材料を確認する。

　現場溶接の場合、溶接部位により溶接姿勢が異なり、柱の溶接では横向溶接、梁のフランジの溶接では下向溶接、梁のウェブの溶接では立向溶接となる。そのため、溶接技能者がそれぞれの溶接姿勢に合わせた溶接資格を有していることを、事前に確認しておく必要がある。また、梁フランジの溶接で、代替エンドタブを用いる場合にはAW検定協議会の代替エンドタブ資格の有無なども併せて確認する。

　現場溶接部の検査（写❽）は、①外観検査（溶接前、溶接後）、②超音波探傷検査、③内質検査（東京都などの場合）の3種類があり、これらは検査会社に委託する場合が多い。①外観検査のうち、仕口のずれ、突合せ継手の食違いおよびアンダーカットについては、平成12年建設省告示第1464号にて規定されているため、特に注意が必要である。

　溶接前の外観検査は、前述した仕口のずれ、突合せ継手の食違いを予防する目的で行う。仕口のずれは、角形鋼管の内ダイアフラムと梁フランジのずれが考えられる。内ダイアフラムの位置は目視では確認できないので、工場製作時に逃げ墨を記入することが必要である。また、突合せ継手の食違いは、柱および梁の継手で発生する。いずれも溶接後の補修は多大な時間とコストが必要となるため、溶接前に検査・修正を済ませておくことが重要である。なお、ルート間隔や裏当て金、エンドタブの取付状況も確認する。

　溶接後の外観検査は、余盛高さの計測や表面欠陥の目視確認を行う。

　超音波検査は、原則として（一社）日本鋼構造協会の建築鉄骨品質管理機構が認定した「建築鉄骨超音波探傷検査技術者」の資格を有する検査技術者が行う。公共建築工事標準仕様書（建築工事編）に抜取検査の手順が示されているが、不合格の場合には全数検査が必要となる。現場では、後工程がひっ迫しており再検査は困難な場合が多いので、一般的には、はじめからJASS6のように全数検査を実施することが多い。

　東京都などでは、溶接部の強度の確認のため、建物の規模、構造特性に応じて、硬さ試験または示温塗料による内質検査を要求されることがある。ただし、内質検査の要求がない場合でも、溶接金属の強度、靱性を確保するためには、入熱・パス間温度の管理を適切に行う必要がある。

　また、鋼製エンドタブの切断や、見えがかり部の溶接ビードの処理などが設計図書に示されている場合は、欠陥がなく適切に処理されていることを確認する。

表1 建方時のチェックポイント

工程	部位など	時期	検査項目	基準他	許容値など
定着	アンカーボルト	コンクリート打設前・後	位置のずれ	付則6	管理許容差
			出の高さ	JASS6	B.PLからの出の長さも確認(2重ナット+ねじ山3山以上)
			固定方法と養生	要領書	
	ベースモルタル(後詰め中心塗り工法 中心塗りモルタル)	モルタル施工後	大きさ	JASS6	200mm角あるいは200mmφ以上
			厚さ	JASS6	30mm以上50mm以下
			柱据え付け面の高さ	付則6	
建方	1節建方時 倒壊防止 アンカーボルト ベースモルタル	建方中	ワイヤ,建入れ調整治具	要領書	ワイヤ尻手の強度確認
		建入れ直し後	締付け	要領書	2重ナット,回転角またはトルク
			無収縮モルタル充填	要領書	
	仮ボルト(高力ボルト継手,混用接合あるいは併用継手)	本締めまで	種類	JASS6	本締め用ボルトではない
			摩擦面の状態	JASS6	赤錆状態,損傷・油などなし
			配置と本数	JASS6 計算書	高力ボルト継手:1/3程度かつ2本以上,混用接合あるいは併用継手:1/2程度かつ2本以上 または,計算書による
	仮ボルト(エレクションピース)	柱溶接まで	種類	JASS6	高力ボルト
			配置と本数	JASS6	全数
	継手部の組立精度 高力ボルト	建入れ直し前後	肌すき	付則6	1mm以下なら処理不要
			ボルト孔の食違い	付則6	2mm以下ならリーマー掛け(JASS6)
	継手部の組立精度 溶接	建入れ直し前後	ルート間隔	付則6	
			食違い・仕口のずれ	告示	
	建方精度	建入れ直し前後	継手階の階高	付則6	各節の柱頭の高さを実測する
		本締め・溶接完了後	梁の水平度	付則6	
			柱の倒れ	付則6	柱心からのずれではない
現場接合・高力ボルト	摩擦面の確認	締付け前	赤錆など	JASS6	ブラスト処理でもよい
			油などの付着	JASS6	その他,浮き錆,塵埃,塗料,スパッタなどがない
	ボルト締付け	締付け時	締付け手順	JASS6	1次締め・マーキング・本締め 中央→外側
		本締め後	ボルト余長	JASS6	ねじ1~6山
			ナット回転角	JASS6	トルシア形:平均回転量±30° 六角・めっき:120°±30°(ナット回転法)
			共回り・軸回り	JASS6	ない
現場接合 溶接	溶接技能者	溶接前	溶接資格の確認	要領書	適切な資格がある
	溶接材料	溶接前	溶接材料の確認	要領書	
	開先他の確認	溶接前	ルート間隔	付則6	
			裏当て金・エンドタブの取付状況	JASS6	適切に組立て溶接されている
	溶接施工	溶接中	入熱・パス間温度管理	要領書	
	溶接部の精度	溶接前・後	食違い・仕口のずれ	告示	
	検査	溶接後	溶接表面欠陥	告示・付則6	アンダーカットは告示による
			超音波検査	JASS6	
		溶接中・後	内質検査	東京都等	硬さ試験または示温塗料
	その他	溶接後	鋼製エンドタブ撤去 ビード仕上げ	設計図書	
その他	デッキプレート	敷込み時	溶接長さと位置	要領書	
		梁との接合	焼き抜き栓溶接	要領書	
	スタッド	溶接後	仕上がり高さと傾き	付則6	デッキ貫通可否の確認(設計図書)
完了	建物全体の精度	建方完了後	建物の倒れ	付則6	
			建物のわん曲	付則6	

VIII. 鉄骨構造設計の製作と施工，監理，検査

HTBに関する検査

はじめに

高力ボルトに関する検査としては，材料検査，工場での摩擦面処理方法を確認するためのすべり耐力試験またはすべり係数試験，現場搬入時および本締め前・後の受入検査などがある。ここでは，高力ボルト摩擦接合で重要な摩擦面について，工場と現場での検査のポイントについて記述する。

一般的な鉄骨部材の場合

◆工場での摩擦面処理

鋼材の摩擦面の処理方法としては，①自然発錆，②薬剤処理，③ブラスト処理がある。JASS6ではこれらのいずれかの方法としているが，実際には，製作工程上の理由で薬剤処理として発錆促進剤を用いることが多い。

発錆促進剤による摩擦面処理については，数多くの試験が実施されており[1]，メーカーの取扱い仕様を十分に参考にしたうえで正しく使用すれば，部材，添板のいずれに使用しても，摩擦面に所定のすべり係数を確保することができることがわかっている（図1）。以下に，発錆促進剤使用時の注意事項を示す。

①発錆促進剤使用前の下地処理（ミルスケールの除去）を厳格に管理する。
②発錆促進剤希釈の必要性の有無を確認する。
③発錆促進剤湿布後，所定のすべり係数が得られるまでの時間を確認する（雨，気温に注意）。

◆現場での摩擦面の確認

発錆による場合，摩擦面が一様に赤く見える程度が適当である。工場での発錆確認後に接合部に添板を取り付けると現場で摩擦面が黒くなっている場合があるが，摩擦面としては問題がない。ブラスト処理による場合は，粗見本との比較によることが多いが，現場で簡易の表面粗さ計（写❷）を使用して確認することも可能である。

また，現場で摩擦面の検査をする際は，以下の点に注意する。

①浮き錆，塵埃，油，塗装などは除去する。
②摩擦面に溶接スパッタやバリ，クランプきずなどの凹凸などは除去し，発せいさせる。
③蝶番を用いる場合，添板を開いて摩擦面が発錆していることを確認する。

溶融亜鉛めっき部材の場合

◆工場での摩擦面処理

溶融亜鉛めっき部材の摩擦面の処理は，①ブラスト処理または②りん酸塩処理で行われる。JASS6では，①は軽くブラスト処理を施し，表面粗さ$50\mu m Rz$以上を確保することとしているが，②のりん酸塩処理とすることが多い。この場合，特記仕様書に明示し，すべり耐力試験にて設計すべり耐力の1.2倍以上のすべり荷重を確保することが必要であるとされてきたが，現在はすべり耐力試験が数多く実施され，図2のようにすべり耐力を十分確保できることがわかっている[1]。ただし，使用の際には下記を厳守する必要がある。

①りん酸塩処理の前には，摩擦接合面のたれなどの突起物や，塗装，樹脂，油，汚れなど，処理液との反応を阻害するものをあらかじめ除去する。
②降雨時や降雪時に屋外での塗布作業を行わない。
③厚塗りや薄塗りの範囲を超えないようにする。
④ボルト締付け前に十分乾燥させる。

◆現場での摩擦面の確認

ブラスト処理の場合，めっき面の金属亜鉛が一様にくもったような状態になる程度を目標とする。白錆が発生しても，ブラスト処理面であれば問題ない。りん酸塩処理の場合，めっき面の光沢の一様に映えた面が，薄灰色にくもったような状態になる程度を一つの目安とするが，色合いや外観ではすべり耐力が十分に確認できないので，りん酸塩処理標準試験片と照合にて確認する。なお，メーカーごとにりん酸塩処理面の標準および限度見本が示されているので，参考にするとよい。

すべり試験

高力ボルトのすべり試験には、すべり耐力試験とすべり係数試験の2種類がある。

すべり耐力試験は、接合部のすべり耐力を確認する試験である。試験のすべり荷重のみを計測し、これが設計すべり耐力の1.2倍以上あれば合格とする。

一方、すべり係数試験は、摩擦面のすべり係数を確認する試験である。**図3**のようにボルトに貼付したゲージなどによりボルトの初期導入張力を測定し、これと試験のすべり荷重から、すべり係数を求める。JASS6では、発せい促進剤に疑問があった場合や、特殊な摩擦面処理を採用する場合に行うとしている。いずれの試験も通常は、ボルト数を片側2本とした2面摩擦の標準試験体によることが多い。また、すべりの発生は、①すべり音の発生、②試験機の指針が停止後に激しく低下、③試験片のけがき線のずれ、のいずれかで確認する（**写❶**）。なお、試験の際は以下の点に注意する。

①実際の構造物に行う摩擦面処理を再現する。

②すべり試験は、高力ボルトの締付け完了後、24時間以上経過してから行う（高力ボルトの締付け直後に導入張力が弛緩する現象を、試験の結果から排除するため）。

【参考文献】
1) 篠崎裕一：高力ボルト摩擦接合の錆促進剤のすべり係数値実績、日本建築学会大会学術講演梗概集、pp.13-14、2012年9月

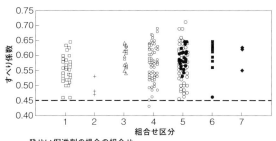

図1 鋼材のすべり係数試験結果[1]

発せい促進剤の場合の組合せ
[ ]内：部材処理，（ ）内：側板処理
1：[グラインダー処理＋促進剤A]＋(ブラスト処理)
2：[ブラスト処理＋促進剤A]＋(ブラスト処理)
3：[グラインダー処理＋促進剤A]＋(グラインダー処理＋促進剤A)
4：[グラインダー処理＋促進剤A]＋(ブラスト処理＋促進剤A)
5：[ブラスト処理＋促進剤A]＋(ブラスト処理＋促進剤A)
6：[グラインダー処理＋促進剤B]＋(ブラスト処理＋促進剤B)
7：[ブラスト処理＋促進剤B]＋(ブラスト処理＋促進剤B)

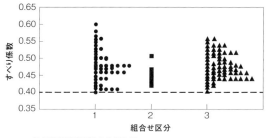

りん酸塩処理の場合の組合せ
[ ]内：部材処理，（ ）内：側板処理
1：[めっきブラスト処理]＋(めっきブラスト処理)
2：[めっきブラスト処理]＋(めっきりん酸塩処理)
3：[めっきりん酸塩処理]＋(めっきりん酸塩処理)

図2 溶融亜鉛めっき部材のすべり係数試験結果[1]

写真左側の摩擦面にすべりが発生している

座金内径の2倍程度が摩擦に有効である

❶すべり試験実施後の試験体

❷小型表面粗さ計（提供：㈱ミツトヨ）

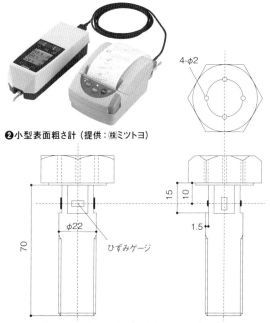

図3 すべり係数試験のゲージを貼付した高力ボルトの例

VIII 5 大架構のキャンバーと設計上の留意点

スパンが大きな鉄骨架構では，長期荷重による梁中央でのたわみが大きく，床，天井の仕上げなどに悪影響を及ぼす場合ある。そうした不具合を避けるために，建方時あるいは鉄骨製作時に，あらかじめ梁に，長期荷重によりキャンセルされる程度のキャンバー（むくり）を設けることが多い。本稿では，現場建方時に設ける施工キャンバーおよび鉄骨工場製作時に設ける製作キャンバーの概要を示し，それらの設計上の留意点について述べる。

施工キャンバー

鉄骨梁に対して直接的な加工をすることなく，建方を工夫することで，梁にキャンバーを設ける方法である（図1）。ノンブラケット形式かつ輸送のためのセンタージョイントを設ける場合の施工キャンバーについて述べる。図2(a)に示すように，ウェブを接合するボルト孔のクリアランスを利用して，梁中央部が所定のレベルよりもキャンバーの分だけ高くなる位置に決める。図2(b)に示す中央部については，ボルト孔位置を実測しスプライスプレートを製作する。キャンバーを設けることにより柱梁，梁梁間が互いに斜めに取り合うことになるので，フランジ現場溶接部については近接する側でルートギャップを決め，開先および裏当て金の形状を工夫する必要がある。

なお，20mスパンで30mm程度のキャンバーであれば，ボルト孔クリアランスを利用した施工キャンバーで対応することができる。

製作キャンバー

施工キャンバーにより対応することができない場合は，梁を鉄骨工場で製作する段階で梁にキャンバーを設ける必要がある。熱間矯正と切り板形状の調整による，2種類の場合について述べる。

1) 熱間矯正による場合

圧延により成形されたH形鋼あるいは，板組により製作されたビルトH形鋼に熱を加えて矯正することで，所定のキャンバーを設ける（図3(a)）。鉄骨に熱を加えるため，鋼材の性質を変化させない程度の加工となるよう管理する必要がある。特に製造時に，熱処理を行うTMCP鋼を用いる場合は注意が必要である。また，矯正による残留応力にも注意する。

2) 切り板形状の調整による場合

ビルトH形鋼を製作するにあたり，シアリングの段階で，ウェブ板の形状をキャンバーを見込んだ形状として切り出す。フランジ板は熱間矯正により形状を加工する（図3(b)）。この場合，ウェブ板とフランジ板との接合は半自動溶接となり，鉄骨製作に手間がかかる。また梁の形状の測定方法を工夫する。

3) キャンバーを決める際の留意点

実際に設けるキャンバーを，何mmとするべきかを決める際の注意点について述べる。キャンバーによりたわみをキャンセルすべき荷重，ロングスパン梁端部の固定度の設定は，実状を踏まえて適切に設定する必要がある。例えば，図4に示すような免震層直上などで1層分のみの柱梁の節を設け，次節の架構を建方する前に床スラブを打設する場合（図4(b)）は，ロングスパン梁端部を柱で曲げ戻せない状態で，床スラブの重量がロングスパン梁に作用する。したがって，梁の両端部を剛接合と仮定してたわみを計算した値よりも実際にはピン接合に近い状態となり，大きなたわみが生じる場合がある。このように実施工の手順によっては，解析モデルとは異なる応力・変形状態となることも踏まえ，適切なキャンバーを設定する必要がある。また，床スラブ打設後に作用する積載荷重に対しては，合成梁の効果により大梁の見かけ上の剛性が上昇することに注意する。

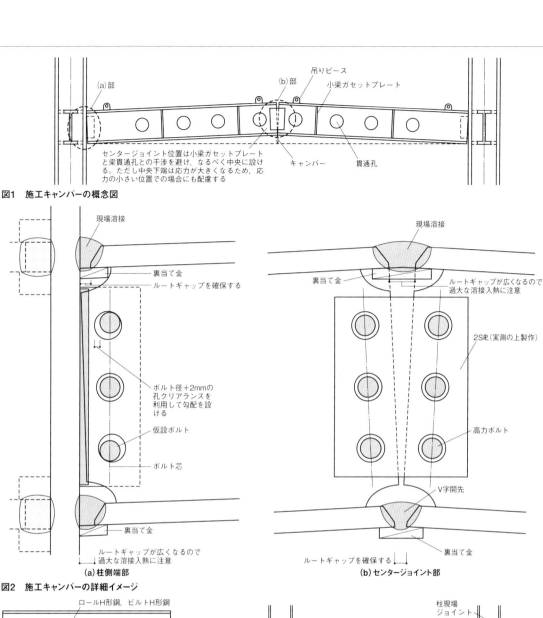

図1 施工キャンバーの概念図

図2 施工キャンバーの詳細イメージ

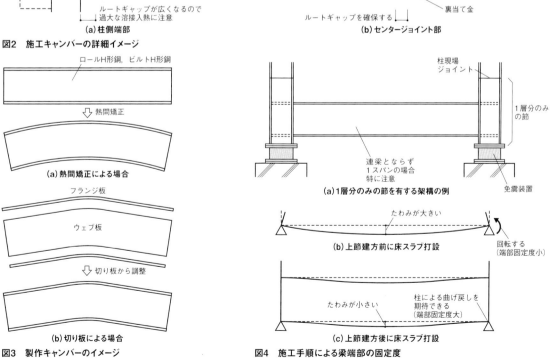

図3 製作キャンバーのイメージ

図4 施工手順による梁端部の固定度

VIII. 鉄骨構造設計の製作と施工，監理，検査

6 溶接に関する検査

溶接部の検査

溶接部の検査に関しては，設計者が設計図書に検査時期，検査方法や検査頻度について明記し，それに準じて製作前に鉄骨製作業者が作成する鉄骨製作要領書により具体的なことを記載して，監理者および施工者に了解を得ておく必要がある。ここで注意しておくこととして，溶接部に関しては特定工程にあたるため，建築確認による中間検査や竣工検査時に，溶接部の検査結果を提示する必要がある。

検査としては，製品検査，社内検査，中間検査（溶接前，溶接中），受入検査がある。

製品検査は，製作途上の部品・工場製作の完了した部材についての検査である。社内検査は，鉄骨製作業者が加工の各段階で自主検査して検査成績表として記録した検査である。中間検査は，施工者が溶接前，溶接中に施工要領書に準じた製作ができているかを確認する検査である。受入検査は，施工者が完了した部材が設計図書および製作要領書どおりであるかを確認する検査で，第三者に検査を依頼して抜取りで社内検査の妥当性を確認することもある。

溶接部の検査方法としては，溶接前は組立・加工精度や開先形状が製作図および製作要領書どおりであるかを確認する溶接前検査，使用する溶接材料や従事する溶接技能者，溶接入熱やパス間温度をはじめとする溶接条件が製作要領書どおりのプロセスであるかを確認する溶接中検査，溶接後に溶接外観を確認する外観検査（割れなどが表面にないかを確認する浸透探傷検査や磁粉探傷検査を実施することが稀にある）および溶接部内部を超音波探傷や放射線透過試験で欠陥がないかを確認する非破壊検査がある。これらの検査のうち，通常，行われているのは，鉄骨製作業者は部材すべてを社内検査し，施工者は受入検査時に抜取りで第三者へ外観検査と超音波探傷検査を依頼することがほとんどである。

非破壊検査

溶接内部の欠陥を検出する非破壊検査手法としては，放射線透過試験（以下，RT）と超音波探傷試験（以下，UT）がある。RTはフィルムに現像するため，平板状の部位である突合せ継手でしか適用できないが，記録としてフィルム写真が残る。一方，UTは鋼材中に伝播した超音波が溶接欠陥のところで反射（エコー）して戻ってくることを利用し，反射波を受信して欠陥の有無を探査している。建築鉄骨では，図1に示すような射角探傷法で実施される検査が多い。探触子（写❶）の中の振動子から決められた屈折角θで超音波を発信して，欠陥で反射したエコーを受信する。受信したエコー情報が探傷器（写❷）の画面上に表示され，探触子から欠陥までの距離を読み取り，欠陥位置を求めている。射角探傷法では，図2に示すとおり探触子から発信されたエコーを欠陥に直接当てて反射させる方法（直射法）と，一度反対側の板表面に反射させて，エコーを欠陥に当てて反射させる方法（一回反射法）がある。屈折角は，一般的に70°が使用されている。

探触子から発信されたエコーはある角度の広がりで伝播され，このエコーが欠陥で反射して，探触子に跳ね返ってこなければ欠陥を検出できない。そのため，溶接部全断面を探傷するには図3に示すように探触子を走査する範囲（板厚の約6倍の寸法）が必要となる。このため，探触子の走査範囲に障害物（ガセットプレートやスチフナーなど）がある場合，探傷が不能な範囲が図4のとおりに生じてしまう。また，エコーは探触子から直線で発信されるので，溶接線方向には全線に渡って探傷しなければならないが，図5に示すとおりに障害物（エレクションピースやウェブなど）による幅に探触子の幅を加えた範囲が探傷不能となる。また，溶接始終端は探触子寸法の半分は探傷不能である。図6に示す柱梁接合パネルではダイアフラム間が狭いと探傷不能が生じるため，屈折角の異なる探触子を使用することで探傷でき

るが、あまりにも狭いと探傷不能な範囲が生じるので、ダイアフラム間は$6t$（$t=$板厚）以上の離間が必要となる。また、図7に示す角度のある継手においても、探傷不能範囲が生じる可能性がある。

超音波探傷検査では欠陥を検出することは可能であるが、欠陥の種類を判別することは不可能である。ただ、経験のある技術者であれば、欠陥位置やエコー状況によりある程度の欠陥種類が想定できることがある。

外　観　検　査

溶接部の外観検査は、溶接欠陥だけではなく、溶接接合部周辺の状態も含めて接合部全体を確認する必要がある。この検査では、溶接部の表面欠陥をはじめとして目視で検出することがほとんどである。そのため、検査者の目視技量に左右されるところがある。検査者が外観検査を行う際、①鉄骨製品の重要度、②接合部の重要度、③製作工程と検査、④検査環境と検査時期、⑤検査速度、などに留意する必要がある。特に溶接欠陥の発生要因や溶接施工時の姿勢、部材ディテールの複雑さなどの溶接施工状況に熟慮することで欠陥を見逃すことが少なくなる。

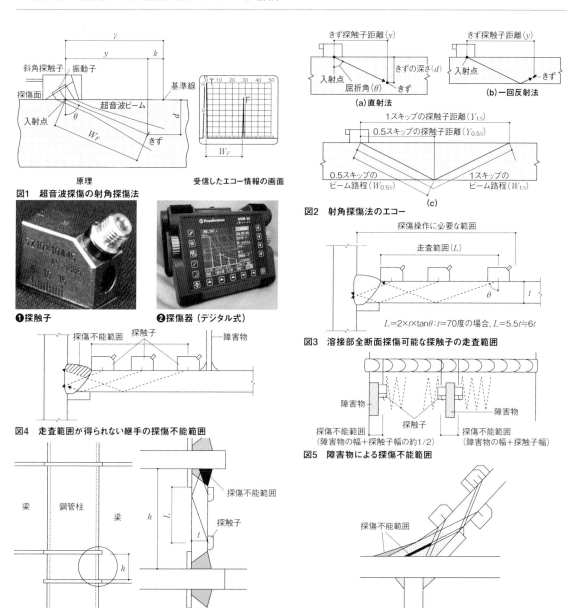

図1　超音波探傷の射角探傷法

図2　射角探傷法のエコー

図3　溶接部全断面探傷可能な探触子の走査範囲

図4　走査範囲が得られない継手の探傷不能範囲

図5　障害物による探傷不能範囲

図6　柱梁接合パネルの探傷不能範囲

図7　角度のある継手の探傷不能範囲

VIII. 鉄骨構造設計の製作と施工，監理，検査

溶接基準図に追加した方がよい溶接継手，鉄骨製作作業性を考慮した改善事例

はじめに

鉄骨製作業者は契約した設計図書に基づき，加工上の問題点，設計図面上の問題点や疑問点を質疑書にまとめ，質疑応答の上工作図を作成し，現寸作業，材料手配を行い，鉄骨製作となるわけであるが，設計図においての不備，例えば意匠図と構造図の食違い，構造詳細の不明，製作施工上の考慮不足などは，いわゆる不良鉄骨発生の一因となりかねない。鉄骨をつくるうえで，設計者，監理者，施工者，鉄骨製作業者間の意思の疎通が重要で，製作にかかる前に設計の意図，製作上の納まりなどについて関係者が十分に協議し，その後の製作でも継続してコミュニケーションを図りながら，製作を進めることが重要である。

溶接共通事項

まず，設計図には，隅肉溶接から各種突合せ溶接に至るまで，鉄骨構造標準図に溶接基準が記載されている。代表的な部位の柱，梁などについて溶接要領が詳細に記載されている設計図もあるが，一般的には，設計事務所各社ごとに標準図で代用していることが多い。以下に，追記した方がよいと思われる溶接継手について示す。

図1は，勾配がある場合の隅肉溶接の角度と開先形状について示したものである。角度θに応じた開先角度を，決めておくことが必要である。

図2は，勾配がある場合のT継手について，勾配に応じた開先形状と溶接範囲について示している。図1と同様角度に応じた開先形状を決め，余盛り高さを示しておく。

図3は，鋼管の分岐継手溶接の例である。鋼管同士の接合は枝管の切断面が3次元曲線となるため，専用の加工機（パイプコースター）での加工が必要となる。各断面（い，ろ，はの面）位置での開先形状と溶接範囲を示しておく。

板厚差がある突合せ継手で，裏当て金側の面を合わせる場合の標準的ディテールを図4に示す。(a)は，板厚差による段差が薄い方の板厚の1/4を超える場合，あるいは10mmを超える場合で，T継手に準じた余盛をする。(b)は，段差が薄い方の板厚の1/4以下，かつ10mm以下の場合で，溶接表面が薄い方の材から厚い方の材へ滑らかに移行するように溶接する。(c)は，クレーンガーダーのように，疲労を考慮する突合せ継手の場合で，厚い方の材を1/2.5以下の傾斜に加工し，開先部で同一の高さとする。

図5は板厚差がある突合せ継手で，裏当て金側に段差がある場合の標準的ディテールであり，裏当て金の取付け要領を示したものである。板厚の差により裏当て金の使い分けを決めている。

改善事例

次に，工作図作成時点で設計図から改善した事例について述べる。集約すると下記に示す3項目に大別できる。

- 溶接部の要求品質が過剰と思われる例
- 溶接部が狭隘となり健全な溶接ができない例
- 溶接量が多く変形の原因となり製作手間が掛かりすぎる例などが挙げられる。

上記の観点から，図6に示す各事例を解説する。

【事例-1】SRC柱内ダイアフラム部
- ダイアフラムで梁が取り付かない側の水平スチフナーが突合せ溶接になっている。
  →溶接部の要求品質が過剰と思われる。
- 改善策：隅肉または部分溶込み溶接に変更

【事例-2】角型鋼管柱内ダイアフラム
- ①と同様に，ダイアフラムで梁が付かない側も完全溶込みの全周溶接となっている。
  →溶接部の要求品質が過剰と思われる。
- 改善策：部分溶込み溶接（P.P）に変更

【事例-3】SRC柱パネルプレート

- パネルプレート柱梁プレートが完全溶込み溶接となっている。
  →溶接量が多く，パネルゾーンが変形する。溶接部の要求品質が過剰と思われる。
- 改善策：隅肉または部分溶込み溶接に変更

【事例-4】SRC十字柱狭隘箇所の溶接
- 図6に示す①②③の狭隘箇所の健全な溶接ができない。また，溶接後の非破壊検査ができない。
- 改善策：狭い箇所の溶接可能な寸法を確保する。非破壊検査ができるような形状に変える。

【事例-5】鋼管トラスの相貫溶接
- トラス斜材をレ形開先とした完全溶込み溶接となっている。

→接合分と裏当て金の加工が困難で，溶接量が過大となる。
- 改善策：自動開先加工機の活用で，分岐継手の開先を変更し，隅肉，完全溶込み溶接の併用とする。

これらの事例は，原設計に存在する問題点を改善することで健全な鉄骨となり，品質，コストも含めて改善できた事例であり，冒頭に述べたように，設計者，監理者，施工者，鉄骨製作業者間での意思の疎通が重要であることを示す例でもある。

また，これらの事例は，『工作しやすい鉄骨設計』（日本鋼構造協会）ならびに『建築鉄骨標準ディテール集』（鉄骨建設業協会）として出版されているので一読されたい。

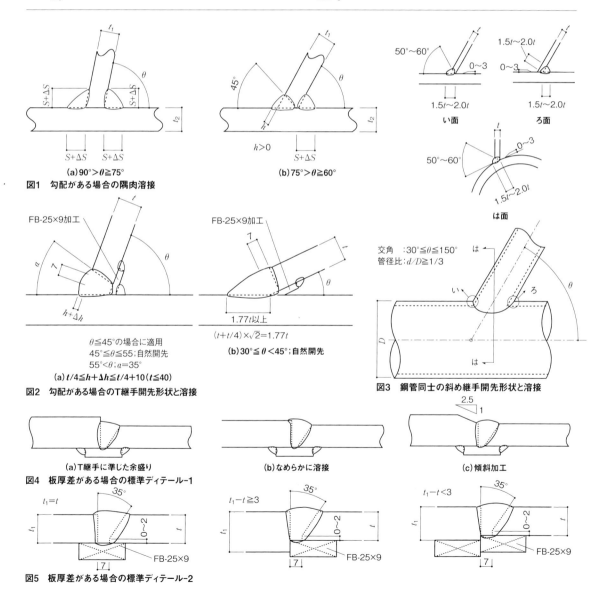

図1　勾配がある場合の隅肉溶接
図2　勾配がある場合のT継手開先形状と溶接
図3　鋼管同士の斜め継手開先形状と溶接
図4　板厚差がある場合の標準ディテール-1
図5　板厚差がある場合の標準ディテール-2

Ⅷ． 鉄骨構造設計の製作と施工，監理，検査

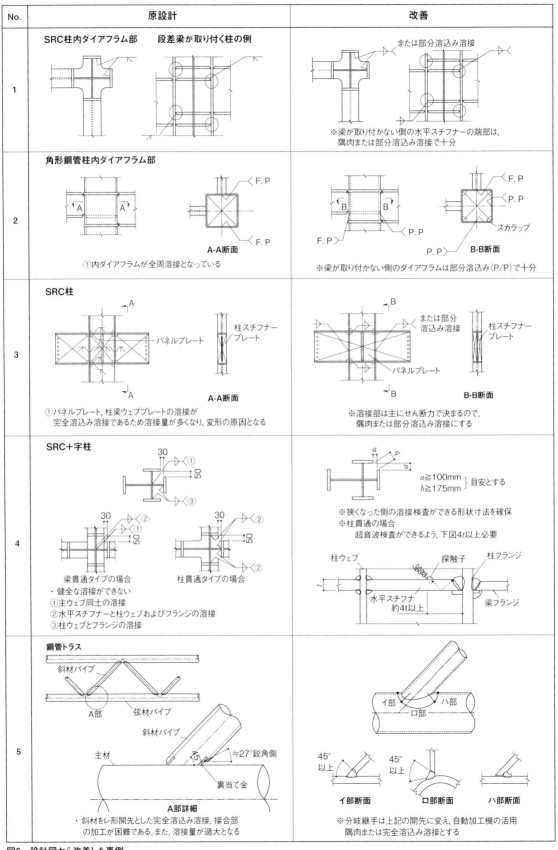

図6 設計図から改善した事例

VIII 8 現場溶接で欠陥が生じやすい例と対策（現場溶接の基本と鋼管同士の現場溶接）

はじめに

建築の現場溶接接合部には，一般的に柱−柱継手，柱−梁仕口，ブレースなどの仕口があるが，いずれもそのフランジ同士を完全溶込み溶接にするのが一般的である。この溶接接合部が健全で性能を十分に発揮するには，溶接技能者によるところも多大にあるが，現場溶接前の部材の精度の確保が必要であり，かつ溶接作業性を考慮した接合部設計が望まれる。ここでは，各接合部の基本ディテールと精度確保の例を紹介する。

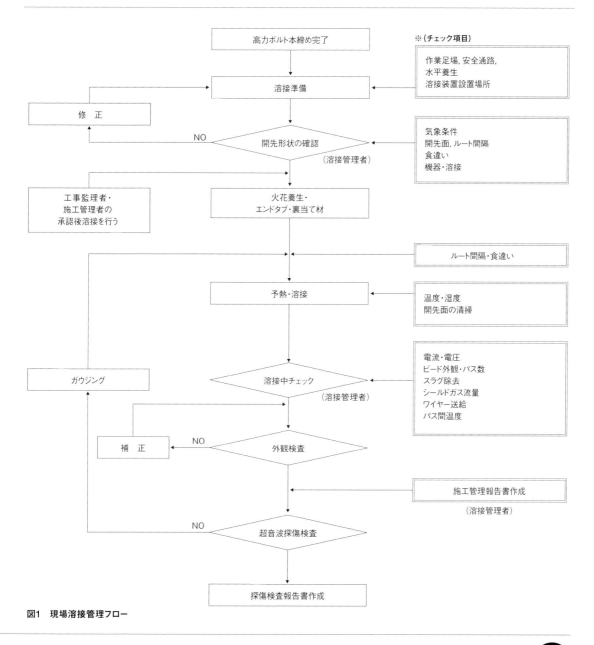

図1　現場溶接管理フロー

VIII. 鉄骨構造設計の製作と施工, 監理, 検査

現場溶接管理フロー

図1に, 現場溶接の管理フローチャートを示す。溶接方法はガス半自動シールドアーク溶接（CO_2半自動溶接）で, 溶接準備から超音波探傷検査までの流れを示す。また, 確認事項を※で示す。溶接施工にあたり, 溶接管理技術者を配置し, 工程管理, 品質管理, 溶接技能者の指導に従事させる。溶接施工上の注意点としては, 溶接前, あるいは溶接中の各種管理と完了後の外観検査, 非破壊検査を行うことのほか, 欠陥が発生した場合の補修溶接まで事前に定める必要がある。

柱−柱継手現場溶接接合の基本

図2に, BOX柱の柱継手の形状を示す。エレクションピースを4か所に付けて倒れを防ぐ。図3のように, 上節柱に付けた裏当て金と下節柱のトッププレートをメタルタッチとし, 柱スキンプレート間の突合せ継手の食違いを防ぎ, 現場溶接の精度を確保する。

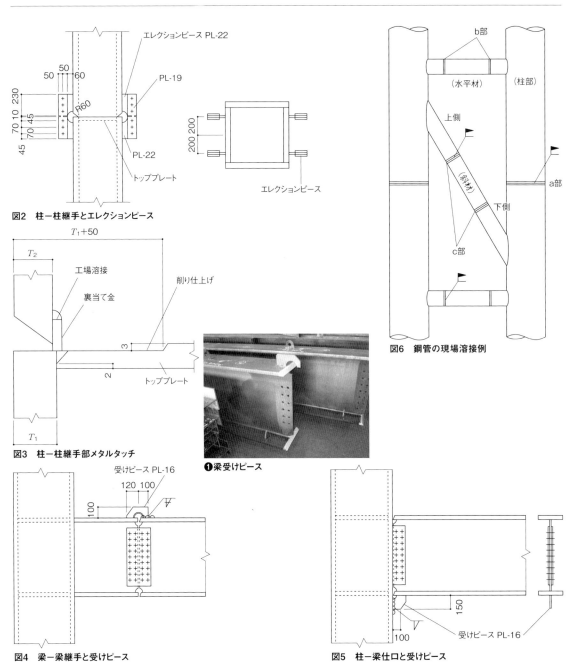

図2　柱−柱継手とエレクションピース

図3　柱−柱継手部メタルタッチ

❶梁受けピース

図4　梁−梁継手と受けピース

図5　柱−梁仕口と受けピース

図6　鋼管の現場溶接例

梁－梁継手の現場溶接

梁中間部の端部フランジ上面に梁受けピースを，図4のように工場で取り付ける。建方時に梁の上下位置を決めるガイドとして，フランジ間の突合せ継手の食違いの発生を抑える。

柱－梁仕口の現場溶接

柱フランジに大梁の下フランジを受けるピースを図5のように取り付け，ダイアフラムとフランジ位置を定め，仕口のずれの発生を防ぐことができる。

鋼管の柱－梁－斜材の現場溶接

特殊な例として，図6に示す鋼管構造の現場溶接について述べる。構造上，鋼管については柱，水平材，斜材ともすべて現場溶接構造である。柱は$\phi 1{,}000 \sim 1{,}200 \times 55 \sim 80$ mmの鋼管，水平材と斜材は$\phi 450 \sim 500 \times 19$ mmの鋼管で，全姿勢での溶接作業が要求される。柱―柱の溶接は全線横向き姿勢となる。

図7に，柱接合詳細を示す。エレクションピースは，市販のボルト式兼用型ピースを用い，組立調整作業をスムーズにできる構造としている。

水平材―水平材の溶接は，立向き，上向きの全姿勢での溶接となる。図8に，水平材接合詳細を示す。特に溶接手順と各溶接姿勢での作業範囲を定め，事前に手順をまとめ，管理面も含めて十分な検討が必要である。

斜材―斜材の溶接は，上部と下部の開先方向を変え，現場溶接の作業性をよくしている。図9に，斜材接合詳細を示す。柱の近傍は狭隘部となり，高度な溶接技能レベルが要求される。

鋼管同士の溶接は，継手のディテールを決めるに当たり，設計者，監理者，施工者，溶接管理者，溶接作業者を交えた十分な作業検討を行い，欠陥の発生を最小限とするとともに，欠陥が発生した場合の補修方法まで事前に決めることが必要である。

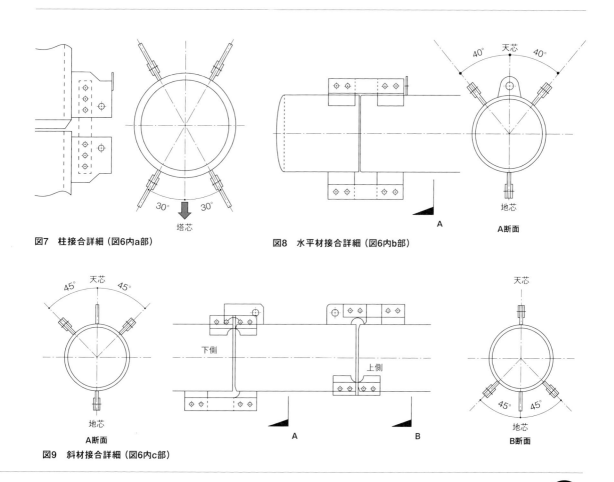

図7　柱接合詳細（図6内a部）

図8　水平材接合詳細（図6内b部）

図9　斜材接合詳細（図6内c部）

梁端現場溶接の柱梁接合部の設計・施工上の注意点

柱梁接合部

柱梁接合部では，図1に示すブラケット方式と，図2に示すノンブラケット方式がある。

ブラケット方式は梁端を工場にて溶接接合し，柱芯から梁を1.0〜1.4mの出寸法（トラックなどで搬送できる寸法）で，梁中央とは工事現場で高力ボルト摩擦接合する方式である。

ノンブラケット方式は柱面にシアプレートを工場で溶接接合し，梁とは工事現場でウェブを高力ボルト摩擦接合，フランジを溶接接合する方式である。

建築鉄骨に溶接接合を採用する場合，下向き姿勢か横向き姿勢が原則となる。これは，下向き姿勢および横向き姿勢での溶接技量が比較的難しくなく，この姿勢以外の立向き姿勢や上向き姿勢の技量は難しく，JIS資格としても所持している技能者が少ないからである。この溶接姿勢の制約から，ブラケット方式の梁端フランジは工場溶接のため，上下ともにH形断面の外側に開先を取る溶接が可能となるが，ノンブラケット方式の梁端フランジの下側はH形断面の内側に開先を取ることになる。この内側開先になることで，溶接線はウェブで分断されるので，その近傍で溶接継手が発生し，ここを健全に溶接するために，梁ウェブにスカラップを設ける必要が生じる。また，梁端で脆性破壊の起点となるのは，梁スカラップ底，裏当て金とフランジの接点，エンドタブとフランジの接点である。内開先であれば，応力が集中する梁フランジ外側に裏当て金が取り付くため，より脆性破壊の起点となりやすい。

ノンブラケット方式の場合，梁端下フランジが脆性破壊の起因となる懸念から，梁フランジを拡幅して応力負担を減らす設計を行うことがある。

工場製作の部材寸法と搬送制限

日本における建築鉄骨は，鉄骨製作業者の工場において，ほとんどの部材を加工し，トラックなどでその部材を搬送し，工事現場において接合する。トラックなどで搬送するため，荷台に載る範囲内の大きさでしか，工場では部材加工できない。トラックなどは道路を走るため，政令である車両制限令で，通行できる車両の幅，重量，高さ，長さが定められているため，この大きさ以下にする必要がある。搬送するトラックなどの荷台の大きさにもよるが，目安として，長さ12m以内，高さ，幅ともに2.5m以内，重量20ton以下が制限なしに運べる範囲である。そのため，トラックなどの荷台に有効に載せる部材寸法が搬送コストを抑えるポイントとなる。特に柱には梁が取り付くが，その梁の出寸法が短い方が搬送にはメリットが大きい。

工事現場での接合方法

トラックなどで搬送できる大きさに工場で加工された部材は，工事現場において接合されるが，主要部材の柱や梁の接合部には，高力ボルトを用いた摩擦接合か，あるいは溶接接合を用いることがほとんどである。特に柱梁接合部の梁端は設計上，塑性化を期待していることが多く，できれば接合しない工夫が必要であるが，機能上空間を有効に使用する必要があるため，どうしても接合部を設けなければならない。接合部を設けるならば，施工性がよく健全な接合を行う必要がある。

工事現場で高力ボルト摩擦接合する場合，特別な技量をもたない職人が施工でき，雨や積雪以外の天候時に施工できるメリットがある。一方で，高力ボルトやスプライスプレートなどの部材数が多く必要となり，部材コストや施工手間がかかる。さらに高力ボルト締めには締める順序が決められており，一次締め，二次締めと2回締める必要があるなど，手順が複雑であるうえ，ボルト孔にボルトが入るまでの建方精度が求められるなどのデメリットがある。

工事現場で溶接接合する場合，溶接ワイヤーや裏当て金，エンドタブなど，ボルトよりも部材数を少なく接合でき，建方や部材精度がある程度あっても施工できるメリットがあるが，雨や積雪以外にも風速2m以上の風がある

と施工できないこと，溶接姿勢による制約から梁継手では下フランジが内開先となることで力学的に厳しいこと，溶接欠陥が生じやすいことがデメリットである。

なお，工事現場での高力ボルト摩擦接合はスプライスプレートの重量は30kg以下にするべきである。これは，労働基準法上，一人で運べる荷物は20kg以下とされ，建方を含めてスプライスプレートを動かす際の配慮を設計時にしておくべきである。

梁端の混用接合

梁端の混用接合において，梁ウェブのボルトを設計する際，どのような応力を伝達させるかにより，ボルト本数が異なってくる。日本建築学会から廃版の「高力ボルト接合設計指針」ではせん断力伝達のみで短期許容設計としていたが，梁の曲げモーメントの一部をウェブで負担する必要があることから，日本建築学会の「鋼構造接合部設計指針」の終局設計によるか，SCSS-H97の短期許容設計による必要がある。

混用接合はフランジが溶接接合，ウェブが高力ボルト摩擦接合である。施工手順ではウェブのボルトを先に締めてからフランジを溶接することがほとんどである。しかし，ボルトを先に締めてしまうと溶接による縮みを吸収できないため，残留応力が生じる。この影響から，フランジ溶接時にウェブの高力ボルトの軸力が低下する現象が実験的に確認できている。ただ，高力ボルトを溶接後にした場合，溶接ひずみの影響でボルト孔にボルトが入ら

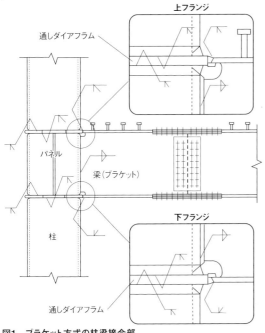

図1 ブラケット方式の柱梁接合部

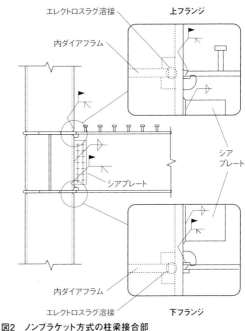

図2 ノンブラケット方式の柱梁接合部

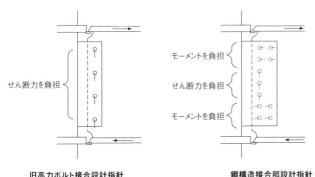

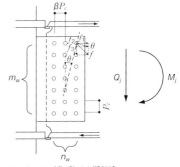

図3 混用接合の梁ウェブのボルトの設計方法

VIII. 鉄骨構造設計の製作と施工，監理，検査

なくなるため，先に高力ボルトを締め付けておくしかない。ボルト軸力が低下する主たる要因は判明できていないが，ボルトの上昇温度が100℃以内であれば，**図4**に示すとおり軸力低下はほとんど生じないことが実験的に確認されており，溶接時に高力ボルトの温度上昇をさせない配慮が必要である。なお，溶接時にパス間温度管理すれば，ボルトの温度上昇は100℃以内になる測定結果があるため，溶接施工時にパス間温度管理されていれば影響はない。

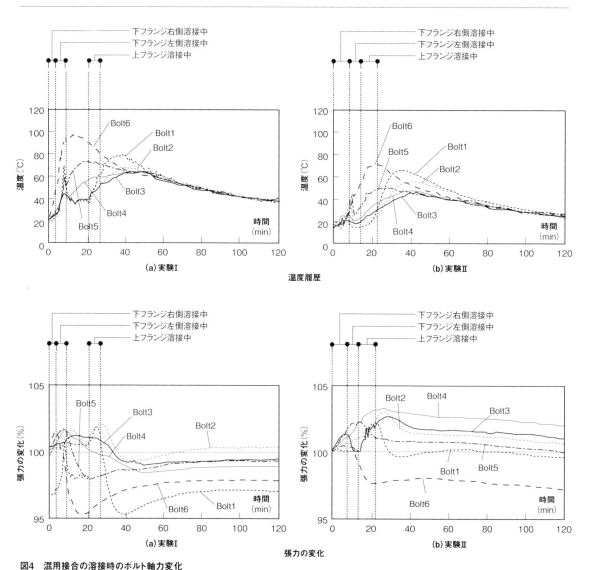

図4 混用接合の溶接時のボルト軸力変化

VIII-10 施工精度の考え方と設計上の配慮

はじめに

鉄骨の建方中には，さまざまな要因で部材に変形が生じ，建方精度が悪くなる。この場合は，外装材などが納まらないだけでなく，部材に設計で考慮していない力が加わる可能性がある。

本稿では，施工中に部材に生じる変形の例を紹介する。設計時，施工計画時にこれらの変形に配慮し，建物の施工精度を確保するうえでの参考としてほしい。

温度変化による変形への配慮

鋼材の線膨張係数は0.000012（1/℃）である。単純に計算すると，10mスパンの部材の場合，部材の温度が10℃上がると1.2mm伸びることになる。よって，建物のスパンが長い場合や，建方期間が長い場合には，温度変化による変形に配慮し，建方精度を管理する必要がある。

図1に，スパン方向が長い建物の施工精度の実測例と，外気温度，日射量（建設地の気象庁データを参照）より求めた相当外気温度（外気温度に日射の影響を含めた温度）を示す。建入れ直しから本締め後にはボルト孔のクリアランス内でのずれ，本締め後から溶接後には溶接による収縮により，精度が変化することがあるが，実測例では，同一作業工程でも計測時間によって計測値が最大9mmも異なる。同一作業工程の計測記録を比較検討すると，相当外気温度が高いほど建物スパンが広くなる傾向がみられ，外気温度や日射による鋼材の温度変化が建方精度に影響したものと思われる。

また，溶接後の精度を，相当外気温度がなるべく近い本締め後の精度（10/27, 14:00）と比較すると，片側13mmの収縮がみられる。ウェブが高力ボルト接合，フランジが溶接接合の場合の溶接による収縮は1か所当たり1〜2mmといわれているが，この例でもこの範囲となっている。

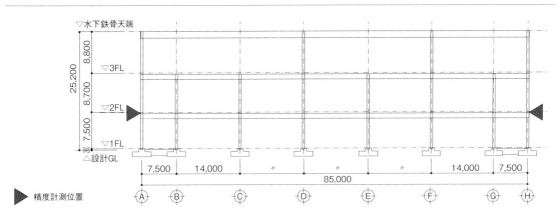

作業工程	日付	時間	気象庁データ			相当外気温[1]（℃）	精度（外側正）(mm)	
			天気	外気温（℃）	日射量（MJ/m²）		A通り	H通り
溶接後	11/3	14:00	晴	18.4	1.51	30.1	−8	−5
本締め後	10/28	8:30	曇	11.1	0.11	12.0	−4	−4
	10/27	14:00	晴	22.0	1.60	34.4	5	8
建入直し後	10/26	8:30	曇	13.1	0.77	19.1	0	2
	10/24	14:00	晴	17.6	1.71	30.9	8	8
	10/24	8:40	快晴	12.4	1.44	23.6	2	2

1) 下式により算出（日本建築学会『建築物荷重指針・同解説』(2015)）
$T_{SAT} = T_O + (a/a_0) \times J$　T_{SAT}：相当外気温度　T_O：外気温度　a：日射吸収率（=0.7と仮定）　a_0：総合熱伝達率（=25W/(m²・K)）　J：外表面に入射する日射量（W/m²）

図1　施工精度の実測例

VIII. 鉄骨構造設計の製作と施工，監理，検査

しかし実際には，同一作業工程にて精度を何度も計測することは少ないため，温度変化の影響が顕著な場合，溶接による収縮の影響が把握できず，建方が計画どおりに進んでいるのかがよくわからなくなってしまう。なるべく正確に施工精度を管理するためには，精度の計測は朝一番に行うなど，温度変化の影響ができるだけ小さくなるようなルールを定めておくことが有効である。

また，建方期間中の温度変化による変形が問題となる場合には，エキスパンションジョイントや，ルーズホールの継手を計画しておく必要がある。この場合には，建方時点の位置が初期値となることを念頭に置き，外装材の追従性などをよく確認しなければならない。

溶接による変形への配慮

日本建築学会『鉄骨精度測定指針』には，梁の曲がり測定時に，梁の片側だけにブラケット，デッキ受けなどが溶接されると，梁に大きな曲がりが生じるので注意するように記載されている。**写❶**は，大きく曲がった外壁面の外周梁の製作状況である。このように片側にだけ外装ファスナーが溶接されると，あらかじめ曲げた梁が溶接のために変形してしまうので，加熱矯正にて修正しなければならない。さらに加熱矯正時には，梁の長さが短くなってしまうので長さの管理も重要となる。現場建方精度に大きな影響を与えるので，このような溶接がある場合は，製作時に収縮量を考慮しておく必要がある。ただし，構造図からは判断できない場合が多く，構造設計者から施工者・鉄骨製作工場に早期に伝えてほしい事項の一つである。

現場における柱梁接合部の溶接収縮は，実測の結果，ウェブボルト接合フランジ溶接の場合では梁せい，梁幅，板厚にかかわらず，1～2mmである。3スパンで6mmも変形するとなんらかの配慮が必要となり，一般的には，建物を数ブロックに分けて建方を行う。この場合，溶接収縮によりつなぎ目となるスパンが若干長くなり，梁が届かなくなることがある。このような場合には，あらかじめ調整スパンを計画する。調整スパンは，継手をダブルシアやルーズホールとするなどの計画が必要であるため，構造設計者の協議が必要不可欠である。なお，継手をダブルシアとすると，計算上は部材と添板の孔のクリアランスにより梁1本当たり2mm×4箇所=8mmまでの誤差吸収が可能である。

軸力による柱の軸縮みへの配慮

高層建物や柱の支配面積が大きい（軸力が大きい）建物では，軸縮みが蓄積され，建方階のレベルが数cm低くなる場合がある。例えば，32階建の超高層建築物（柱：～7階SRC造，8階～CFT造，梁：S造）では，26階の建方時（21階までスラブ打設・外装取付け完了）に最も軸縮みの少ないコア部の柱と最も軸縮みの大きい角部の柱では計算上14.6mmのレベル差が生じる。

このように周囲の柱とレベルが大きく違うと，建方精度（梁の水平度）が限界許容差を超えてしまうおそれや，外装材などが取り付けられないおそれがある。よってこのような場合には，あらかじめ柱を長く製作しておく必要があるので，早期の検討が必要である。

建方手順への配慮

十字梁や丘立ち柱のある梁の場合，どの梁に継手を設け，どういった手順で建方を行うかが施工精度に大きく影響する場合がある。**図2**は，(A) 設計時の接合条件，(B-1) 建方時の接合条件（長い方の梁を通した場合），(B-2) 建方時の接合条件（短い方の梁を通した場合）にて検討した鉄骨の自重による鉛直変位である。梁と梁の剛接合部，柱梁接合部はいずれもフランジ溶接，ウェブ高力ボルトの混用接合であるが，(B-1) と (B-2) の検討では，建方中（フランジ溶接前，ウェブ仮ボルトの状態）を想定して，極端ではあるが梁端部をすべてピン接合としてモデル化した。

検討の結果，設計時モデルの鉛直変位は2.4mmとなった。この程度であれば，むくりは不要である（ただし，スラブや外装材の荷重によるたわみに対しては別途検討が必要である）。これに対し，(B-1) では29.9mm，(B-2) では6.8mmとなっており，(B-1) の方法で建方する場合には，鉄骨自重分だけでもあらかじめ30mm程度のむくりをつけておく必要がある。このように，設計時と建方中とでは検討条件が異なること，建方手順によって部材の変形量が大きく違う可能性があることに注意し，架構が複雑な場合には建方手順に応じた解析などを行ったうえで継手位置，むくり量を決める必要がある。

支保工の計画への配慮

丘立ち柱やフィーレンデールなどでは、支保工の計画を行うことになる。ここでの注意点は、支保工撤去のタイミングである。スラブ打設前に撤去する場合は、梁のたわみは設計時に合成梁として検討した値よりも大きくなる。一方、スラブ硬化後に支保工を撤去する場合は、スラブ上端にひび割れが生じる可能性がある。さらに、支保工を設置した状態で何層分の建方を行うか、複数層にわたり支保工を設置する場合にはどの層の支保工から撤去するかを検討する必要がある。このように、支保工の計画には複雑な検討を伴うため、建方時に支保工が必要なことが明らかな場合には設計段階から施工イメージを考え、施工者へ伝達し、協議をしてほしい。

❶外周梁の製作状況

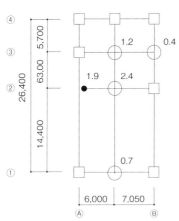
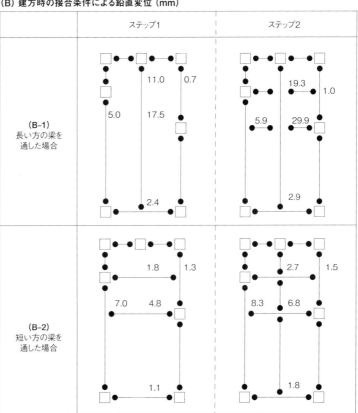

図2 建方手順による鉛直変位の違い

索引

あ 亜鉛溶射…114, 129
圧入口…110
後詰め中心塗り工法…152
アルミニウム合金…122
アンカーボルト…097, 152
異種金属接触腐食…122
ウェブ効率…064
受入検査…146, 160
埋込み柱脚…094, 101
エキスパンションジョイント…118, 120, 172
円形鋼管柱…072
鉛直ブレース…088
エレクションピース…152, 166
AW検定協議会…154
AW検定資格…019
円形断面…012
温度応力…118, 119, 120
温度計測記録…119

か 外観検査…148, 160, 161, 166
開先形状…020
外装材…054
回転変形…036
ガウジング…020
ガスシールドアーク溶接…018, 142, 145, 166
ガセットプレート…046
片持ち梁…036, 054
カーテンウォール・サッシ…136
仮ボルト…152
完全溶込み溶接…018, 019, 144, 163
キャンバー（むくり）…050, 158, 172
局部座屈…108
居住性…050
許容曲げ応力度…038, 108
球座支圧接合…132
組立手順…142

繰返し応力…120
空気抜き孔…110
経年劣化…118
K型ブレース…073, 086
現場溶接…063, 153, 168
格子梁…050
合成耐火…138
合成梁…112
構造用アンカーボルト…152
降伏比…014
高力ボルトウェブ接合部…042
高力ボルト接合…017
高力ボルト摩擦接合…018
固定端…036
小梁…036
混用接合…018, 169

さ 座屈拘束ブレース…074, 086
座屈後安定耐力…086
錆止め塗装…134
サンブナンねじれ…034, 035
シアコネクター…112
示温塗料…154
軸縮み…172
軸回り…154
CFT造…110
CFT柱…110
CO_2半自動溶接…166
JIS規格品…012, 017
自然電位差…122
弱軸曲げ…032, 056
弱軸曲げモーメント…108
社内検査…146
重防食塗料…114
シャルピー衝撃吸収エネルギー…014
蒸気抜き孔…110
上下地震動…051
振動…050
水平剛性…090

水平ハンチ…066
水平ブレース…084, 088, 090
水平ブレースのガセットプレート接合…088
スカラップ…062
ステンレス鋼…122
すべり係数…018
すべり係数試験…156
すべり耐力試験…156
隅肉溶接…018, 019, 162
寸法精度検査…146
脆性破壊…020, 062
製品検査…146
切削ねじ…097
絶縁…123
せん断パネル…086
線膨張係数…118, 120, 171
相当外気温度…171
塑性化…012, 017, 042
塑性ヒンジ…012
塑性変形能力…038, 076
そりねじれ…034, 035

た ダイアフラム…060, 068, 078, 079, 110, 142
耐火塗料…114, 134
耐火被覆…114, 134, 136
大臣認定品…012
耐震ブレース…074, 084
耐風梁…032, 056
打設孔…110
建入れ直しワイヤ…152
建入れ調整治具…152
建方検査…152
建方精度…171
建方用アンカーボルト…152
たわみ…050, 112, 158
炭素鋼鋳鋼品…014
断面係数…012

中間検査…146
超音波探傷試験…070, 160
超音波探傷検査…166
突合せ継手…018, 019, 162, 166
突合せ溶接…162
継手…019, 028
付けガセットプレート形式…073
TMCP鋼…158
鉄骨製作図…142, 144
鉄骨製作要領書…142, 160
T継手…018, 019, 162
適正な余長…154
出来高検査…146
鉄骨構造標準図…162
天井隠蔽型空調機…051
天井下地…136
転造ねじ…097
通しガセットプレート形式…073
共回り…154
トルク管理…018
な　内質検査…154
内部欠陥検査…148
中ボルト…018
ナットの回転角…154
入熱・パス間温度…024, 154
ねじり…042
ねじれ…032, 034, 035, 044, 052, 056
ねじれ応力…033
根巻き柱脚…094, 100
ノンスカラップ…062
ノンダイアグラム…069
ノンブラケット形式…028
は　破壊靱性…062
箱形断面…012
羽子板プレート…090
パス間温度…020, 024
破断…064

柱継手…028, 166
柱梁仕口…064
柱梁仕口部…018, 068, 072, 074, 080, 084, 142
バックプレート…046
防錆…114
発錆促進剤による摩擦面処理…156
幅厚比…014
梁受けピース…167
梁貫通…048
梁端拡幅…065
梁継手…028
半固定…044
控え梁…036
引張ブレース…076
引張圧縮ブレース…076
非破壊検査…160, 163, 166
ビルトBOX…016, 142
ピン接合…042
フィレットアール…014
腐食…122
普通ボルト接合…018
V型ブレース…073
部分溶込み溶接…018, 019, 162
ブラケット形式…028
フラットバー…106
プレス成形角形鋼管（BCP）…078
ブレース…084
分岐継手溶接…162
閉断面部材…124
変態温度域…020
偏心曲げ…084, 093
偏心曲げモーメント…072
崩壊メカニズム…042
棒鋼…131
棒鋼柱…131
防錆…114
歩行振動…051

細長比…086
補修溶接…166
保有耐力接合…042, 076
保有耐力横補剛…038, 040, 108
ま　摩擦面処理…156
無垢材…131
むくり…050, 172
曲げモーメント伝達効率…064
めっき焼け…124
めっき割れ…124, 129
面外座屈…087
メンテナンス…123
や　屋根面での応力伝達…088
屋根面の水平ブレース…088
有効質量…051
床振動…036
溶解亜鉛めっき…028, 114, 124, 128
溶接基準図…162
溶接組立箱形断面…016
溶接欠陥…026
溶接構造用鋳鋼品…014
溶接姿勢…022
溶接収縮…171
溶接接合…017, 018
溶接入熱…024
溶接箱型断面柱…072
横座屈…038, 056, 106, 108, 112
横使い…056
横補鋼材…038, 056
ら　リベット接合…017, 018
ルートギャップ…025, 158
ルーズホール…172
冷間成形角形鋼管…016, 060, 078
冷間プレス成形角形鋼管…080
レ形開先…144
露出柱脚…094, 100
ロール成形角形鋼管（BCR）…078
ロングスパン梁…050

175

実務者が教える鉄骨構造設計のポイント

発行：2018年12月19日

監修	宮里直也
発行者	橋戸幹彦
発行所	株式会社建築技術
	〒101-0061　東京都千代田区神田三崎町3-10-4 千代田ビル
	TEL 03-3222-5951　FAX 03-3222-5957
	http://www.k-gijutsu.co.jp
	振替口座 00100-7-72417
装丁デザイン	箕浦 卓(M's SPACE)
印刷・製本	三報社印刷株式会社

落丁・乱丁本はお取り替えいたします。
本書の無断複製(コピー)は著作権法上での例外を除き禁じられています。
また，代行業者等に依頼してスキャンやデジタル化することは，
例え個人や家庭内の利用を目的とする場合でも著作権法違反です。
ISBN978-4-7677-0160-8 C3052
ⒸNaoya Miyasato 2018
Printed in Japan